능력과 가치를
높이고 싶다면
된다!

매일 반복하는 업무를 스마트하게!
코딩 몰라도 자동화 프로그램 만든다!

업무 자동화를 위한

구글
앱스
스크립트

된다!

2시간 걸리는 작업을 10초 만에 끝낸다!

구글
워크스페이스
완벽 활용법!

KB075395

사카이노 타카요시 지음 | 안동현 옮김

이지스 퍼블리싱

능력과 가치를 높이고 싶다면
된다! 시리즈를 만나 보세요.
당신이 성장하도록 돕겠습니다.

된다! 업무 자동화를 위한 구글 앱스 스크립트
Gotcha! Google Apps Script for Works Automation

초판 발행 • 2023년 7월 14일

지은이 • 사카이노 타카요시(境野高義)
옮긴이 • 안동현
펴낸이 • 이지연
펴낸곳 • 이지스퍼블리싱(주)
출판사 등록번호 • 제313-2010-123호
주소 • 서울시 마포구 잔다리로 109 이지스빌딩 4층(우편번호 04003)
대표전화 • 02-325-1722 | **팩스** • 02-326-1723
홈페이지 • www.easyspub.co.kr | **페이스북** • www.facebook.com/easyspub
Do it! **스터디룸 카페** • cafe.naver.com/doitstudyroom | **인스타그램** • instagram.com/easyspub_it

총괄 • 최윤미 | **기획 및 책임편집** • 임승빈 | **IT 1팀** • 이수진, 임승빈, 이수경
베타테스터 • 김진환, 송승훈, 이희철 | **교정교열** • 박명희 | **표지 및 본문 디자인** • 트인글터 | **인쇄** • SJ프린팅
마케팅 • 박정현, 한송이, 이나리 | **독자지원** • 박애림, 오경신
영업 및 교재 문의 • 이주동, 김요한(support@easyspub.co.kr)

ISBN 979-11-6303-485-8 13000
가격 24,000원

문과 출신 프로그래머의 시행착오까지 모두 담았습니다!
구글 앱스 스크립트로 프로그래밍 세계에 입문해 보세요!

먼저 자기 소개를 해보겠습니다. '이런 사람도 프로그래밍을 하는구나!'라는 생각이 들 겁니다.

- 고등학교는 문과 출신, 대학은 교육학부, 초등학교 교원 면허는 있지만 전공은 세계사였습니다(대학 시절에는 관악 연주 동아리 활동만 열심히 했습니다.).
- 졸업 후 첫 취직 경험은 무농약 채소 전화 영업이었습니다.
- 애니메이션 제작 관련 일을 하며 자바 프로그래머가 됩니다(여기서부터 IT 세계로).
- 업무 자동화·효율화 + BI(Business Intelligence)를 담당합니다.
- 현재 판매 관리부 부장으로 재직하고 있습니다.

이처럼 필자는 원래 문과였으며 사회생활을 시작하고 나서야 프로그래밍을 배우기 시작했습니다. 프로그래밍을 처음 접할 때는 '직접 만든 프로그램이 생각한 대로 움직이는걸? 대단하네!'라든가 '모르던 것을 알았어. 기분 좋아!' 등의 감정을 느끼곤 했습니다. 이처럼 프로그램을 만들 때 스스로 대단하다고 느끼는 성취감을 경험하는 것도 중요하다고 생각합니다.

프로그래밍을 처음 배울 때 오류를 해결하지 못해 진도가 좀처럼 앞으로 나아가지 못한 적도 있었습니다. 그럴 때 내 자신을 탓하기도 하고, '누군가 이렇게 가르쳐 주었으면 좋았을 텐데.'라고 생각한 적도 있었습니다. 그런 고뇌의 시간 덕분에 필자는 지금도 프로그래밍 초보자가 어려워하는 부분을 잘 이해합니다. 이 책 곳곳에서 초보자를 배려하는 마음을 찾을 수 있을 것입니다.

또한 프로그래밍 경험이 전혀 없는 분을 대상으로 '사내 구글 앱스 스크립트 강좌'를 몇 차례 담당하기도 했습니다. 그때 느낀 여러 가지 요령도 이 책에 담았습니다. 책 집필은 쉽지 않았지만, 강의 경험을 빌려 '이렇게 하면 이해하기 쉬울 거야!'라고 생각하며 즐겁게 임했습니다.

필자는 스스로를 능력 있는 프로그래머라 생각하지 않습니다. 그러나 초보자가 프로그래밍 세계를 배우고 그 이상으로 성장하는 데 필요한 경험과 정보는 알려 줄 수 있다고 생각합니다. 부디 이 책을 계기로 필자를 발판으로 삼아 더 나은 프로그래머가 되길 바랍니다.

사카이노 타카요시

구글 앱스 스크립트로 미래를 준비하며
오늘의 여유를 즐기세요!

지메일, 캘린더, 드라이브 등 여러 구글 서비스를 이용하여 일상생활의 편리함과 업무의 효율성을 얻으려는 사람이 많으리라 생각합니다. 스마트폰 단말기 역시 이를 돕는 수단입니다. 이렇듯 제공하는 서비스가 너무 다양하다 보니 '이런 것까지?'라는 생각이 들기도 하죠. 참 편리한 세상입니다.

그러나 사람은 현재 상태에 머무르지 않고 항상 더 나은, 더 편리한 무언가를 추구합니다. 구글 서비스도 마찬가지입니다. 제공되는 다양한 기능을 수동적이고 정적으로만 사용하는 것이 아니라 능동적이고 동적으로 자동화하여 생활과 업무의 효율화를 꾀할 수 있도록 하니까요.

이 책의 주제인 구글 앱스 스크립트(Google Apps Script, GAS)도 이를 실현하는 하나의 방법으로, 누구나 코딩할 수 있기를 바랐던 한 개발자에 의해 탄생했습니다. 그러므로 여러분이 이 기능을 올바르게 활용한다면 내일을 준비하는 오늘의 여유를 얻을 수 있을 겁니다.

누군가는 자동화가 일자리를 위협한다고 하지만, 이는 산업 구조의 변화를 장기적이고 거시적인 관점에서 바라본 것일 뿐 인류는 발전을 멈추거나 게을리 한 적이 한 번도 없습니다. 이러한 흐름을 개인 관점에서 적극적으로 활용한다면 업무의 효율성과 정확도의 향상으로 이어집니다. 또한 일을 좀 더 창조적으로 처리할 수 있도록 하며 더 나은 삶을 추구하는 데 필요한 정신적이고 물리적인 여유를 제공합니다.

이 책은 내일의 행복을 위해 오늘의 업무를 효율적으로 처리하고 싶어 하는 모든 분에게 구글 앱스 스크립트를 설명합니다. 물론 이 책 한 권으로 원하는 모든 것을 이룰 수는 없겠지만 첫걸음을 내딛는 데 필요한 안내서 역할로는 충분하리라 생각합니다. 모쪼록 이 책을 활용하여 더 나은 미래를 준비하며 오늘의 여유를 즐기기 바랍니다.

끝으로, 흔쾌히 번역을 맡겨 주신 이수진 팀장님과 모자란 번역을 다듬고 고치느라 애쓰신 임승빈 대리님에게도 이 자리를 빌려 고마움을 전합니다. 늘 느끼지만, 저자의 뜻을 올바르게 전하지 못한 것은 오롯이 옮긴이의 탓입니다.

2023년 6월, 무더울 여름을 준비하며
안동현

이 책을 먼저 본 베타테스터의 강력 추천!
구글 앱스 스크립트는 이 책 하나면 다 된다!

실제 사례로 구글 앱스 스크립트를 효율적으로 배울 수 있어요!

이 책에서는 시트나 설문의 값을 읽고 보고서를 작성해 메일로 보내거나 캘린더의 일정을 연동하고 드라이브로 파일을 옮기는 등 다양한 자동화의 사례를 쉽고 잘 따라할 수 있게 소개합니다. 전에 앱스 스크립트를 한번도 사용하지 않았더라도 다양한 사례를 통해 실전에 바로 활용할 수 있는 기술을 배울 수 있습니다. 또한 '비개발자, 비전공자'로서 이전에 프로그래밍 경험이 없다면, 프로그래밍 입문을 위한 도서로도 이 책은 좋은 선택이 될 것입니다.

김진환 _차라투 데이터 프러덕트 개발자

중학생도 이해하기 쉽고 친절한 설명이 눈에 띕니다!

이 책은 전문 프로그래머가 아니라 일반인도 프로그램을 만들 수 있는 구글 앱스 스크립트 입문서입니다. 업무 최적화, 자동화를 계기로 프로그래밍 세계에 발을 들여 놓기 좋은, 한번에 두 마리 토끼를 잡을 수 있는 책입니다. 중학생이 읽어도 이해할 수 있을 정도로 쉽고 자세한 설명이 좋았습니다. 프로그래밍을 하나도 몰라도 단계별로 실습하다 보면 어느새 코딩과 문법에 저절로 익숙해집니다. 프로그램을 직접 만들 때 부딪히는 어려움도 문과 출신 저자의 경험에서 우러나온 노하우를 바탕으로 하나하나 짚어 줘서 문제 해결력까지 키울 수 있습니다.

송승훈 _중학교 정보 교사

프로그래밍을 배워보고 싶은 사람, 반복되는 작업을 자동화하고 싶은 사람에게 추천!

'구글 앱스 스크립트'는 이 책을 통해 처음 제대로 알게 되었습니다. 평소 구글 스프레드 시트를 사용하고 있기 때문에 이 책을 읽으면서 평소 불편했던 부분을 자동화시킬 수 있겠다는 아이디어를 많이 얻을 수 있었습니다. 특히 이 책은 일반인을 대상으로 만들어진 책이기 때문에 코딩을 모르더라도 쉽게 배울 수 있다는 장점이 있습니다. 그리고 이미 코딩을 배운 사람이라도 기초를 다지는데 큰 도움이 되는 좋은 내용들로 가득하기 때문에 꼭 읽어보기를 추천합니다.

이희철 _5년 차 개발자

00 들어가며

00-1 나도 프로그램을 만들고 싶어요! ································· 13

01 구글 앱스 스크립트 기본기 다지기

01-1 도대체 프로그래밍이란 뭘까? ································· 17

01-2 구글 앱스 스크립트의 장점 ································· 20

01-3 프로그램의 흐름 생각하기 ― 순서도 ························· 22

01-4 실제 동작하는 프로그램 체험하기 ·························· 27

01-5 배운 내용 정리하기 ······································· 37

꼭 알아 두기 프로그래밍에서 자주 쓰는 기호 ················· 39

02 일일 보고서를 자동으로 보내고 싶어요!

02-1 이 장에서 배울 내용은? ···································· 41

02-2 구글 앱스 스크립트의 필수 요소 ― 함수와 주석 ··········· 44

02-3 함수에는 어떤 내용이 들어갈까? ― 상자로 상수와 변수 이해하기 ··· 49

02-4 문자열을 다루는 방법 ····································· 54

02-5 앱스 스크립트로 더하고 빼기 ― 산술 연산자 ·············· 58

02-6 자가 진단 테스트 ① ― 평균 점수 계산하기 ··············· 60

02-7 구글 스프레드시트의 데이터 가져오기 ··················· 61

02-8 앱스 스크립트로 이메일 보내기 ························· 72

02-9 일일 보고서 보내기 자동화 프로그램 만들기 ·············· 76

02-10 배운 내용 정리하기 ······································ 87

꼭 알아 두기 프로그래밍 규칙 ― 언어 문법, 코딩 컨벤션, 오류 ········ 88

03 설문 조사를 자동으로 집계하고 싶어요!

03-1 이 장에서 배울 내용은? ·· 93

03-2 다양한 경우에 대처하기 — if 문 ····································· 97

03-3 조건 추가하기 — if ~ else ·· 101

03-4 더 강력한 조건문 — 비교 연산자와 논리 연산자 ················ 104

03-5 프로그램에 사용하는 다양한 값 ·· 111

03-6 자가 진단 테스트 ② — 김초롱 학생의 성적 계산하기 ········· 117

03-7 배열을 이용하여 값을 하나로 묶기 ···································· 122

03-8 반복 처리는 루프로 해결하기 ··· 132

03-9 for 문의 발전형 — break와 continue ································· 140

03-10 자가 진단 테스트 ③ — for 문을 이용한 반복 ···················· 144

03-11 배열과 반복 함께 사용하기 ··· 145

03-12 핵심! 2차원 배열 ··· 154

03-13 자가 진단 테스트 ④ — 2차원 배열 반복하기 ····················· 158

03-14 설문 조사 집계 프로그램의 요구 사항 정의하기 ················ 159

03-15 설문 조사 집계 프로그램 만들기 ······································ 163

03-16 나만의 메뉴 만들기 ·· 176

03-17 배운 내용 정리하기 ·· 179

꼭 알아 두기 스프레드시트에 값 한꺼번에 추가하기 ················ 180

04 업무 관리 목록을 알림으로 받고 싶어요!

04-1 이 장에서 배울 내용은? ·· 186

04-2 함수를 좀 더 편리하게 활용하자! ····································· 187

04-3 여러 종류의 데이터를 다룰 때는 객체에 맡기기 ················ 201

04-4 내장 객체란? ·· 208

04-5 안 보여도 될 부분은 숨기기 — 변수 범위 ························· 224

04-6 업무 관리 프로그램 만들기 ··· 234

04-7 배운 내용 정리하기 ·· 255

04-8 자가 진단 테스트 ⑤ — 김초롱 학생의 성적을 함수로 계산하기 ··· 256

꼭 알아 두기 문서 연결 스크립트와 독립 스크립트 ················ 259

05 지메일의 첨부 파일을 구글 드라이브에 자동으로 저장하고 싶어요!

05-1 이 장에서 배울 내용은? ································· 262

05-2 앱스 스크립트로 지메일 다루기 ······················ 263

05-3 앱스 스크립트로 구글 드라이브 다루기 ················ 276

05-4 프로그래밍에서 다루는 2가지 데이터 형식 ············· 283

05-5 청구서 자동 저장 프로그램 만들기 ···················· 290

05-6 배운 내용 정리하기 ································· 303

06 프로그램 유지·보수하기

06-1 이 장에서 배울 내용은? ································· 305

06-2 일일 보고서 보내기 프로그램에 조건 추가하기 ·········· 307

06-3 업무 관리 알림이 도착하지 않았다면? ················ 325

06-4 배운 내용 정리하기 ································· 332

꼭 알아 두기 앱스 스크립트 공식 문서 보는 방법 ············· 333

꼭 알아 두기 간단한 트리거 onEdit() ······················ 336

07 필자가 전하는 4가지 조언

07-1 0부터 시작하지 않아도 됩니다! ······················ 339

07-2 자동화할 수 있는 업무를 찾으려면? ·················· 340

07-3 초보자는 잘 모르는 2가지 대처법 ···················· 341

07-4 이 책에서 설명하지 않은 심화 내용 ·················· 342

맺음말 — 스스로 성장하는 것을 느껴 보세요! ··············· 347

찾아보기 ································· 349

구글 앱스 스크립트 5일 완성 계획표!

효율적인 학습을 위해서 학습 계획표를 제공합니다.
이 계획표를 따라 실습하고 공부하면
구글 앱스 스크립트를 몰랐던 일반인 누구라도
쉽게 입문할 수 있습니다.
이 책과 함께 지금 시작해 보세요!

5일 완성

날짜	학습 목표	범위	쪽수
1일 차 ___월 ___일	• 구글 앱스 스크립트 기본 이해하기	01장, 02장	16 ~ 91쪽
2일 차 ___월 ___일	• 설문 조사 자동 집계 프로그램 만들기 • 배열, 조건문, 반복문	03장	92 ~ 184쪽
3일 차 ___월 ___일	• 업무 관리 목록 알림 프로그램 만들기	04장	185 ~ 260쪽
4일 차 ___월 ___일	• 지메일 첨부 파일 자동 저장 프로그램 만들기	05장	261 ~ 303쪽
5일 차 ___월 ___일	• 프로그램 유지 · 보수	06장, 07장	304 ~ 346쪽

이 책을 실습하기 위한 준비, 이렇게 하세요!

1 구글 가입하기, 크롬 설치하기

이 책은 구글 앱스 스크립트를 다루므로 구글 서비스를 이용해야 합니다. 이 책에서는 무료 구글 계정(지메일 주소)을 사용하는 개인을 기준으로 설명했습니다. 직장에서 사용하는 구글 워크스페이스(이전 G Suite) 계정을 사용해도 무방합니다. 덧붙여 원활한 실습을 위해 브라우저는 구글 크롬을 설치하세요!

구글 계정과 크롬만 있으면 구글 앱스 스크립트를 바로 사용할 수 있어요!

2 데이터 내려받기

이 책에 실은 코드와 문제 해결 프로그램을 만드는 데 필요한 예제 데이터 등은 이지스퍼블리싱 홈페이지의 자료실에서 내려받을 수 있습니다.

이지스퍼블리싱 홈페이지: www.easyspub.co.kr

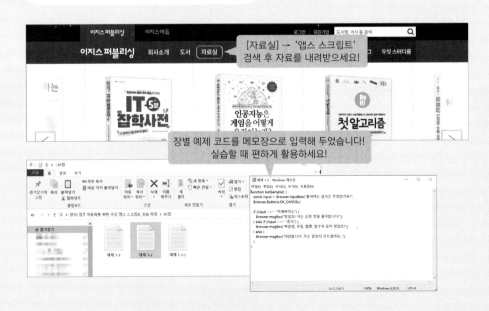

[자료실] → '앱스 스크립트' 검색 후 자료를 내려받으세요!

장별 예제 코드를 메모장으로 입력해 두었습니다! 실습할 때 편하게 활용하세요!

3 엑셀 파일을 스프레드시트로 가져오기

예제에 사용할 데이터는 엑셀 파일로 제공합니다. 하지만 구글 앱스 스크립트에서 활용하려면 엑셀 파일을 구글 스프레드시트로 변환해야 합니다. 구글 스프레드시트에서 [파일] 메뉴 → [가져오기] → [업로드]를 클릭한 후 엑셀 파일을 직접 드래그해 넣으면 됩니다.

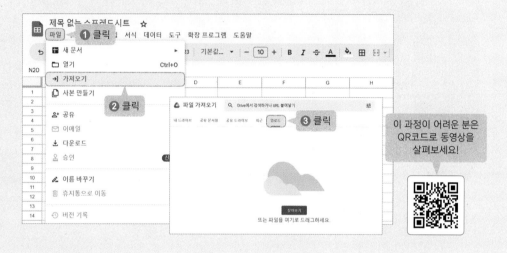

4 함께 성장하는 독자가 모인 Do it! 스터디 룸

이 책의 독자들, 그리고 개발에 관심 있는 독자들이 모인 'Do it! 스터디룸'을 소개합니다. 책으로 공부하다가 생기는 질문들을 함께 해결해 봐요! 또한 책 한 권 읽고 기록을 남기면 책 한 권을 선물로 주는 'Do it! 공부단'도 진행 중이니 한번 방문해 보세요!

Do it! 스터디룸: cafe.naver.com/doitstudyroom

일러두기

- 이 책에서 사용하는 용어와 화면 이미지는 2023년 6월 기준으로 합니다. 추후 구글 앱스 스크립트가 업데이트되면 화면 이미지가 바뀔 수 있습니다.

- 책에 관한 소감과 오탈자 제보는 책의 뒷날개에 삽입된 '온라인 독자 설문'으로 받고 있습니다. QR코드를 스캔해 설문에 참여해 보세요.

Google Apps Script

00

들어가며

00-1 | 나도 프로그램을 만들고 싶어요!

프로그래밍을 왜 배우려고 하나요?

이런 질문을 받으면 여러분은 어떻게 답할지 궁금하네요. 이 책은 프로그래머가 아닌 독자를
위해 집필했으니까요.

이처럼 이유는 다양합니다. 그중에는 주변에서 자주 일어나는 문제를 해결하고 싶어 하는 사
람도 있을 겁니다.

프로그래밍 초보자라도 업무를 자동화할 수 있는 방법을 알아보겠습니다.

일상의 문제를 프로그래밍할 수 있는 인재가 필요한 시대

10년 전과 달리 프로그래밍 문턱은 이제 낮아졌습니다. 의무 교육에도 코딩이 포함되는 시대
가 되었고, 프로그래머가 몇 안 되던 시대도 지났습니다.

우리는 일상생활에서도 다양한 시스템을 사용합니다. 출퇴근 관리나 경비 정산 등도 시스템
(프로그램의 집합체)으로 처리하면서 효율성이 높아졌습니다. 교통 카드나 신용 카드 등을 단말
기에 대기만 해도 대중교통을 이용할 수 있고, 자동판매기에서 거스름돈이 정확히 나오는 것
도 모두 프로그램 덕분입니다.

지금은 '제4차 산업혁명' 시대로, 인공지능(artificial intelligence, AI)이나 로봇, 블록체인 등이
중요한 개념으로 자리 잡았습니다. 그러므로 이러한 기술을 주체적으로 사용해야 편리하게
살아갈 수 있는 시대가 되었습니다.

이제 수작업으로 2시간 걸리던 작업도 프로그램을 이용하면 10초 만에 끝낼 수 있습니다. 매일 아침 이메일 보내는 작업을 자동화하는 프로그램은 초보자도 직접 만들 수 있습니다. 또한 개발 프로그램도 무료로 사용할 수 있으므로 누구든지 마음만 먹으면 지금 당장이라도 프로그래밍을 시작할 수 있습니다.

프로그래밍할 줄 모른다면 꿈이나 마법처럼 느낄 수도 있습니다. 하지만 IT 기기를 다루는 것은 엑셀, 워드, 컴퓨터를 사용하는 것처럼 이미 일상이 되었습니다. 앞으로 프로그래밍이라는 마법을 사용할 줄 아는 사람과 그렇지 못한 사람의 생산성, 시장 가치도 점점 차이가 날 겁니다. 벌써 그렇게 되어 가고 있습니다.

프로그래밍은 마법보다 쉬워요!

프로그래밍의 핵심은 사실 간단합니다. 최대한 효율적으로 이용하려면 어떻게 해야 하는가를 생각하면 됩니다. 프로그래밍 능력이 중요한 게 아닙니다. **프로그래밍으로 처리하는 데 필요한 최적의 순서와 데이터 구조는 무엇인가**를 생각하는 능력이 중요합니다. 그러기 위해서 데이터를 원하는 대로 정리하는 등의 현실 문제를 프로그램으로 쉽게 처리할 수 있는 인재가 되어야 합니다. 이것이 필자가 여러분에게 바라는 바입니다.

 네? 그럼 프로그래밍할 줄 모르면 어떻게 되나요?

이런 불안을 느낄 수도 있지만, 걱정하지 마세요! 이 책으로 프로그래밍을 익힌다면 여러분 모두 마법사가 될 수 있습니다. 프로그래밍은 어렵다는 선입견을 버리세요. '마법'보다 훨씬 배우기 쉬우니까요. 프로그래밍은 무에서 유를 만드는 게 아니라 체계화된 기술이므로 '이렇게 하면 저렇게 되는구나!'라는 것이 정해져 있습니다. 이 규칙을 따라 하는 것부터 시작하면 누구든 업무에 사용할 만한 수준으로 프로그램을 만들 수 있습니다.

이 책은 '프로그래밍을 한 번도 경험해 보지 않은 사람이 구글 앱스 스크립트(Google Apps Script, GAS)라는 수단을 이용해 자동화 프로그램을 만들고 문제를 해결해서 업무 효율을 높일 수 있도록 도와주는 것'을 목표로 합니다.

먼저 구글 앱스 스크립트 문법을 배우고 나서 실제 자동화 프로그램을 만들어 봅니다. 또한 이 프로그램을 살펴보면서 코드를 작성할 때의 생각 흐름까지도 가능한 한 자세하게 설명합니다.

지금까지 설명한 내용이 어렵게 느껴진다면, 다음 예시를 살펴보세요. '자동으로 이메일 보내기'를 하는 프로그램을 만든다면 필자는 4단계로 나눌 것입니다.

1단계: 무엇을 어떻게 하면 문제를 해결할 수 있는지 정의하기

'이메일 보내기'만으로는 정보가 부족하므로 조건을 자세하게 준비해야 합니다.

- 누구에게?
- 제목은?
- 본문 내용은?
- 언제?
- 보내는(받는) 사람 주소는?
- 첨부 파일은 있는가?

2단계: 목표 달성 과정을 몇 단계로 나누기

이메일 1통을 만들 때 필요한 정보는 어디서 얻어야 할지 단계가 필요합니다.

- 본문(내용)에 넣을 정보가 구글 스프레드시트라면 '구글 스프레드시트에서 정보를 얻는다'라는 단계를 준비합니다.

3단계: 단계마다 수행하는 프로그램 만들기

마치 부품을 만들 듯이 단계마다 프로그램을 작성합니다.

- 구글 스프레드시트 정보를 얻는 프로그램
- 얻은 정보를 이용하여 이메일 본문(내용)을 만드는 프로그램

4단계: '부품' 프로그램을 조합하여 목표를 달성할 '완성' 프로그램 만들기

- '자동으로 이메일 보내기' 프로그램을 완성합니다.

이처럼 실무에서 자주 보는 몇 가지 사례를 이용해서 1~4단계를 직접 체험해 보겠습니다. 이를 통해 프로그램을 만들 때 필요한 '실현하고 싶은 것을 분해하여 순서대로 나열하기'나 '시작부터 코드를 완성할 때까지의 접근법 떠올리기' 등의 능력을 익힐 수 있습니다.

Google Apps Script

01

구글 앱스 스크립트
기본기 다지기

01-1 | 도대체 프로그래밍이란 뭘까?

이 장에서는 프로그래밍이란 무엇인지 소개합니다. 프로그래밍을 본격적으로 시작하기 전에 준비 작업으로 **스크립트 편집기 사용 방법**을 배운 뒤 **프로그램을 만들고 실행해 결과를 확인**하는 흐름을 직접 경험해 보겠습니다.

컴퓨터 세계와 인간 세계

지금부터 배울 구글 앱스 스크립트(Google Apps Script, 이하 앱스 스크립트)는 프로그래밍 언어입니다. 프로그래밍 언어에는 또 어떤 종류가 있을까요? 파이썬, 자바, C 언어, 자바스크립트 등은 여러분도 들어 본 적이 있을 것입니다. 그러면 이런 프로그래밍 언어로 무엇을 할 수 있을까요?

컴퓨터의 세계는 이진수, 즉 0과 1로 이루어집니다. 그러나 사람은 0과 1만으로는 무슨 뜻인지 이해하지 못할 뿐 아니라 표현하는 방법도 모릅니다. 그러므로 사람이 컴퓨터에게 명령하려면 자신이 보고 이해할 수 있는 언어로 프로그램을 만들고 나서 컴퓨터가 0과 1로 변환하여 실행하는 과정을 거쳐야 합니다.

그림 1-1 | 프로그래밍 언어의 역할

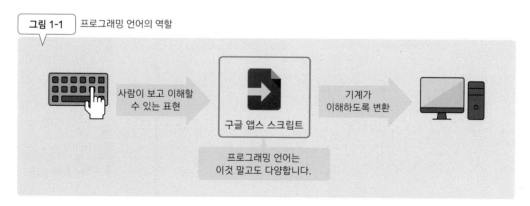

사람이 보고 이해할 수 있는 표현 → 구글 앱스 스크립트 → 기계가 이해하도록 변환

프로그래밍 언어는 이것 말고도 다양합니다.

이처럼 프로그래밍 언어는 사람과 컴퓨터를 이어 주는 역할을 합니다. 프로그램을 처음 만나면 의미를 알 수 없는 영어와 기호로 이루어진 것처럼 보입니다. 그러나 방금 이야기한 것처럼 **사람이 보고 알 수 있는 명령**입니다. 중학교 수준의 영어 실력이면 대부분 이해할 수 있습니다. 지금부터 이러한 명령을 읽는 방법, 작성하는 방법을 알아볼까요?

프로그램을 개념도로 표현하기

먼저 프로그램이란 무엇인지 알아봅시다. 그리 어려운 내용은 없으니 한번 훑어보고 넘어가겠습니다. 프로그램을 추상화해서 설명하면 다음 그림처럼 **입력한 내용을 처리해서 결과를 출력하는 것**이라고 할 수 있습니다(**그림 1-2**). 이것이 전부입니다.

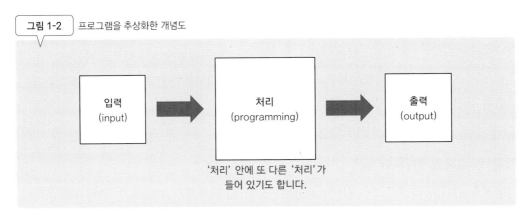

그림 1-2 | 프로그램을 추상화한 개념도

입력, 처리, 출력의 예를 들어 프로그래밍 과정을 이해해 봅시다. 처리는 프로그래밍할 부분을 뜻합니다.

표 1-1 | 프로그램을 추상화한 개념도의 3가지 요소 예시

입력	처리	출력
• 사용자 입력 • 데이터가 들어 있는 CSV 파일 • (받은) 이메일	• 숫자를 계산하고 집계 • 필요한 문자만 추출 • 원하는 문장 작성	• (보낸) 이메일 • (출력한) 스프레드시트 데이터 • (메신저 등을 사용해서 보낸) 메시지

'이렇게 간단해?'라고 말할 수도 있습니다. 물론 **실제로는** 처리를 세분화해 보면 처리 안에 또 다른 처리가 들어 있기도 하고 처리 자체가 복잡할 때도 흔합니다. 그러나 모든 프로그램을 한마디로 설명한다면 **입력한 내용을 처리해서 결과를 출력하는 것**이라고 할 수 있습니다.

지금부터 다양한 프로그램을 보거나 만들 텐데 그때마다 다음 질문을 마음속으로 떠올리기 바랍니다.

무엇을 입력하고, 어떻게 처리하여, 무엇을 출력하는가?

설명을 참고해도 좋지만, 스스로 생각하는 습관을 기르면 프로그래밍의 기본 원리를 구체적으로 이해하는 데 훨씬 도움이 됩니다.

알아 두면 좋아요!　　**프로그래밍은 질릴 정도로 꼼꼼해야 합니다!**

프로그래밍을 본격적으로 시작하기 전에 알아 둘 게 하나 있습니다. 프로그램은 **몇 번이든 지시한 대로 정확히 실행**하지만, 이와 함께 **지시한 것만 실행**한다는 점입니다. 그러므로 프로그램에 무언가를 시킬 때는 모두 정확하게 지시해야 합니다. 사람이라면 어떤 행동을 할 때 주위 분위기를 고려하지만, 프로그램은 전혀 신경 쓰지 않기 때문입니다. 프로그램은 **틀린 지시를 내리더라도 그대로 실행**한다는 점을 명심하세요.

01-2 | 구글 앱스 스크립트의 장점

잠시 구글 앱스 스크립트(GAS, 줄여서 앱스 스크립트)를 좀 더 알아봅시다. 앱스 스크립트(Apps Script)란 구글이 제공하는 프로그래밍 언어로, 널리 사용해 온 **자바스크립트**(JavaScript)를 기반으로 합니다.

▶ 하지만 자바스크립트는 구글과 아무 관계가 없는 언어랍니다.

장점 1 — 자바스크립트 작성 방법을 그대로 이용할 수 있다!

앱스 스크립트의 최대 장점은 자바스크립트 언어의 작성 방법을 대부분 그대로 이용할 수 있다는 것입니다.

앞서 이야기한 것처럼 자바스크립트는 앱스 스크립트보다 훨씬 먼저 등장했으며 널리 사용하는 언어입니다. 그러다 보니 자바스크립트와 관련한 글이나 자료가 앱스 스크립트보다 훨씬 많습니다. 예를 들어 '구글 앱스 스크립트 배열'보다 '자바스크립트 배열'로 검색하면 더 많은 자료를 찾을 수 있습니다. 그리고 검색한 내용은 대부분 앱스 스크립트에서도 사용할 수 있습니다.

이 책에서는 문법을 자세히 설명하지 않습니다. 그 대신 검색을 활용하도록 안내합니다. 이때 '구글 앱스 스크립트(GAS)'뿐만 아니라 '자바스크립트(JS)'도 꼭 넣어서 검색해 보세요.

장점 2 — 작업 환경을 따로 준비할 필요가 없다!

또 하나 편리한 점은 작업 환경을 따로 준비하지 않아도 된다는 것입니다.

파이썬이나 자바에서는 자신의 컴퓨터에 그 언어를 실행하는 프로그램을 설치해야 합니다. 이러한 과정을 **개발 환경 준비**라고 하는데 프로그래밍 입문자에게는 그리 간단하지 않습니다.

그러나 앱스 스크립트에서는 구글이 개발 환경을 준비해 줍니다. 구글 계정이 있고 인터넷에 접속할 수 있다면 이것으로 개발 환경 준비는 끝납니다.

장점 3 — 다양한 구글 서비스를 활용할 수 있다!

앱스 스크립트를 사용하면 구글의 스프레드시트, 지메일, 캘린더 등 다양한 서비
스를 활용할 수 있습니다. 다음 예를 볼까요?

- 스프레드시트를 열고 시트 [A]의 [A20] 셀값을 이메일로 보내기
- '청구서'라는 키워드로 지메일을 검색해서 찾은 이메일 본문을 스프레드시트로 만들기
- 구글 달력을 열고 오늘의 일정 목록을 이메일로 보내기

이처럼 지금까지 구글 스프레드시트나 지메일로 했던 작업을 앱스 스크립트로 수행할 수 있습니다. 즉, 프로그램에게 시킬 수 있습니다. 그러므로 앱스 스크립트를 알아 두면 구글 워크스페이스(Google Workspace) 사용자에게는 강력한 무기가 됩니다.

▶ 구글 워크스페이스를 자세히 알고 싶다면 workspace.google.com을 클릭해서 무료 평가판을 사용해 보세요.

01-3 | 프로그램의 흐름 생각하기
— 순서도

01-1절에서 프로그램이란 데이터를 '입력'하고 '처리'해서 '결과'를 출력하는 것이라고 했습니다. 그중에 상자로 표현한 '처리' 안에서 이루어지는 동작이 프로그램의 중심 부분입니다. 프로그래머가 의도한 대로 컴퓨터가 움직일 수 있도록 하려면 프로그램을 만들 때 처리 내용과 순서를 정확하게 지시해야 합니다. 처리 과정이 복잡할수록 **순서도**(flowchart)가 힘을 발휘합니다. 프로그램의 전체 흐름을 순서도로 나타내면 알아보기 쉽고, 여러 사람이 개발할 때나 프로그램을 의뢰한 사람과 만드는 사람 사이에서 의사소통이 분명해집니다.

언어 해석과 관련해 프로그래머들끼리 하는 농담으로 '우유와 달걀 문제'라는 것이 있습니다. 프로그래머인 배우자에게 "우유 하나 사다 줘요. 달걀이 있다면 10개들이로요."라고 부탁했습니다. 잠시 지나자 배우자는 우유 10팩을 사왔습니다. 우유를 왜 10팩이나 사 왔느냐고 묻자, 배우자는 이렇게 답했습니다. "달걀이 있길래…."

상식적으로 배우자가 사와야 할 것은 우유 1팩과 달걀 10개입니다. 만약 달걀이 없다면 우유 1팩이고요. 그러나 언어 해석에서 보면 배우자의 행동이 틀렸다고는 할 수 없습니다. 이것이 우리가 일상에서 사용하는 자연어의 재미있는 부분이기도 하고, 인식의 차이가 생기는 이유이기도 합니다. 부부의 인식 차이를 **그림 1-3**의 순서도로 나타냈습니다. 처음에 배우자에게 이 순서도를 보여 주었더라면 우유를 10팩이나 사오지는 않았을 것입니다.

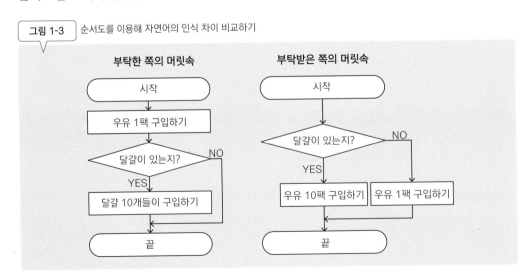

그림 1-3 │ 순서도를 이용해 자연어의 인식 차이 비교하기

프로그래밍 언어는 자연어와 구별하여 **형식어**라 합니다. 형식어를 사용하면 누구든 똑같이 해석해서 프로그래밍하므로 같은 결과가 나오는 순서도를 그릴 수 있습니다. 예를 들어 이메일 발송을 자동화하는 프로그램을 만들고 싶을 때, 생각은 자연어로 나타내지만 순서도를 작성하고 나서야 비로소 형식어로 해석해서 프로그래밍할 수 있습니다.

작업 목적을 달성하려면 '언제, 무엇을, 어떤 순서로 처리할 것인가?'를 담은 작업 지시서가 필요합니다. 이 자료는 '누가 읽어도 같은 결과가 나올 수 있도록 하는 것'이 바람직하겠지만 정확히 전달하고자 할수록 표현해야 할 내용이 점점 많아집니다. 이럴 때 순서도를 그려 보세요. 순서도는 **전체 작업 과정에서 지금 어디에 있는지, 패턴 분기는 어느 정도인지**를 한눈에 파악할 수 있습니다. 프로그램도 마찬가지입니다. 프로그램의 순서도는 **순서, 분기, 반복**의 3가지 패턴을 조합하여 표현합니다. **그림 1-4, 1-5, 1-6**을 참고하세요.

그림 1-4 순서의 흐름

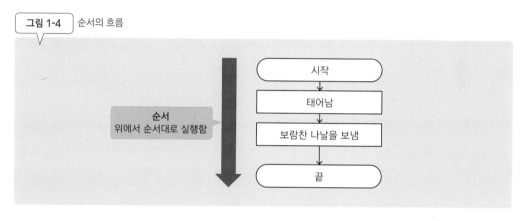

그림 1-5 분기의 흐름

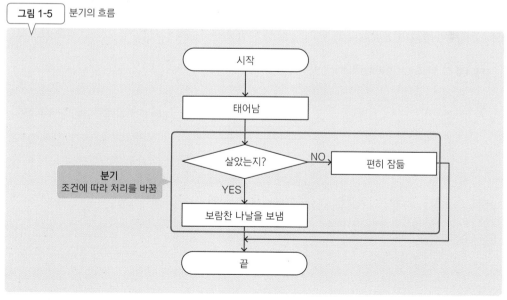

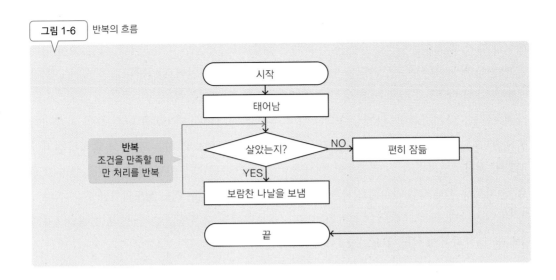

그림 1-6 반복의 흐름

복잡한 프로그램을 만들 때는 분기-처리-반복이라는 3가지 패턴을 조합하여 **목적 처리를 실현하기 위한 순서도**를 그리고 나서 코드로 변환하는 순서를 따릅니다. 그런데 순서도를 직접 그려 본 사람은 그리 많지 않을 겁니다. 그럼 순서도를 좀 더 자세히 살펴볼까요?

순서도 작성 방법

순서도의 종류는 다양합니다. 국제표준기구(ISO) 역시 '언제, 어떤 기호를 사용하는가?'를 정의합니다. 꼭 표준에 맞출 필요는 없으나 사용하는 기호의 뜻은 미리 정해 두면 좋습니다.

이 책에서는 **그림 1-7**처럼 기호를 사용하고 흐름은 **위에서 아래로, 왼쪽에서 오른쪽으로** 진행합니다. 구체적인 방법이 궁금하다면 '순서도 작성 방법' 또는 '순서도 기호' 등으로 검색해 보세요.

그림 1-7 순서도에서 사용하는 기호

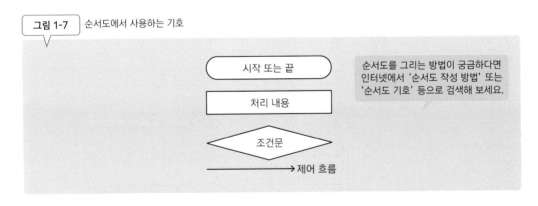

순서도 직접 그려 보기

평일 아침에 일어나서 집을 나설 때까지 하는 일을 순서도로 나타내 봅시다. 여기서는 몇 가지 조건문을 넣습니다. 예를 들어 '비가 오는지?'(온다면 우산을 꺼낸다), '열이 나는지?'(난다면 외출을 삼간다) 등입니다. 종이만 있다면 손으로 직접 그려 봅시다.

다음 예시는 회사원인 필자가 출근하는 과정을 순서도로 나타낸 것입니다. 아침밥 먹을 시간이 충분할 정도로 일찍 일어나는 편이어서 지하철이 연착되더라도 지각할 염려가 없답니다.

그림 1-8 회사원 출근 순서도

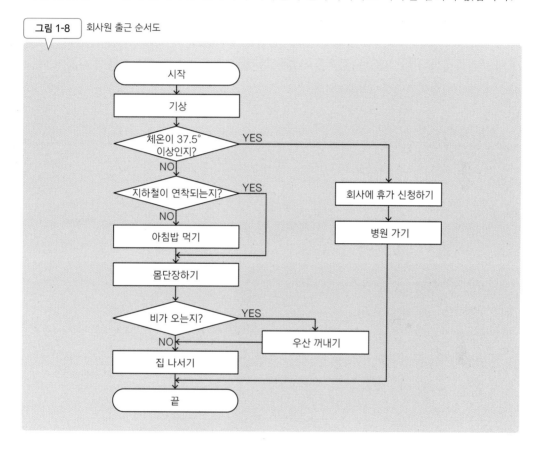

초보 프로그래머의 마음가짐 — 멈추지 말고 앞으로 나아갑시다!

지금부터 실제로 프로그래밍을 시작할 텐데, 그전에 짚고 넘어가야 할 중요한 한 가지가 있습니다. 프로그램을 처음 배운다면 흔히 다음과 같이 생각할 겁니다.

사람마다 차이는 있겠지만 배우고 바로 알 수 있는 것도 있고, 배울 때는 몰라도 공부하면서 알게 되는 것도 있습니다. 이 책에서는 초보자도 이해할 수 있도록 설명하려고 노력했지만 혹시 이해하기 어려운 내용이 나오더라도 걱정하지 마세요. 나중에 자세히 다룰 것입니다.

이와 함께 처음에는 전체 모습을 알지 못하므로 지금 이해해야 할 정도로 중요한지 그렇지 않은지를 구별할 수 없을 때도 흔합니다. 'A를 알고 싶은데, 관련된 B가 나와 이를 알아보던 중에 C에 부딪혔다.' 등과 같은 경험을 하다 보면 어느새 시간이 흐르고 맙니다. 이런 일은 필자도 자주 겪었답니다.

그래서 필자가 추천하는 학습 방법은 '10분 정도 알아보고, 그래도 모르겠다면 일단 건너뛰고 앞으로 나아가기'입니다. 단, 모르는 부분은 꼭 메모해 두어야 합니다. 나중에 다시 보면 그때는 저절로 이해되는 경우도 있으니까요.

이제 여러분도
프로그래머!

01-4 | 실제 동작하는 프로그램 체험하기

그럼 지금부터 함께 프로그램을 만들어 봅시다. 프로그래밍은 **02**장부터 본격적으로 시작하므로 여기서는 프로그램의 내용을 이해하지 못해도 상관없습니다. **프로그램을 작성하고, 움직여 보고, 결과를 확인하는 순서**를 경험하는 것이 목적이니까요.

실습 환경 준비하기 1 — 스프레드시트 만들기

먼저 구글 드라이브에서 **구글 스프레드시트**를 하나 만드세요.

1 구글에 접속해 로그인한 뒤 화면 오른쪽 위에 있는 구글 앱 바로 가기를 클릭해 [드라이브]를 선택합니다.

그림 1-9 │ 구글 드라이브로 이동

2 드라이브 창 왼쪽 위에서 [새로 만들기] 버튼을 클릭합니다.

그림 1-10 │ 드라이브 창에서 새로 만들기

3 [Google 스프레드시트] 오른쪽에 있는 화살표를 클릭하고 [빈 스프레드시트]를 선택하면 새로운 스프레드시트가 만들어집니다.

그림 1-11　빈 스프레드시트 만들기

실습 환경 준비하기 2 ― 스크립트 편집기 열기

다음으로, 스프레드시트에서 **스크립트 편집기**를 열겠습니다. 스크립트 편집기란 구글이 제공하는 앱스 스크립트 전용 프로그램 개발 도구입니다. 앱스 스크립트에서는 이곳에 코드를 작성합니다. 다음 과정을 따라 해 프로그램을 작성할 바탕을 만듭니다.

1 [확장 프로그램 → Apps Script]를 클릭하면 코드를 작성할 수 있는 스크립트 편집기가 나타납니다.

그림 1-12　스크립트 편집기 열기

2 [제목 없는 프로젝트]를 클릭해 프로젝트 이름을 GAS 입문으로 변경합니다.

그림 1-13　스크립트 편집기에서 프로젝트 이름 바꾸기

3 스크립트 파일 이름을 지정합니다. [Code.gs] 가까이에 마우스 커서를 가져가 ⋮를 누르고 [이름 변경하기]를 클릭해 01장으로 바꿉니다. 이제 본격적으로 실습할 준비를 마쳤습니다.

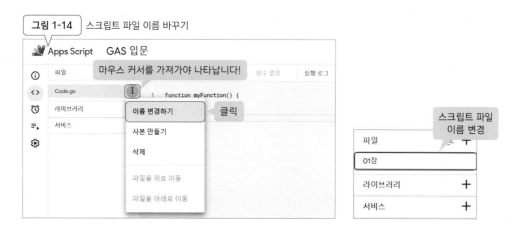

그림 1-14 │ 스크립트 파일 이름 바꾸기

알아 두면 좋아요! **창을 여러 개 띄우세요!**

스프레드시트 창과 스크립트 편집기 창을 나란히 함께 열어 두면 작업하기가 편리합니다. 프로그래밍한 결과물이 스프레드시트 창에 곧바로 나오기 때문입니다.

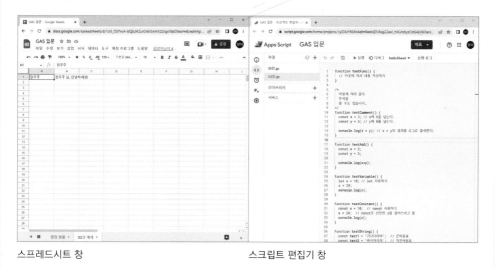

스프레드시트 창   스크립트 편집기 창

프로그램 실행 4단계 미리 살펴보기

스크립트 파일을 준비했다면 hello world 프로그램을 만들어 작동하게 해보겠습니다. 먼저 스크립트 편집기에서 코드를 작성하고 저장한 뒤 실행할 함수를 고르고 [실행] 버튼을 클릭합니다. 이 4단계를 거치면 hello world 프로그램이 작동하는 것을 볼 수 있습니다.

그림 1-15 | 프로그램 실행 4단계

그러면 앱스 스크립트로 1번째 프로그램인 hello world를 만들어 봅시다.

1️⃣ 먼저 스크립트 파일에 다음 코드를 입력하세요.

예제 1-1

```
function myFunction(){
  Browser.msgBox('hello world');
}
```

자동으로 만들어진 myFunction의 { } 안에 작성하세요.

2️⃣ 예제 1-1을 완성했다면 **그림 1-15**의 단계에 따라 **저장**하고 나서 [실행] 버튼을 누르세요.

3 인증 화면이 나타나면 **그림 1-16**의 순서로 인증을 수행합니다. 마지막으로 [허용] 버튼을 클릭하면 스크립트를 실행합니다.

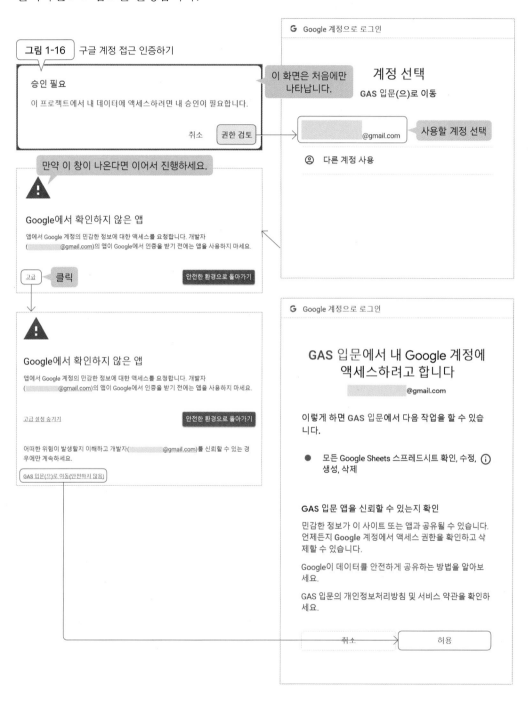

4 올바르게 실행되면 스프레드시트 화면에 **그림 1-17**과 같은 메시지 창이 나타납니다. hello world가 출력되었다면 [확인] 버튼을 누르세요. 스크립트 파일이 아니라 스프레드시트 화면이라는 점에 주의하세요.

그림 1-17 | 올바르게 실행되면 스프레드시트 화면에 hello world 출력

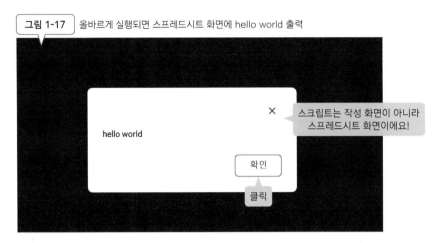

때로는 첫 실행이 잘 이루어지지 않을 수도 있습니다. 이럴 때는 [중지] 버튼을 클릭한 뒤 다시 실행하세요(**그림 1-18**).

그림 1-18 | 제대로 실행되지 않을 때는 [중지] 버튼을 클릭

지금까지 스크립트 편집기에서 '코드 작성하기 → 실행하기 → 실행 결과 확인하기' 과정을 통해 작성한 프로그램이 작동하는 것을 확인했습니다.

이로써 1번째 **앱스 스크립트 프로그램**을 만들었습니다. 자동화 프로그램을 만드는 자세한 내용은 **02장**부터 본격적으로 설명하므로, 여기에서는 방금 만든 hello world 프로그램의 전체 개요만 간략하게 살펴보겠습니다.

> hello world는 프로그램이라 하기엔 조금 과장되어 보이지만, '프로그램을 작성하고 실행하여 결과를 확인했다.'라는 사실은 틀림없습니다.

hello world 프로그램 살펴보기

먼저 예제 1번째 줄의 function을 봅시다. function은 함수를 말합니다. 앱스 스크립트 프로그래밍에서는 **함수를 만들고 실행**하여 처리를 수행합니다.

▶ 함수는 04장에서 자세히 다룹니다.

```
예제 1-1(일부)

function myFunction(){
}
```
● myFunction이라는 이름으로 함수를 만든다.
● 함수 내용은 {로 시작해서 }로 끝난다.

function은 말 그대로 함수를 만들라고 컴퓨터에 명령을 내릴 때 반드시 앞에 두어야 하는 키워드입니다. 그리고 function 다음에 한 칸을 띄우고 함수 이름을 지정합니다. 여기에서는 myFunction이 함수 이름입니다.

함수를 실행하면 함수 안의 내용, 즉 **그림 1-2** 개념도에서 **처리** 부분을 실행합니다(이 내용은 02장에서 자세하게 설명합니다). 이번 예제에서 중괄호 { } 안, 즉 myFunction 함수 안의 내용은 다음과 같습니다.

```
예제 1-1(일부)

  Browser.msgBox('hello world');
```
● Browser(화면)에 msgBox(메시지 상자)를 출력한다.
● 표시할 내용은 hello world이다.

▶ 영어를 조금만 안다면 어떤 뜻인지 쉽게 이해할 수 있을 겁니다.

이제 연습 삼아 hello world 부분을 안녕하세요! 등 다른 말로 바꾸고 실행해 봅시다. 프로그램의 어느 부분이 실행 결과의 어떤 곳과 연결되는지 알 수 있습니다. 또한 Browser.msgBox도 function과 마찬가지로 컴퓨터에 내리는 **명령어**로 앱스 스크립트에 이미 준비되어 있습니다.

명령어 뒤에 이어진 ( ) 안의 내용을 인수(argument)라고 합니다. 이번 예제에서는 Browser.msgBox라는 명령에 hello world라는 문자열을 인수로 전달한다고 표현한 것입니다. 인수는 04-2절에서 자세하게 다루므로 여기서는 '이런 용어가 있구나' 정도만 기억해 두세요.

이처럼 앱스 스크립트 프로그래밍에서는 미리 준비한 **명령어**를 조합해 원하는 내용을 표현합니다. 하고 싶은 내용에 맞는 명령어가 없다면 직접 조합해서 새롭게 만들 수도 있습니다. 명령어는 이 책을 진행하면서 소개하겠습니다.

프로그램 레벨 업 도전하기

이번에는 조금 더 프로그램다운 예제로, 입력한 문자열에 따라 답이 달라지는 봇을 만듭니다. 03장에서 자세히 알아볼 if 문을 사용한 예제입니다. 코드가 조금 길고 어려워 보일 수도 있지만, 꼭 직접 입력해 보기 바랍니다.

1 앞서 만든 myFunction 함수 아래 5행부터 코드를 작성하면 됩니다. 예제 1-2 코드를 작성해 넣으세요.

예제 1-2

```
function botSample() {
  const input = Browser.inputBox("좋아하는 음식은 무엇인가요?",
  Browser.Buttons.OK_CANCEL);

  if (input === "카레라이스") {
    Browser.msgBox("맛있죠! 저는 순한 맛을 좋아합니다!");
  } else if (input === "중식") {
    Browser.msgBox("짜장면, 우동, 짬뽕, 탕수육 등이 맛있죠!");
  } else {
    Browser.msgBox("죄송해요. 무슨 말인지 모르겠어요.");
  }
}
```

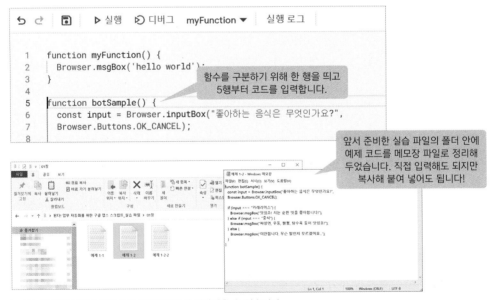

▶ 실습 파일은 이지스퍼블리싱 홈페이지에서 내려받을 수 있습니다.

2 코드를 모두 입력했으면 [저장]을 누릅니다.

다음은 실행할 차례입니다. 지금은 1개의 스크립트 파일에 함수가 2개(myFunction과 botSample)
있어서 어떤 함수를 실행해야 하는지 선택해야 합니다. 앱스 스크립트에서 **실행할 수 있는 함수
는 한 번에 1개**라는 규칙이 있기 때문입니다.

3 [botSample]을 선택하고 [실행]
을 클릭합니다.

그림 1-19 함수 선택

4 "좋아하는 음식은 무엇인가요?"라는 메시지 창
이 나타나면 **카레라이스**라고 입력하고 [확인] 버튼
을 클릭합니다.

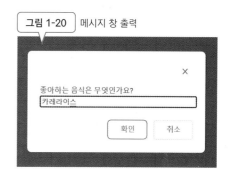

그림 1-20 메시지 창 출력

5 대답 출력 화면이 나타납니다.

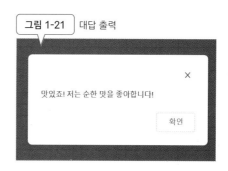

그림 1-21 대답 출력

6 카레라이스 대신 **중식**도 입력해 보세요. 실제 대화하는 것처럼 재미있지요?

이번 01장에서는 문법을 자세히 설명하지 않습니다. 또한 이 봇은 "**카레라이스**"와 "**중식**"에만 반응합니다. 그러므로 봇에 새로운 말을 가르치려면 다음 예제처럼 else if를 추가하면됩니다.

```
if (input === "카레라이스") {
  Browser.msgBox("맛있죠! 저는 순한 맛을 좋아합니다!");
} else if (input === "중식") {
  Browser.msgBox("짜장면, 우동, 짬뽕, 탕수육 등이 맛있죠!");
} else if (input === "햄버거") {
  Browser.msgBox("저도 좋아합니다!!");
} else {
  Browser.msgBox("죄송해요. 무슨 말인지 모르겠어요.");
}
```

> else if를 추가하면 새로운 말을 가르칠 수 있어요.

이렇게 하면 "**햄버거**"에도 대답합니다. 즉, "**카레라이스**", "**중식**", "**햄버거**" 외의 말에는 이해할 수 없다고 대답합니다. 이 프로그램을 응용하면 다음 프로그램도 만들 수 있습니다.

- 나라 이름을 입력하면 수도를 알려 줍니다.
- 생년월일을 입력하면 별자리를 알려 줍니다.
- 자동 발권기처럼 목적지를 입력하면 요금을 알려 줍니다.

이번 01장에서는 앱스 스크립트로 어떤 프로그램을 만들 수 있는지 소개하고자 아주 간단한 프로그래밍 일부를 체험해 보았습니다. 간단한 프로그램인데도 생각한 대로 움직일 수 있게하다니 재미있지요? 앞으로 02장부터 배울 내용을 활용하면 자신이 만든 프로그램을 다른 사람도 사용할 수 있으므로 보람도 느낄 수 있습니다.

기술이 발전하면서 프로그래머가 아니더라도 프로그래밍 기술을 실무에 활용하기가 쉬워졌습니다. 이제 누구든지 프로그램을 만들고 사용할 수 있는 시대가 된 것입니다. 특히 이 책에서 설명하는 앱스 스크립트는 구글 워크스페이스를 사용한다면 회사나 개인 모두 언제든지활용할 수 있습니다.

실무에서 구글 스프레드시트, 지메일, 구글 문서, 구글 슬라이드 등을 사용한다면 앞으로 배울 앱스 스크립트로 자동화할 수 있으므로 다양하게 도전해 보기 바랍니다.

01-5 | 배운 내용 정리하기

01장에서는 구글 앱스 스크립트로 프로그래밍을 시작하기 전에 준비할 것과 '프로그램을 작성하고, 실행하고, 결과를 확인'한다는 프로그래밍의 기본 순서를 알아보았습니다. "프로그래밍은 어려워.", "영어와 기호만 가득해서 봐도 뭔지 모르겠어."라고 포기하는 사람도 많이 봤습니다. 하지만 앱스 스크립트에서는 스프레드시트를 1개만 만들면 작업 환경 준비는 끝나므로 이곳에서 바로 프로그래밍할 수 있어서 편리합니다.

'개념도'와 '순서도'를 다시 떠올려 보세요

앞 예제에서 좋아하는 음식을 묻는 봇을 만들어 보았습니다. 그러면 개념도와 순서도로 이 프로그램을 표현해 봅시다.

그림 1-22 | 자동 실행 프로그램의 개념도

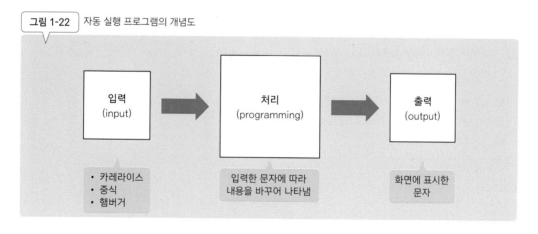

여러분이 그린 순서도와 비교해 보세요. 실제 프로그래밍할 때에는 먼저 순서도를 그려서 프로그램의 기초로 사용합니다. 여기서 살펴본 개념도나 순서도를 그리기만 해도 '이 시스템은 이렇게 움직일 거야.', '데이터는 이런 형태로 만들면 다루기 쉬울 것 같아.' 등 평소 업무를 효율적으로 처리하는 데 필요한 아이디어가 떠오를 겁니다.

그림 1-23 | 자동 실행 프로그램의 순서도

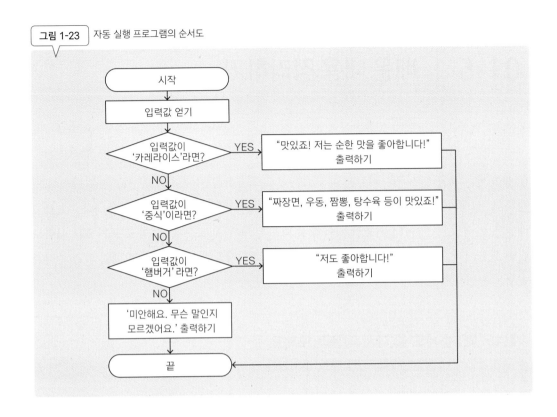

다음 02장부터는 앱스 스크립트 문법을 배우면서 프로그래밍 세계를 본격적으로 여행합니다. 문법만 다루면 재미없으니 다음 순서로 설명합니다.

❶ 실무에서 적용하고 자동화할 수 있는 문제(하고 싶은 것) 제시
❷ 문제를 해결하는 데 필요한 프로그래밍 요소 설명
❸ 배운 요소를 조합해 프로그램 완성

여러분과 함께 예제 코드를 직접 입력하고 실행하면서 설명하겠습니다. 배워야 할 내용이 점점 늘어나지만, 여기에서 앱스 스크립트 하나만 이해해도 다른 프로그래밍 언어에 쉽게 응용할 수 있으니 잘 따라오세요. 조금 과장하면 사물을 보는 눈도 달라집니다.

이제 앱스 스크립트 기본 구문을 배우러 갈까요?

 꼭 알아 두기 | # 프로그래밍에서 자주 쓰는 기호

 바로 입력할 수 있어야 합니다!

다음은 앱스 스크립트 프로그래밍에서 사용하는 기호입니다. 그런데 다른 프로그램에서는 평소에 이 기호를 사용하지 않으므로 생소할 수 있습니다. 02장을 배우기 전에 이 기호를 한 번씩 입력하며 확인해 보세요. 단축키를 사용하면 빠르고 편리합니다!

표 1-2   프로그래밍에서 사용하는 기호

기호	이름	단축키	기호	이름	단축키
.	마침표		,	콤마(쉼표)	
:	콜론(쌍점)	Shift + ;	;	세미콜론(쌍반점)	
_	언더바(밑줄)	Shift + -	-	하이픈(빼기, 붙임표)	
+	더하기	Shift + =	=	같음	
?	물음표	Shift + /	<	작다	Shift + ,
>	크다	Shift + .	'	작은따옴표	
"	큰따옴표	Shift + '	`	백틱(역따옴표)	
/	슬래시(빗금)		\(₩)	역슬래시	
*	애스터리스크(별표)	Shift + 8	&	앰퍼샌드	Shift + 7
|	파이프 문자	Shift + W	( )	소괄호	Shift + 9, 0
{ }	중괄호	Shift + [,]	[ ]	대괄호	

▶ 단축키는 한글 키보드를 기준으로 합니다.

Google **A**pps **S**cript

02

일일 보고서를
자동으로
보내고 싶어요!

02-1 | 이 장에서 배울 내용은?

02장에서는 **스프레드시트로 작성한 내용을 이메일로 보내는 방법**을 배웁니다. 또한 프로그램을 작성하기 전 준비 과정인 **요구 사항 정의**도 함께 알아봅니다. 스프레드시트를 이메일로 보내려면 크게 다음 두 작업을 해야 합니다.

- 스프레드시트에 있는 값 가져오기
- 가져온 값을 이메일로 보내기

구체적인 예로 **영업 현황 관리 일일 보고서**를 이메일로 보내는 상황을 떠올려 보세요.

미션 — 일일 보고서 보내는 작업 자동화하기

어떤 회사에서 날마다 '수주 건수와 매출 금액'을 구글 스프레드시트로 관리한다고 합시다. 이 문제에서는 예제 데이터 [영업 현황] 시트를 이용합니다.

▶ 예제 데이터는 내려받은 자료를 참고하세요.

| 그림 2-1 | 영업 현황 관리 |

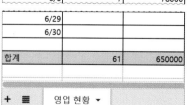

예제 데이터의 엑셀 시트를 스프레드시트로 불러와야만 이후 실습을 진행할 수 있습니다. 시트를 불러오는 방법은 아래 QR코드를 스캔해 동영상 강의를 참고하세요!

시트 불러오는 방법 동영상 보기

영업지원부에서 근무하는 이하늘 님은 이 시트에 있는 수주 건수와 매출 금액을 영업부로 이메일을 보내는 것으로 하루 업무를 시작합니다.

- 이메일 발송 시각: 매일 아침 8시
- 받는 사람의 이메일 주소: xxx@xxx.xx
- 이메일 제목: 영업 진행 현황 보고

그림 2-2) 이메일 본문

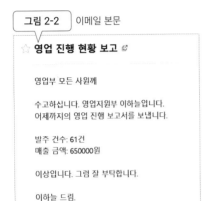

이렇듯 이하늘 님은 아침에 출근하면 2~3분 걸리는 단순하고 간단한 작업을 날마다 반복해서 합니다. 영업부는 이 자료를 바탕으로 회의를 진행하므로 중요하겠지만, 이하늘 님은 날마다 이메일을 직접 보내다 보니 '이 일을 내가 계속 해야 할까?'라는 생각이 들기도 합니다.

여러분 주변에도 이와 비슷한 업무를 찾을 수 있을 겁니다. 영업 보고, 진행 보고, 일일 보고서, 업무 일지 등 매일 정해진 시간과 장소에 본문에서 값만 달리한 정보 공유 목적의 이메일을 보내곤 합니다. 이번처럼 구글 스프레드시트의 특정 정보를 이메일로 보내는 업무는 **자동화하면 매우 편리합니다.**

> 이 책이 끝날 무렵이면 '구글 스프레드시트, 지메일, 문서, 구글 드라이브 등을 사용한 단순 작업은 앱스 스크립트로 자동화할 수 있잖아?'라는 생각이 저절로 떠오를 겁니다.

스크립트 편집기 준비하기

지금부터 이 문제를 해결하는 프로그램을 만드는 데 필요한 문법을 알아보겠습니다. 먼저 프로그램을 작성할 파일이 될 **스크립트 편집기**를 준비합니다. 일단 **01장**에서 만든 스프레드시트를 이어서 사용하겠습니다.

스프레드시트에서 **[확장 프로그램 → Apps Script]**를 선택해 스크립트 편집기를 엽니다. [파일] 메뉴의 ⊕ 아이콘을 누르고 나서 **[스크립트]**를 클릭하여 새로운 스크립트 파일을 만듭니다. 그리고 파일 이름은 '**02장**'으로 수정합니다.

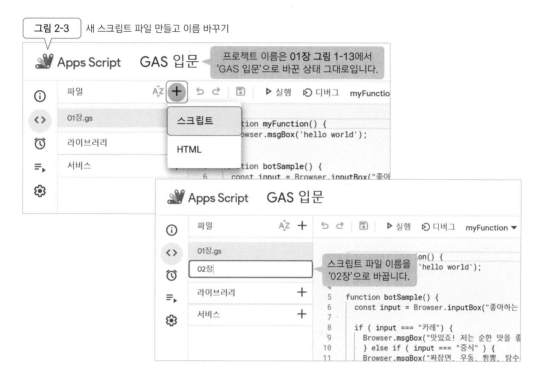

그림 2-3 │ 새 스크립트 파일 만들고 이름 바꾸기

함수를 실행해 볼게요!

02-2 | 앱스 스크립트의 필수 요소 — 함수와 주석

앱스 스크립트에서는 함수가 꼭 필요하다

복습하는 뜻에서 01장에서 만든 **myFunction()**이라는 함수를 다시 실행해 봅시다.

예제 1-1(재사용)

```
function myFunction(){
  Browser.msgBox('hello world');
}
```

함수를 꼭 사용하지 않아도 되는 프로그래밍 언어도 있으나 앱스 스크립트에서는 함수를 만들어야 프로그램을 실행할 수 있습니다. 프로그래밍에서 **함수**(function)란 '무언가를 넣으면 이를 처리해 결과를 출력하는 것'입니다. 01장에서 설명한 프로그래밍 개념도의 처리 부분이 함수에 해당합니다.

예를 들어 금액을 입력했을 때 부가 가치세(줄여서 부가세) 10%를 포함한 가격을 출력하는 함수라면 **그림 2-4**와 같은 모습입니다.

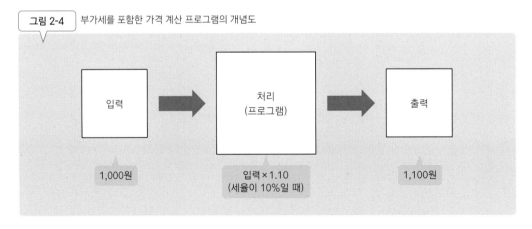

그림 2-4 | 부가세를 포함한 가격 계산 프로그램의 개념도

함수는 처리할 내용(역할)마다 만들고 이름을 붙이는 것이 기본입니다. 예를 들어 '이메일을 보내는 함수'라면 **sendMail()**이라는 이름으로 함수를 만들고 그 안에 이메일을 보내는 처리를 작성합니다.

코드 끝에 붙인 ;(세미콜론)은 '이곳에서 프로그램의 문장 하나가 끝납니다.'라는 뜻입니다. 앱스 스크립트에서는 세미콜론을 사용하지 않아도 되지만 이 책에서는 이해하기 쉽도록 붙이겠습니다.

함수를 직접 만들어 보자!

프로그램의 기본을 이해하고자 지금부터 함수 몇 개를 직접 만들고 실행해 보면서 어떻게 동작하는지 확인해 보겠습니다. 스크립트에 **예제 2-1**을 작성해 보세요.

예제 2-1

```
function testFunc() {
}
```
testFunc()라는 이름의 function(=함수)을 만든다는 뜻입니다.

함수 이름(testFunc)은 사용자 마음대로 지을 수 있지만 몇 가지 알아 둘 게 있습니다. 함수 내용, 즉 처리를 담당하는 부분은 중괄호 { } 안에 작성해야 합니다.

> 함수 이름 뒤에 있는 괄호( )가 무엇인지는 04장에서 함수를 다룰 때 설명하므로 지금은 신경 쓰지 않아도 됩니다.

이제 저장한 다음, testFunc() 함수를 선택해서 실행해 봅시다. 어떤 결과가 나올까요? 아무것도 일어나지 않습니다. 왜냐하면 함수 내용인 {부터 } 사이에 아무것도 작성하지 않았기 때문입니다. 결국 이 프로그램은 아무것도 하지 않는 함수를 실행한 것입니다.

함수 이름을 정하는 규칙

프로그래밍에서는 함수뿐 아니라 나중에 설명할 **상수**나 **변수** 등에도 원하는 이름을 붙일 수 있습니다. 이때 주의해야 할 점이 있답니다.

규칙 1 — 사용할 수 있는 문자는 정해져 있습니다

앞서 함수 이름은 원하는 대로 붙일 수 있다고 했지만 다음 몇 가지 제한이 있습니다.

규칙

- 숫자나 붙임표(-)로 시작할 수 없으며 문자나 밑줄(_), 달러 기호($)로 시작해야 한다.
- 그다음 이어지는 문자에는 숫자(0~9)도 사용할 수 있다.
- 대문자와 소문자를 구별한다(예를 들어 testFunction과 TESTFUNCTION은 서로 다르다.).

규칙 2 — 예약어는 사용할 수 없습니다

또 한 가지, 앱스 스크립트에는 **예약어**라는 것이 있습니다. 예를 들어 앞서 본 function이나 01장의 봇 프로그램에서 사용한 if, 뒤에 설명할 const 등이 예약어입니다. 예약어는 프로그램이 사용하는 명령어이므로 함수 이름이나 상수, 변수 등에는 사용할 수 없습니다.

표 2-1 예약어의 종류

break	export	super	case	extends	switch	catch
finally	this	class	for	throw	const	function
try	continue	if	typeof	debugger	import	while
var	default	in	void	delete	instanceof	do
new	with	else	return	yield		

▶ 앱스 스크립트는 계속 발전하는 프로그래밍 언어이므로 예약어도 앞으로 계속 추가, 삭제, 변경될 수 있습니다.

규칙 3 — 한 프로젝트에서 같은 이름으로 만들 수 없습니다

스크립트 편집기는 한 프로젝트에서 스크립트 파일을 여러 개 만들 수 있습니다.
01장에서 만든 'GAS 입문'이 **프로젝트**입니다. 그리고 그 안에 만든 '01장.gs', '02장.gs' 등이 **스크립트 파일**입니다(그림 2-5).

그림 2-5 프로젝트와 스크립트 파일의 관계

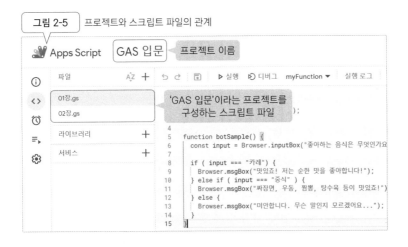

이를 간단하게 표현하면 다음과 같습니다.

프로젝트 A
└ 스크립트 파일 1
└ 스크립트 파일 2
└ 스크립트 파일 3

이때 이름이 sample인 함수가 스크립트 파일 1, 2 양쪽에 있다고 합시다. 스크립트 파일 2의 sample() 함수를 실행하면 결과는 어떻게 될까요?

❶ 스크립트 파일 2에 있는 sample() 함수를 실행하면   여기까지는 예상한 동작
   스크립트 파일 2의 sample() 함수를 실행한다.
❷ 스크립트 파일 1에 있는 sample() 함수를 실행하면   예상하지 못한 동작
   스크립트 파일 2의 sample() 함수를 실행한다.

▶ 실행 결과는 스크립트 파일을 만든 순서에 따라 달라질 수도 있습니다.

이처럼 스크립트 파일 1에 있는 sample() 함수는 실행할 수 없습니다. 게다가 예상하지 못한 동작인데 **오류**가 발생하지 않고 프로그램을 정상으로 실행하고 종료합니다. 프로그램 규칙으로는 문제가 없기 때문입니다. 만약 같은 함수 이름이 여러 개라는 것을 모르는 상태에서 함수를 실행하더라도 아무 문제가 없을 것이므로 결과가 이상하다며 혼란스러워할 겁니다.

한 프로젝트에 스크립트 파일이 늘어날 것이므로 이전에 작성한 함수와 같은 이름을 사용하지 않도록 주의합시다. 그리고 코드에 오류가 없는데도 의도하지 않은 결과가 나타난다면 함수 이름이 같은 곳은 없는지 확인하세요.

앞날을 대비해 주석을 남기자!

주석(comment)이란 코드를 쉽게 이해할 수 있도록 옆에 메모해 놓은 것으로, 프로그램을 실행하는 데는 영향을 주지 않습니다.

예제 2-2

```
function testComment() {
    const x = 3;   // x에 3을 넣는다.       이런 식으로 코드 옆에 메모를 남길 수 있습니다.
    const y = 5;   // y에 5를 넣는다.       초보자일 때는 자신에게 도움되는 내용을 주석으로
                                          작성해 보면 좋습니다.

    console.log(x + y);   // x + y의 결과를 로그로 출력한다.
}
/*
    주석은
    이렇게 여러 줄로
    쓸 수도 있습니다.
*/
```

주석 사용 방법

주석을 달 때 지켜야 할 규칙이 있습니다.

주석을 처음 사용한다면 '이 프로그램은 무엇을 하는가?'처럼 **자신을 위해 메모**해 두면 좋습니다. 상급자가 될수록 코드만 봐도 무엇을 하는 프로그램인지 쉽게 파악하므로 굳이 주석을 쓸 필요가 없다고 생각할 수도 있습니다. 또는 프로그램을 수정하고 나서 그 내용을 주석에 적어 두지 않으면 나중에 주석과 프로그램이 일치하지 않을 때 자신은 물론 다른 사람이 혼란스러워할 수도 있습니다. 인터넷에서 '주석'을 검색해 보세요. 프로그래밍할 때 주석을 활용하는 다양하고 재미있는 내용을 볼 수 있습니다.

02-3 | 함수에는 어떤 내용이 들어갈까?
— 상자로 상수와 변수 이해하기

> 상자에 값을 넣는다고 생각하세요!

함수 내용 작성하고 실행하기

먼저 x = 3, y = 5일 때 x + y의 값을 계산해 봅시다. 01장에서 실습한 것처럼 스크립트 편집기에 이 내용을 작성하고 저장한 다음, 함수를 선택하여 실행해 봅시다.

예제 2-3

> testComment() 함수 등 이전에 작성한 코드는 남겨 두고 그 아래에 이어서 testAdd() 함수를 작성합니다. 실행하지 않을 함수는 삭제해도 상관없습니다.

```
function testAdd() {
  const x = 3;   // x에 3을 넣는다.
  const y = 5;   // y에 5를 넣는다.

  console.log(x + y);   // x + y의 결과를 로그로 출력한다.
}
```

프로그램 로그 살펴보기

testAdd() 함수를 실행하면 **그림 2-6**처럼 [실행 로그]를 표시합니다. **로그**(log)란 프로그램이 출력하는 정보 기록입니다. 여기서는 8을 출력하면 성공입니다. [실행 로그] 왼쪽에는 프로그램 실행 시각을 출력합니다.

그림 2-6 실행 로그 확인

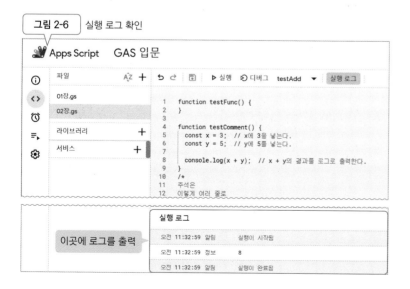

이곳에 로그를 출력

02 • 일일 보고서를 자동으로 보내고 싶어요! **49**

출력 방법은 다양합니다

이번에는 실행 결과를 좀 더 자세히 살펴보겠습니다. 01장에서 진행했던 예제 1-1의 코드는 그림 1-18처럼 스프레드시트 위에 메시지 상자(msgBox)를 표시합니다.

예제 1-1(재사용)

```
function myFunction(){
  Browser.msgBox('hello world');
}
```

그림 1-18 │ 스프레드시트 위에 출력된 hello world 메시지 상자(재사용)

그리고 조금 전에 진행한 예제 2-3은 스크립트 파일의 로그로 출력 결과를 표시합니다. 이는 사용한 명령, 즉 Browser.msgBox('hello world');와 console.log(x + y);의 차이 때문입니다.

규칙

- Browser.msgBox();는 () 안을 메시지 상자에 출력한다.
- console.log();는 () 안을 스크립트 편집기 아래에 로그로 출력한다.

상자를 만드는 명령어 — const

예제 2-3과 같이 코드를 작성하면 계산 결과를 출력하는데 그 이유는 무엇일까요? 먼저 예제의 2번째 행을 봅시다.

예제 2-3(일부)

```
    const x = 3;   // x에 3을 넣는다.
```
'상수 x를 선언하고 3을 넣는다.'라는 뜻입니다.

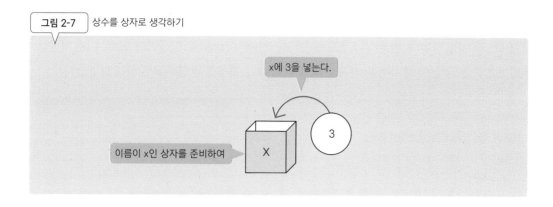

그림 2-7 상수를 상자로 생각하기

x에 3을 넣는다.

이름이 x인 상자를 준비하여

x

3

상수라는 말이 어려울 수도 있으나 **그림 2-7**처럼 무언가를 넣을 상자를 만든다고 생각하면 쉽습니다. const란 function과 마찬가지로 앱스 스크립트에서 정한 명령어로, '지금부터 상자(=상수)를 만든다.'라는 뜻입니다. 또한 상수 이름은 함수처럼 원하는 대로 지을 수 있습니다. 다음으로, 상수 뒤에 있는 = 기호에 주의합시다. 일반적으로 = 기호는 '왼쪽과 오른쪽이 같다.'라는 뜻으로 사용합니다. 그러나 앱스 스크립트를 비롯한 프로그래밍 언어 세계에서 = 기호는 '오른쪽 내용을 왼쪽에 넣는다.'라는 뜻입니다. 그러므로 앞서 **그림 2-7**에서 본 것처럼 '상자 x에 3을 넣는다.'라고 생각하면 됩니다.

결과를 로그에 출력하자 — console.log

마지막 행은 결과를 출력하는 console.log()입니다.

예제 2-3(재사용)

```
function testAdd() {
  const x = 3;   // x에 3을 넣는다.
  const y = 5;   // y에 5를 넣는다.

  console.log(x + y);   // x + y의 결과를 로그에 출력한다.
}
```

▶ x + y는 02-5절에서 자세히 설명합니다.

지금까지 function(=함수를 만든다.), const(=상수 상자를 만든다.), console.log(=로그에 출력한다.) 등의 명령을 조합하여 계산을 실행하는 프로그램을 만들었습니다. 이처럼 프로그래밍이란 **준비한 명령문**을 조합해 원하는 내용을 실현하는 것입니다. 이 명령은 외우지 않아도 됩니다. 필요할 때 찾아보고 사용할 수 있으면 됩니다.

'변수'는 다시 쓸 수 있는 상자다!

앞서 상수를 사용했는데, **변수**라는 것도 있습니다. 상수는 const로 만들지만 변수는 let이라는 명령어로 만듭니다. 둘의 차이를 비교해 보기 위해 다음 예제를 작성하고 실행해 보겠습니다.

예제 2-4

```
function testVariable() {
  let x = 10;   // let 사용하기
  x = 20;
  console.log(x);
}
```

그러면 로그에 20을 출력합니다. testVariable() 함수는 다음 내용을 처리합니다.

- x라는 상자를 만들고 10을 넣는다.
- 이 x에 이번에는 20을 넣는다(10을 20으로 덮어씀).
- x의 내용을 로그에 출력한다.

어떤 점이 다른지 확인하고자 시험 삼아 let 대신 const로 바꾼 후 코드를 실행해 봅시다. 그러면 **그림 2-8**과 같이 오류를 출력할 겁니다.

예제 2-5

```
function testConstant() {
  const x = 10;   // const 사용하기
  x = 20;         // const로 선언한 x를 덮어쓰려고 함
  console.log(x);
}
```

그림 2-8   오류 화면

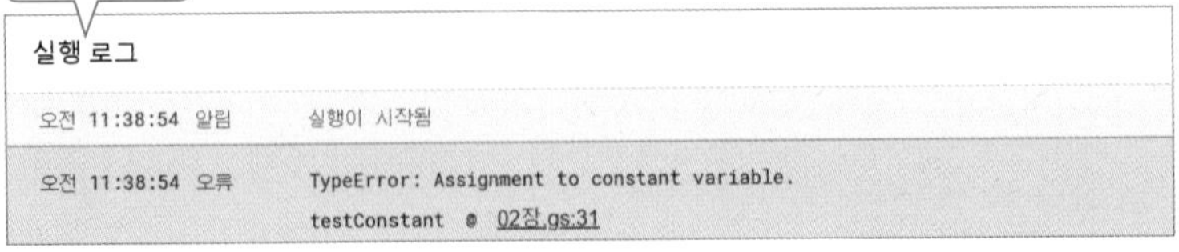

실행 로그	
오전 11:38:54 알림	실행이 시작됨
오전 11:38:54 오류	TypeError: Assignment to constant variable. testConstant @ 02장.gs:31

이 오류가 일어난 것은 const(상수)와 let(변수)에 다음과 같은 차이가 있기 때문입니다.

- const는 언제나 같은 수(상수)이므로 덮어쓸 수 없다.
- let은 변하는 수(변수)이므로 덮어쓸 수 있다.

예제 2-5에서는 const로 선언했으므로 덮어쓰기(다시 넣기)할 수 없는 x에 20을 넣으려고 했습니다. 그러므로 '할 수 없다.'라는 내용을 오류로 알려 줍니다.

'처음부터 덮어쓸 수 있는 let을 사용하면 오류가 사라지므로 이쪽이 더 낫지 않나요?'라고 생각할 수도 있습니다. 그러나 'const를 기본으로 하고 덮어쓰기가 필요할 때만 let을 사용하는 것'이 좋습니다. 예를 들어 세율처럼 전체 프로그램에서 변경이 일어나지 않거나 바뀌지 않을 값을 상수로 선언하면 잘못해서 숫자를 덮어쓰는 것을 방지할 수 있기 때문입니다.

이와 달리 let은 값을 바꾸고 싶을 때, 즉 덮어쓰기가 필요할 때 사용합니다. 이 원리를 이용하여 빈 상자만 만들고 나중에 값을 넣을 수 있다는 것도 let의 특징입니다.

예제

```
let x;    // x라는 이름으로 빈 상자 만들기
x = 1     // x라는 상자에 1 넣기
```

▶ let은 03장에서 설명합니다.

상수나 변수를 선언할 때 var를 사용하기도 합니다. var는 자바스크립트로 프로그래밍할 때 사용하는 오래된 명령어입니다. 물론 사용할 수는 있지만 프로그래밍 초보자라면 처음 배울 때부터 const나 let을 사용하는 것이 좋습니다.

알아 두면 좋아요! **오류 화면 보는 방법**

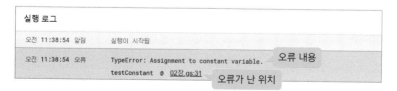

오류 화면에서는 오류 내용과 오류가 발생한 위치를 알려 줍니다. 이 메시지는 '02장.gs라는 스크립트 파일의 31행에서 오류가 발생했습니다.'라는 뜻입니다. const로 선언한 x를 31행에서 덮어쓰려고 했기 때문입니다. 이렇게 오류가 발생하면 그곳에서 프로그램을 종료합니다. 그러므로 그다음 줄에 있는 console.log(x)는 실행하지 않습니다.

02-4 | 문자열을 다루는 방법

따옴표로 문자열 감싸기

상수나 변수에는 숫자뿐 아니라 **문자열**을 넣을 수도 있습니다. 문자열이란 01장에서 본
hello world처럼 프로그램 안에서 사용하는 문자(열)를 말합니다.

예제 1-1(재사용)

```
function myFunction(){
  Browser.msgBox('hello world');
}
```

앱스 스크립트에서 문자열을 다룰 때는 **큰따옴표**("), **작은따옴표**('), **백틱**(`)으로 앞뒤를 감싸
야 합니다.

예제 2-6

```
function testString() {
  const text1 = "가나다라마";   // 큰따옴표
  const text2 = '바사아자차';   // 작은따옴표
  const text3 = `카타파하`;    // 백틱

  console.log(text1);
  console.log(text2);
  console.log(text3);
}
```

로그 출력

```
가나다라마
바사아자차
카타파하
```

문자열을 합치는 2가지 방법

문자열을 여러 개 합쳐서 하나로 만들기도 합니다. 예를 들어 '안녕하세요!'와 '김바다 님!'이라는 문자열 2개를 '안녕하세요! 김바다 님!'처럼 하나로 만든다는 뜻입니다. 이를 **문자열 연결** 또는 **문자열 결합**이라고 합니다.

문자열을 합치는 방법 ① ─ + 기호로 연결하기

첫 번째 방법은 여러 개의 문자열을 + 기호로 합치는 것입니다.

예제 2-7

```
function testString_2() {
  // 문자열 합치기
  console.log('안녕하세요! ' + '김바다 님!');

  // 줄 바꿈은 ₩n로 표현함
  console.log('오늘도 날씨가₩n너무 좋아요!');
}
```

로그 출력

```
안녕하세요! 김바다 님!
오늘도 날씨가
너무 좋아요!
```

'안녕하세요! '와 '김바다 님!'을 연결하여 출력했습니다. 줄을 바꾸고 싶을 때는 원하는 곳에 ₩n(\n)을 쓰면 됩니다.

또한 문자열을 상수나 변수에 넣어 상수나 변수끼리 또는 상수와 문자열을 연결하여 결과를 출력할 수도 있습니다. 이를 이용하여 문자열과 상수 또는 변수를 합쳐 한 문장으로 만들 수도 있습니다. 예제 2-8은 문자열과 상수를 합치는 방법을 보여 줍니다.

```
function testString_3() {
  const firstName = '바다';
  const lastName = '김';

  // 문자열 합치기
  console.log('안녕하세요! ' + lastName + firstName + ' 님!');
}
```

안녕하세요! 김바다 님!

문자열을 합치는 방법 ② — 템플릿 리터럴 사용하기

두 번째 방법은 템플릿 리터럴을 사용하는 것입니다. 문장이 너무 길면 문자열과 상수를 구분하지 못해 어디를 따옴표로 묶어야 할지 뒤죽박죽 됩니다. 이럴 때 문자열을 더 간결하게 다루는 방법이 **템플릿 리터럴**(template literal)입니다.

템플릿 리터럴을 사용하는 방법은 2가지입니다.

- **방법 1**: 문자열 전체를 백틱으로 감싼다.
- **방법 2**: 문자열 안의 상수와 변수 부분을 ${변수 이름}으로 한다.

백틱(`)으로 감싼 문자열은 프로그램에서 줄 바꿈을 할 때 ₩n(\n)을 쓰지 않아도 되므로 편리합니다.

```
function testString_4() {
  const firstName = '바다';
  const lastName = '김';

  // 템플릿 리터럴은 백틱(`)임에 주의하기!
  console.log(`안녕하세요! ${lastName}${firstName} 님!
오늘도 날씨가 너무 좋아요!`);
}
```

프로그램에서는 문자열을 자주 사용하므로 어느 방법이든 자유자재로 다룰 수 있도록 많이 연습해 두세요.

따옴표는 조심해서 사용하기

문자열과 상수 또는 변수를 함께 사용할 때는 실수할 수 있으니 주의해야 합니다. **예제 2-8**에서 마지막 로그를 출력하는 명령을 다음과 같이 바꾸면 lastName과 firstName도 문자열로 보고 출력합니다. 작은따옴표의 위치를 잘 살펴보세요.

예제

```
console.log('안녕하세요! + lastName + firstName + 님!');
```

로그 출력

안녕하세요! + lastName + firstName + 님!

lastName과 firstName은 상수인데 따옴표 안에 넣으면 모두 단순한 문자열로 인식하여 그대로 출력합니다. 이런 실수를 피하려면 문자열과 상수, 변수를 의식적으로 나누고 따옴표로 감싸는 범위를 명확히 해야 합니다. 여기서는 '안녕하세요!'와 '님!'은 문자열이고 lastName과 firstName은 문자열을 넣은 상수입니다. 그러므로 다음과 같이 작성해야 합니다.

예제

```
console.log('안녕하세요! ' + lastName + firstName + ' 님!');
```

로그 출력

안녕하세요! 김바다 님!

02-5 | 앱스 스크립트로 더하고 빼기
― 산술 연산자

사칙연산을 해주는 산술 연산자

산술 연산자라고 하니 어렵게 느껴지겠지만 간단히 말하면 계산할 때 사용하는 기호라고 할
수 있습니다. 02-4절에서 이미 살펴본 +도 산술 연산자입니다.

예제

```
console.log(x + y);
```

이 코드는 x와 y를 더합니다. 프로그램에서도 다음처럼 사칙연산을 할 수 있습니다.

예제 2-10

```
function testCalculation() {
  const addition = 10 + 20;
  const subtraction = 30 - 20;
  const multiplication = 2 * 3;
  const division = 10 / 5;
  const remainder = 10 % 3;

  console.log(addition);         // 30을 출력
  console.log(subtraction);      // 10을 출력
  console.log(multiplication);   // 6을 출력
  console.log(division);         // 2를 출력
  console.log(remainder);        // 1을 출력(10을 3으로 나눈 나머지)
}
```

표 2-2	산술 연산자의 종류

연산자	설명
+	왼쪽과 오른쪽을 더합니다.
-	왼쪽에서 오른쪽을 뺍니다.
*	왼쪽과 오른쪽을 곱합니다.
/	왼쪽을 오른쪽으로 나눕니다.
%	왼쪽을 오른쪽으로 나눈 나머지입니다.

더하기(+), 빼기(-)는 산수와 마찬가지이나 곱하기(*), 나누기(/)는 프로그램에서 사용하는 기호이므로 조심하세요. 산수처럼 나누기에 ÷ 기호를 사용하면 오류가 발생합니다.

%는 나머지를 출력합니다. 예제 2-10처럼 10 % 3이라 쓰면 '10을 3으로 나눈 나머지'를 계산하여 1을 출력합니다. 이 코드는 짝수와 홀수를 판정할 때, 예를 들어 number라는 변수에 들어 있는 정수가 짝수인지 홀수인지 알고 싶을 때 사용합니다. number % 2가 0이라면 number는 짝수입니다.

▶ 산술 연산자를 더 자세히 알고 싶다면 인터넷에서 '자바스크립트 산술 연산자'로 검색하세요. 앱스 스크립트는 자바스크립트를 바탕으로 한 언어이므로 여기에서 찾은 정보만으로도 충분하답니다.

누가 보더라도 알 수 있는 이름 붙이기

프로그램을 작성할 때는 앞서 예제 2-10처럼 덧셈 상수에는 더하기를 뜻하는 addition, 뺄셈 상수에는 빼기를 뜻하는 subtraction 등 누가 보더라도 알 수 있는 이름을 붙였습니다.

프로그램에서 상수나 함수 이름을 직접 지을 때는 '이것이 무엇을 뜻하는가?'를 알기 쉽게 정해 주는 것이 무척 중요합니다. 예를 들어 가격을 상수로 나타낼 때 price라는 단어를 포함하면 누구나 쉽게 알 수 있으니까요. 제품 종류가 책이라면 단순히 price보다 bookPrice로 이름을 지정하면 더 좋습니다.

▶ 자세한 내용은 인터넷에서 '프로그래밍 좋은 변수 이름' 등으로 검색해 보세요.

02-6 | 자가 진단 테스트 ①
— 평균 점수 계산하기

지금까지는 책에 나온 코드를 따라 해본 것이 전부였습니다. 이제는 배운 내용을 얼마나 이해하는지 확인해 보겠습니다. 책의 앞부분을 한번 더 복습하거나 인터넷을 검색해도 좋습니다. 반드시 스스로 해보세요.

문제

국어(Korean), 산수(arithmetic), 영어(English) 점수의 평균(average)을 출력하는 프로그램을 만들어 보세요. 예제 2-11의 빈칸에 코드를 직접 작성하고 나서 마지막으로 실행하는 console.log(average)가 80을 출력하면 성공입니다.

예제 2-11

```
function averageTest(){
  const Korean = 80;
  const arithmetic = 100;
  const English = 60;




                                        이곳에 코드를 직접 입력하여 세 과목의
                                        평균 점수를 출력하도록 해보세요.




  console.log(average);
}
```

▶ 정답 코드는 내려받은 자료에서 확인할 수 있습니다.

02-7 | 구글 스프레드시트의 데이터 가져오기

앱스 스크립트와 구글 스프레드시트

앞에서 예제는 모두 앱스 스크립트에서만 작업했습니다. 이제는 앱스 스크립트와 스프레드시트를 연결하는 작업이 필요합니다.

- 스프레드시트의 데이터값을 앱스 스크립트로 가져오기
- 앱스 스크립트에서 스프레드시트로 값 내보내기

그림 2-9 │ 데이터 주고받기

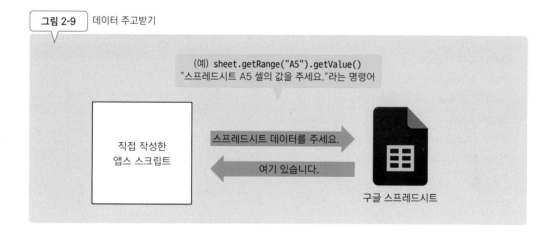

먼저 **그림 2-10**처럼 예제 시트를 준비합니다.

그림 2-10 │ 시트 추가하기

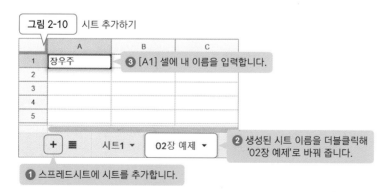

예제 시트를 준비했다면 이제부터 앱스 스크립트에서 스프레드시트를 다루는 방법을 배워 보겠습니다.

예제 프로그램 실행하기

프로그램(앱스 스크립트)이 다음 작업을 대신 해줄 것입니다.

> ❶ 스프레드시트 열기
> ❷ 시트 선택하기
> ❸ [A1] 셀값 읽기
> ❹ [B1] 셀에 '○○○ 님, 안녕하세요!' 출력하기

먼저 '02장.gs'에 다음 코드를 입력하고 실행하세요.

예제 2-12

```
function helloSheet() {
  const ss = SpreadsheetApp.getActive();
  const sheet = ss.getSheetByName("02장 예제");
  const a1Range = sheet.getRange("A1");
  const name = a1Range.getValue();
  const text = name + " 님, 안녕하세요!";
  const b1Range = sheet.getRange("B1");   // Range 얻기
  b1Range.setValue(text);                 // 값 출력하기
}
```

아마 프로그래밍이 처음이라면 영어투성이인 코드가 무엇을 뜻하는지 잘 모를 겁니다. 그러나 걱정하지 마세요. 코드를 모두 외울 필요는 없습니다. 거듭 말하지만 이 코드는 **스프레드시트를 다루는 데 필요한 명령어**입니다. 게다가 자주 사용하는 몇 가지는 그 형태가 정해졌으므로 자연스레 익힐 수 있을 테니까요.

앱스 스크립트뿐 아니라 프로그래밍 언어는 영어를 사용하므로 영어 실력은 어느 정도 필요한데, 이 역시도 중학교 수준이면 충분합니다.

> 명령어를 다 외우지 않아도 됩니다.
> 잘 모르더라도 어떻게 작성했는지
> 인터넷에서 검색할 수 있다면 괜찮습니다.

그림 2-11은 예제 2-12를 실행한 결과입니다.

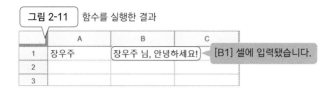

그림 2-11 함수를 실행한 결과

	A	B	C
1	장우주	장우주 님, 안녕하세요!	[B1] 셀에 입력됐습니다.
2			
3			

이전과 달리 실행 결과를 로그가 아닌 [02장 예제] 시트의 [B1] 셀에 표시했다는 점에 주목하세요. 예제 2-12의 코드가 구글 스프레드시트에 직접 접근하여 해당하는 값을 가져와 출력했습니다.

구글 스프레드시트의 구조 살펴보기

여기에서 잠깐! 그림 2-12를 참고해 스프레드시트의 구조를 알아봅시다.

그림 2-12 스프레드시트의 구조

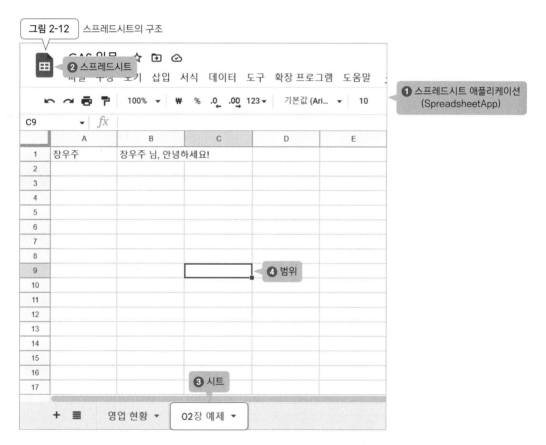

스프레드시트는 계층 구조로 이루어집니다.

❶ 구글 서비스인 **스프레드시트 애플리케이션**입니다.

❷ 스프레드시트 애플리케이션 안에 각각의 **스프레드시트**가 있습니다.

❸ 스프레드시트 안에 **시트**가 있습니다.

❹ 시트 안에 **범위**가 있습니다.

여기에서 **범위**(range)란 셀의 범위를 말합니다. 구체적으로 말하면 [A1:D4]는 [A1]부터 [D4]까지의 범위를, [A10]은 [A10]이라는 셀 하나의 범위를 가리킵니다.

그리고 **스프레드시트 애플리케이션**(SpreadsheetApp), **스프레드시트**(Spreadsheet), **시트**(Sheet), **범위**(Range)에 적용하는 앱스 스크립트 명령어가 각각 따로 있습니다. 이때 스프레드시트 애플리케이션 안에 있는 명령어 집합을 SpreadsheetApp 클래스(class)에 있는 메서드(method)라고 합니다. 지금은 '이렇게 부르는구나.' 정도로만 이해하고 넘어가세요.

앱스 스크립트로 스프레드시트를 다룰 때는 '어떤 계층을 어떻게 다루고 싶은가?'에 따라 사용하는 명령(메서드)이 달라집니다. 또한 앱스 스크립트를 사용하여 원하는 시트의 셀을 지정할 때는 **그림 2-12**에서 본 것처럼 높은 계층에서 낮은 계층으로 순서대로 합니다.

이는 스프레드시트를 누군가와 함께 볼 때도 마찬가지입니다. 예를 들어 누군가에게 'A 스프레드시트를 열어 [B] 시트의 [C10] 셀을 보세요.'라고 하듯이 프로그램에도 마찬가지 방법으로 지시할 수 있습니다.

스프레드시트를 다루는 명령어 익히기

활성 시트 가져오기

지금부터 **예제 2-12**에서 사용한 helloSheet() 함수의 코드를 살펴보겠습니다. 1번째 행은 **그림 2-13**과 같이 움직입니다.

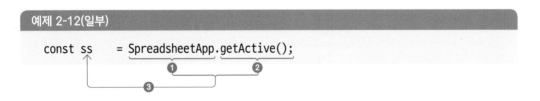

예제 2-12(일부)

```
const ss     = SpreadsheetApp.getActive();
              ❶              ❷
        ❸
```

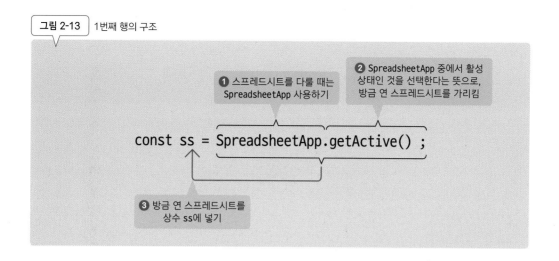

그림 2-13 | 1번째 행의 구조

❶ 스프레드시트를 다룰 때는 SpreadsheetApp 사용하기

❷ SpreadsheetApp 중에서 활성 상태인 것을 선택한다는 뜻으로, 방금 연 스프레드시트를 가리킴

```
const ss = SpreadsheetApp.getActive() ;
```

❸ 방금 연 스프레드시트를 상수 ss에 넣기

이때 SpreadsheetApp. 뒤의 getActive()는 스프레드시트 애플리케이션에 있는 명령어, 곧 **메서드**입니다. 명령어는 getActive() 외에도 다양하며 이를 .(마침표)로 연결하면 스프레드시트 애플리케이션에 명령을 전달할 수 있습니다. . 기호는 '~ 안에 있는'이라고 이해하면 알기 쉽습니다.

이 코드를 처리하면 ss라는 상자 안에는 **방금 연 스프레드시트**가 들어갑니다(**그림 2-14**).

그림 2-14 | ss에 스프레드시트 넣기

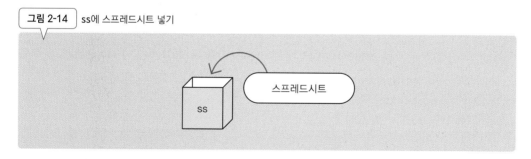

스프레드시트

ss

시트 가져오기

이번에 살펴볼 코드는 **예제 2-12**의 2번째 행입니다.

예제 2-12(일부)

```
const sheet = ss.getSheetByName("02장 예제");
```

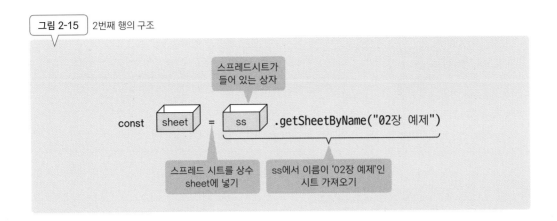

그림 2-15 | 2번째 행의 구조

ss.xxx()는 '상수 ss를 대상으로 xxx() 명령어를 실행한다.'라는 뜻입니다.

여기서는 활성 스프레드시트가 들어 있는 ss에 getSheetByName("02장 예제")라는 명령을 내립니다. 이는 **이름이 '02장 예제'인 시트를 가져오세요**.라는 뜻입니다.

getSheetByName()은 스프레드시트를 대상으로 하는 앱스 스크립트 명령어(메서드)로, () 안에 이름을 지정하면 해당 시트를 가져옵니다. 영어 뜻 그대로이므로 이해하기 쉽습니다. 이와 함께 ss.getSheetByName("02장 예제")로 가져온 시트를 상수 sheet에 넣습니다.

범위 가져오기

다음 코드도 같은 구조로, sheet에서 [A1] 범위(range)를 가져와 상수 a1Range에 넣어 주세요.라는 뜻입니다. getRange()는 시트를 대상으로 하는 앱스 스크립트 명령어입니다. () 안에 셀을 지정하면 해당 셀의 정보를 가져옵니다.

예제 2-12(일부)

```
const a1Range = sheet.getRange("A1");
```

값 가져오기

다음 구문도 마찬가지입니다. ([A1] 범위가 든) 상수 a1Range에서 셀 안에 있는 문자나 숫자 등의 값(value)을 가져와 상수 name에 넣어 주세요.라는 뜻입니다.

예제 2-12(일부)

```
const name  = a1Range.getValue();
```

getValue()는 범위를 대상으로 한 앱스 스크립트 명령어로, 범위에 있는 값 정보를 가져옵니다. 이렇게 하면 [A1] 셀에 들어 있는 값이 상수 name 안에 들어갑니다.

이것으로 [02장 예제] 시트의 [A1] 셀에 있는 값인 '장우주'를 얻었습니다. 이는 구글 스프레드시트 안에 있는 [A1] 셀의 문자열을 앱스 스크립트로 가져왔다는 것을 뜻합니다.

▶ 이해하기 힘들면 02-4절로 돌아가 한번 더 해보는 걸 추천합니다.

다음 코드는 문자열 합치기입니다. 02-4절에서 배웠으므로 자세한 설명은 생략합니다.

예제 2-12(일부)

```
const text  = name + " 님, 안녕하세요!";
```

[B1] 범위 가져오기

다음 코드는 앞에서 설명한 [A1] 셀의 범위를 가져오는 구문과 마찬가지입니다.

예제 2-12(일부)

```
const b1Range = sheet.getRange("B1");   // Range 얻기
```

값을 [B1]에 출력하기

다음 코드는 값을 출력합니다.

예제 2-12(일부)

```
b1Range.setValue(text);   // 값 출력하기
```

이렇게 하여 [B1] 셀에 '○○○ 님, 안녕하세요!'라는 문자열(text)을 출력(set)하고 프로그램을 끝냅니다.

코드 전체를 보면 위에서 만든 상자를 아래에서 사용하는 흐름이므로 순서대로 처리해 나간다는 것을 알 수 있습니다.

```
function helloSheet() {
  const ss = SpreadsheetApp.getActive();

  const sheet = ss.getSheetByName("02장 예제");

  const a1Range = sheet.getRange("A1");

  const name = a1Range.getValue();

  const text = name + " 님, 안녕하세요!";

  const b1Range = sheet.getRange("B1");   // Range 얻기
  b1Range.setValue(text);                  // 값 출력하기
}
```

이로써 사용자가 계획한 대로 움직이는 프로그램을 완성했습니다.

> **알아 두면 좋아요!**   **명령어를 한번에 여러 개 작성하는 방법**
>
> 이번에는 프로그램을 작성하는 또 하나의 기법으로 **명령어 여러 개를 한꺼번에 처리**하는 방법을 소개
> 합니다. 다음 예제의 수식에는 아무런 문제가 없습니다.
>
> **예제**
>
> ```
> X = A + B
> Y = X + C
>
> // 그렇다면
>
> Y = A + B + C   // X 안에는 A + B가 들어 있으므로
> ```
>
> **예제**
>
> ```
> const ss = SpreadsheetApp.getActive();
> const sheet = ss.getSheetByName("02장 예제");
> ```

마찬가지로 이 예제는 다음과 같이 쓸 수도 있습니다.

예제

```
const sheet = SpreadsheetApp.getActive().getSheetByName("02장 예제");
```

이처럼 명령어 여러 개를 .(마침표)로 연결하면 한 줄로 쓸 수 있습니다. 단, 명령어를 너무 많이 연결하면 무슨 뜻인지 알기 어려우니 구분할 수 있을 정도로 적절하게 사용합시다.

지금까지 배운 내용은 크게 2가지입니다.

- 구글 스프레드시트에서 값 가져오기
- 구글 스프레드시트에 값 출력하기

이제 '영업 현황 관리' 스프레드시트에서 수주 건수와 매출 금액의 값을 가져올 수 있을 겁니다. 이 다음 단계는 가져온 정보를 이메일로 보내는 것입니다. 다음 **02-8절**에서는 지메일 보내는 방법을 알아볼 텐데, 그전에 잠시 **범위**를 좀 더 살펴보겠습니다.

스프레드시트의 범위 주의하기

스프레드시트의 [A1] 셀에 숫자 100을 입력하는 작업을 누군가에게 의뢰하는 장면을 상상해 보세요. 아마도 이럴 때는 단순히 "A1 셀에 100을 입력해 주세요."라고 말할 겁니다. 그러나 컴퓨터에는 다음과 같이 구체적으로 정확하게 명령해야 합니다. 왜냐하면 범위에는 **값 이외의 정보**도 있기 때문입니다.

"[A1]이라는 범위(range)의 값(value)을 100으로 하라."

예를 들어 **그림 2-16**을 보면 [A1] 범위에는 3가지 정보가 있습니다.

- 값은 "ABC"
- 셀의 색은 노란색
- 글꼴은 Arial 등

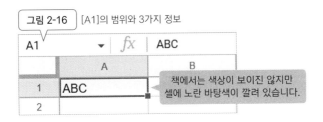

그림 2-16 [A1]의 범위와 3가지 정보

이때 범위에 있는 3가지 정보 가운데 어떤 것을 가져올 것인가에 따라 명령어가 달라집니다.

표 2-3 range의 메서드(일부)

메서드	설명
getValue()	값을 가져옵니다.
getBackground()	셀의 색을 가져옵니다.
getFontFamily()	글꼴을 가져옵니다.
getNote()	셀의 메모를 가져옵니다.

getRange() 사용 방법은 모두 4가지

getRange()는 자주 사용하는 명령어이므로 좀 더 자세히 알아보겠습니다. getRange()를 사용하여 범위를 얻는 방법은 **표 2-4**의 4가지입니다.

표 2-4 getRange() 사용 방법

명령어	사용 예	설명
getRange(row, column)	getRange(2, 3)	'2행 3열'. 즉, [C2]를 가리킵니다. (1, 1)은 [A1]을 뜻합니다.
getRange(row, column, numRows)	getRange(1, 2, 3)	'1행 2열부터 3행만큼', 즉 [B1:B3]을 가리킵니다. 마지막 3은 가져올 행 수를 뜻합니다.
getRange(row, column, numRows, numColumns)	getRange(1, 2, 3, 4)	'1행 2열부터 3행 4열만큼', 즉 [B1:E3]을 가리킵니다.
getRange(a1Notation)	getRange("A1:B3")	문자열로 지정한 대로 가져옵니다. 여기서는 [A1:B3]을 뜻합니다.

▶ 출처: 구글 앱스 스크립트 공식 문서(developers.google.com/apps-script/reference/spreadsheet/sheet)

getRange()를 응용하여 () 안에 숫자가 아닌 식을 지정할 수도 있습니다. 다음과 같이 작성하면 a - b를 계산한 결과가 getRange()의 1번째 인수가 됩니다.

▶ 인수는 04장에서 자세히 설명합니다.

```
const a = 3;
const b = 1;
sheet.getRange(a - b, 3);
```

알아 두면 좋아요! 스프레드시트 애플리케이션의 메서드

시트나 범위 외에 SpreadSheetApp에도 여기서 소개한 메서드를 비롯하여 다양한 명령어를 사용할 수 있습니다.

표 2-5 SpreadSheetApp의 메서드(일부)

메서드	설명
create(name)	name에 지정한 이름으로 스프레드시트 만들기
getActive()	활성 스프레드시트 가져오기
getActiveSheet()	활성 시트 가져오기
openById(id)	id로 지정한 스프레드시트 가져오기
openByUrl(url)	url로 지정한 스프레드시트 가져오기

표 2-6 Spreadsheet의 메서드(일부)

메서드	설명
copy(name)	스프레드시트를 복사하고 name이라는 이름 붙이기
deleteActiveSheet()	활성 시트 삭제하기
getSheetByName(name)	name에 지정한 시트 가져오기
rename(newName)	스프레드시트 이름을 newName으로 바꾸기

▶ 구글 앱스 스크립트 공식 문서에서는 이 밖에 다양한 명령어를 자세히 소개합니다. 이 문서를 보는 방법은 06장 333쪽 〈꼭 알아 두기〉에서 소개합니다.

02-8 | 앱스 스크립트로 이메일 보내기

스프레드시트와 마찬가지로 지메일(Gmail)도 앱스 스크립트로 다룰 수 있습니다. 지메일을
보내는 함수인 **예제 2-13**을 실행해 봅시다.

예제 2-13

```
function testSendMail() {      실제 이메일 주소를 입력하세요.
  const to = "xxxxxx@xxxx.xxx";                // 받을 이메일 주소 입력하기
  const subject = "이메일 제목입니다.";          // 이메일 제목 입력하기
  const body = "이메일 본문입니다.";            // 자동으로 발송될 본문 작성하기
  GmailApp.sendEmail(to, subject, body);       // 이메일 보내기
}
```

처음 실행하면 **01-4절**에서 앱스 스크립트를 처음 사용할 때와 마찬가지로 승인이 필요할 수
있습니다. 설명한 순서대로 승인을 진행하세요.

예제 2-13을 실행하면 **to**에 지정한 주소로 이메일이 왔을 겁니다. 이렇게 코드 몇 줄만으로도
지메일 보내기 프로그램을 만들 수 있습니다.

sendEmail() 함수로 보내기

이제 코드를 살펴봅시다. **Spreadsheet**를 다룰 때는 다음 예제처럼 작성하여 **SpreadsheetApp**
에 있는 **getActive()** 명령어를 사용하라고 지시해야 합니다.

예제

```
SpreadsheetApp.getActive();
```

지메일도 마찬가지입니다. **GmailApp**에 있는 **sendEmail()**이라는 명령어를 사용하라는 뜻
으로 다음처럼 작성합니다.

예제 2-13(일부)

```
GmailApp.sendEmail(to, subject, body);
```

또한 sendEmail()의 ()안에 다음 순서대로 지정하면 그 내용대로 프로그램을 실행해서 이 메일을 보냅니다.

그림 2-17 | 4번째 행의 구조(일부)

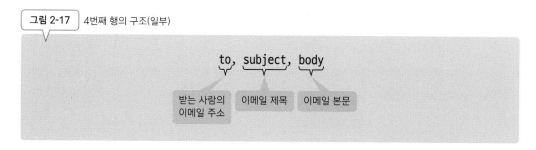

sendEmail() 명령어를 사용하면 이메일을 여러 곳에 한꺼번에 보내기, 참조(carbon copy, CC)에 주소 지정하기, 파일 첨부하기 등도 가능합니다. 이 책에서도 몇 가지 사용하지만, '구 글 앱스 이메일 보내기 CC' 등으로 검색한 결과도 함께 참고하세요.

이 명령을 실행하면 to에 지정한 이메일 주소로 이메일을 보내므로 테스트할 때는 자신의 주 소를 이용하세요.

일정한 시간에 자동으로 실행하는 트리거

앱스 스크립트의 편리한 기능 하나를 알아 둡시다. **트리거**(trigger)라는 기능을 이용하면 프로 그램을 실행하는 시각을 미리 설정할 수 있습니다. 이 기능을 사용하면 [실행] 버튼을 직접 누 르지 않아도 지정한 조건에서 프로그램을 자동으로 실행할 수 있습니다.

앞서 작성한 이메일 보내기 testSendMail() 함수를 1시간마다 실행하도록 해봅시다. 스크 립트 편집기 왼쪽 메뉴에서 트리거를 설정하면 됩니다(**그림 2-18, 그림 2-19**).

그림 2-18 | 트리거 화면으로 이동하기

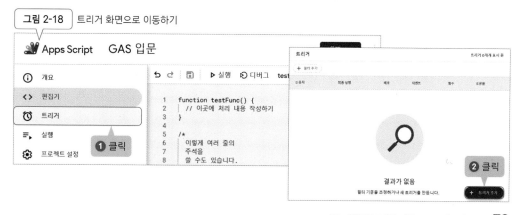

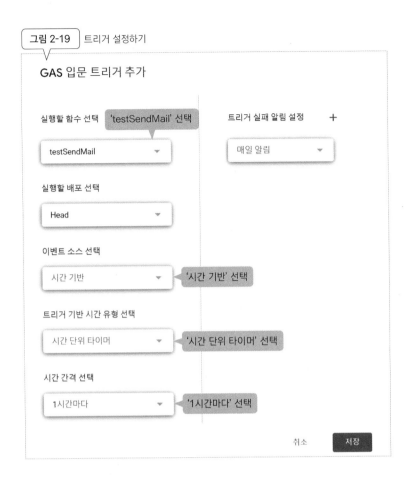

그림 2-19 | 트리거 설정하기

GAS 입문 트리거 추가

실행할 함수 선택 'testSendMail' 선택

testSendMail

트리거 실패 알림 설정 +

매일 알림

실행할 배포 선택

Head

이벤트 소스 선택

시간 기반 '시간 기반' 선택

트리거 기반 시간 유형 선택

시간 단위 타이머 '시간 단위 타이머' 선택

시간 간격 선택

1시간마다 '1시간마다' 선택

취소 저장

이렇게 설정하고 저장하면 트리거가 등록되어 1시간마다 이메일을 보낼 수 있습니다. 이때 트리거를 설정한 사용자가 앱스 스크립트를 실행한 것이 된다는 점에 주의하세요.

예를 들어 A가 지메일을 보내는 앱스 스크립트를 작성했다고 합시다. 그리고 B가 트리거를 설정하여 앱스 스크립트를 실행하면 보낸 이메일의 From 주소에는 B의 주소가 들어갑니다. 그런데 트리거는 이메일 보내는 시각을 원하는 대로 설정할 수 없다는 단점이 있습니다. 8시 또는 9시를 사용할 수는 있지만 8시 30분으로 지정할 수는 없습니다.

▶ 물론 별도 프로그래밍을 하면 원하는 시각에 트리거를 실행할 수는 있으나 이 책에서는 따로 설명하지 않습니다. 궁금하면 인터넷이나 공식 문서 등을 검색해 보세요.

트리거를 삭제할 때는 **그림 2-20**처럼 메뉴에서 [트리거 삭제]를 클릭합니다.

그림 2-20 트리거 삭제하기

일일 보고서를 이메일로 보낼 준비 작업으로 앱스 스크립트를 배워 보았습니다. 지금까지 배운 부품을 조립해서 작품으로 완성할 수도 있지만, 급할수록 돌아가라는 뜻에서 잠시 몇 가지를 더 준비하겠습니다. 여기에서 부품은 앱스 스크립트를 사용할 수 있는 기본 지식을, 작품은 일일 보고서 자동 보내기 자동화 프로그램을 말합니다.

02-9 | 일일 보고서 보내기 자동화 프로그램 만들기

요구 사항 정의하기

요구 사항 정의라는 용어를 들어 본 적이 있나요? 말이 좀 딱딱하니 '작성한 프로그램에서 무엇을 어떻게 하면 완성인지 정하는 것'으로 풀어서 설명하겠습니다. 예를 들어 '○○을(를) 표시할 것'과 '매일 ○○시에 실행할 것'이 목표라면 이 2가지를 모두 만족할 때 프로그램이 완성된 것입니다. 그러면 요구 사항 정의는 왜 필요할까요?

프로그램 개발에서 요구 사항 정의는 일반적으로 '발주자와 수주자의 인식 차이를 없애는 것'이 가장 큰 목적입니다. 누군가에게 작업을 의뢰했는데 결과물과 기대한 바가 달라 서로 당황한 경험을 해본 적이 있나요?

예를 들어 영업지원부 이하늘 님이 매일 수작업으로 작성하던 일일 보고서를 개발자인 박소라 님에게 보여 주면서 "이 작업을 앱스 스크립트로 자동화할 수 있을까요?"라고 물었다고 합시다. 이때 박소라 님이 이하늘 님의 이야기를 자세히 듣지도 않고 '분명히 이런 게 필요할 거야.'라고 지레짐작하고 프로그램을 만들었다면 어떻게 될까요(**그림 2-21**)?

그림 2-21 두 사람의 인식 차이

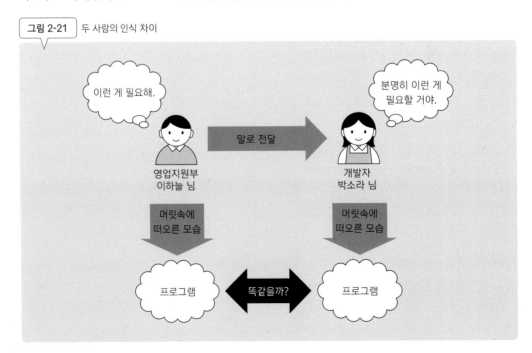

이처럼 개발자 박소라 님이 나름대로 당연하다고 생각한 내용으로 작업을 진행한다면 그 결과물은 이하늘 님이 생각한 것과 다를 가능성이 큽니다. 사회생활에서는 의사소통이 중요하다든가 의견을 충분히 나누고 올바르게 전달해야 한다는 말을 자주 듣습니다.

반대로 이하늘 님에게는 너무 당연해서 의식하지 못할 수도 있는 정보도 박소라 님에게 말로 전달하기란 쉽지 않을 겁니다. 그러나 박소라 님에게는 아주 중요한 정보일 수도 있습니다. 또한 "영업 진행 현황 일일 보고서를 매일 아침 자동으로 보내고 싶어요."라는 요청만으로는 프로그램을 개발하는 박소라 님에게는 부족한 정보일 수 있습니다.

프로그램은 애매함을 허용하지 않습니다. 프로그래밍할 때는 하나하나 구체적으로 지시해야 하며 개발자는 코드로 명령합니다. 그러므로 박소라 님은 자동화 프로그램 개발에 필요한 정보를 이하늘 님에게 구체적으로 들어야 합니다. 예를 들어 보겠습니다.

❶ 이메일 발송 시각은 매일 몇 시? ─ 정확한 시각인지 또는 해당 시간대에 보내면 되는지?
❷ 받을 이메일 주소는? ─ 한 곳? 여러 곳? 참조/숨은 참조는?
❸ 이메일 제목은?
❹ 이메일 본문은?
❺ 이메일 본문에 넣을 '값'은 다음 3가지인지?
  • 발주 건수
  • 매출 금액
  • 이 두 값은 [영업 현황 관리] 시트 35행에 있으면 되는지?

앞서 이야기한 것처럼 요구 사항 정의는 발주자와 수주자의 인식 차이를 없애는 것이 가장 큰 목적이지만, 프로그램을 만들 때도 이 정의를 염두에 두면 목표가 명확해지고 의도하지 않은 결과나 버그 등도 방지할 수 있습니다. 프로그램을 작성할 때는 이 점을 꼭 명심하세요.

여기에서는 다음 4가지 요구 사항을 정의하겠습니다.

❶ 이메일 발송 시각: 매일 아침 8시
❷ 받을 이메일 주소: xxxxxx@xxxx.xxx이고 참조/숨은 참조는 필요 없음
❸ 이메일 제목: '영업 진행 현황 보고'
❹ 이메일 본문: 다음처럼 구성하되, n 부분에는 스프레드시트에 있는 값 넣기

영업부 모든 사원께

수고하십니다. 영업지원부 이하늘입니다.
어제까지의 영업 진행 보고서를 보냅니다.

발주 건수: n건
매출 금액: n원

이상입니다. 그럼 잘 부탁합니다.

이하늘 드림

이렇게 정의하면 **특정 요구 사항을 만족하는 프로그램 만들기**가 목표라는 것을 명확히 할 수 있습니다. 물론, 요구 사항을 정의한 후 프로그램을 작성할 때도 "이것도 필요해요. 저건 필요 없어요." 등의 변경 사항이 생기곤 합니다. 이럴 때마다 요구 사항 정보를 고쳐서 새롭게 정의해야 합니다.

'개념도'와 '순서도'로 전체 흐름 확인하기

요구 사항을 정의하면 무엇을 어떻게 하면 되는지가 정해집니다. 그다음은 이 프로그램을 01장에서 살펴본 **개념도**로 표현해 볼 차례입니다. 개념도에는 '어떤 정보를 입력으로 할 것인가?', '처리는 어떻게 할 것인가?', '그 결과(출력)는 무엇인가?' 등을 정리합니다(**그림 2-22**).

이와 함께 **처리** 부분은 '어떤 순서로 무엇을 할 것인가?'를 순서도로 표현합니다. 순서도에 익숙하지 않으면 어려워할 수도 있으나 **01-3절**에서 설명한 것처럼 누군가에게 업무를 인계한다고 가정하여 그 순서를 글로 쓴다는 마음으로 그려 보세요. 다행히 이번 순서도는 흐름이 하나뿐입니다(**그림 2-23**).

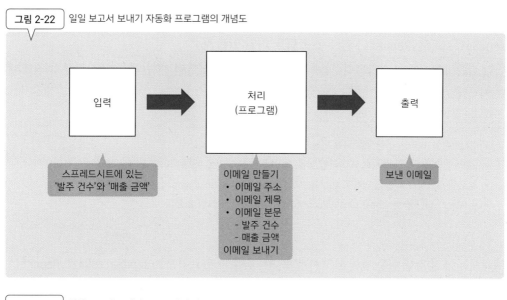

그림 2-22 일일 보고서 보내기 자동화 프로그램의 개념도

입력 → 처리 (프로그램) → 출력

스프레드시트에 있는 '발주 건수'와 '매출 금액'

이메일 만들기
• 이메일 주소
• 이메일 제목
• 이메일 본문
  - 발주 건수
  - 매출 금액
이메일 보내기

보낸 이메일

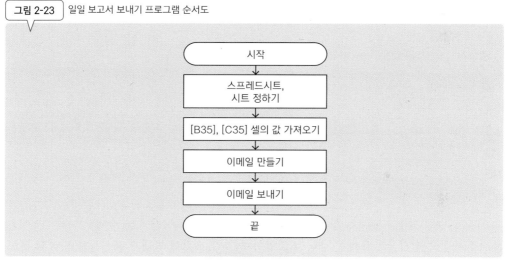

그림 2-23 일일 보고서 보내기 프로그램 순서도

시작
↓
스프레드시트, 시트 정하기
↓
[B35], [C35] 셀의 값 가져오기
↓
이메일 만들기
↓
이메일 보내기
↓
끝

순서도를 만들었다면 다음은 컴퓨터가 이해할 수 있도록 프로그램 언어로 번역(바꾸기)만 하면 됩니다. 이 책의 목적도 프로그래밍하는 방법을 알려 주는 데 있지만, 일단 번역 기술을 익히고 나면 문제 해결 순서도를 그리는 쪽이 더 어렵게 느껴질 것입니다.

순서도를 그렸다면 이제 실제로 코드를 작성해 봅시다.

작업 환경 설정하기

sendSalesDailyReport() 함수 스크립트 파일 만들기

먼저 다음 4가지를 준비합니다. 앞서 41쪽의 준비를 마쳤다면 세 번째 준비 사항부터 진행하면 됩니다.

- '영업 현황'이라는 이름으로 시트 만들기
- [영업 현황] 시트 안에 **시트 데이터**를 넣을 표 만들기: 내려받은 예제 데이터 표에서 복사하고 붙여넣기
- 새로운 스크립트 파일을 만들고 이름을 '02장_sendSalesDailyReport.gs'로 바꾸기
- myFunction()을 sendSalesDailyReport()로 이름 바꾸기(**그림 2-24**)

여기서는 영업 진행 현황 일일 보고서를 보내는 함수가 필요하므로 sendSalesDailyReport()라는 이름으로 함수를 만듭니다. 이렇게 하면 이름만 봐도 무엇을 하는 함수인지를 누구나 바로 알 수 있습니다.

그림 2-24   sendSalesDailyReport() 함수 만들기

준비를 마쳤으면 지금까지 배운 내용을 조합하여 일일 보고서 보내기 순서도를 자동화 프로그램으로 바꿔 보겠습니다. 아직은 막막할 것입니다. 이제 시작이므로 순서대로 차근차근 따라 해봅시다.

우리말로 처리 내용 표현하기

프로그래밍 초보자라면 **처리할 내용을 먼저 순서대로 우리말로 써볼 것**을 강력히 추천합니다. 여기서는 함수 안에서 무엇을 어떻게 처리할 것인가를 주석으로 써봅시다.

```
function sendSalesDailyReport() {
    // 1. 스프레드시트 가져오기
    // 2. [영업 현황] 시트 가져오기
    // 3. [B35] 셀의 값 가져오기              스프레드시트
    // 4. [C35] 셀의 값 가져오기
    // 5. 이메일 만들기                       지메일
    // 6. 이메일 보내기
}
```

주석 1~4는 스프레드시트를, 5~6은 지메일을 다루는 내용입니다. 주석을 보고 '순서도 그대로네!'라는 생각이 든다면 제대로 짚은 겁니다. 이렇게 우리말로 이메일 내용을 표현할 수만 있다면 남은 것은 02장에서 배운대로 적용하는 것뿐입니다. 하나씩 작성해 볼까요?

스프레드시트 가져오기

예제 2-14(일부)

```
function sendSalesDailyReport() {
    // 1. 스프레드시트 가져오기
    const ss = SpreadsheetApp.getActive();
```

1번째로 스프레드시트를 가져옵니다. 이 구문은 이미 앞에서 살펴보았듯이 **활성 스프레드시트**, 곧 = 기호가 앱스 스크립트를 작성한 스프레드시트를 가져옵니다. 그런데 여기에서 'ss 안에 활성 스프레드시트가 들었을까?'를 확인하려면 어떻게 할까요? 다음처럼 두 줄을 추가하고 실행하면 됩니다.

예제 2-14-2

```
function sendSalesDailyReport() {
    // 1. 스프레드시트 가져오기
    const ss = SpreadsheetApp.getActive();

    // 스프레드시트 이름 확인하기
    const ssName = ss.getName();
    console.log(ssName);
}
```

GAS 입문   지금 사용하는 스프레드시트 이름에 따라 다를 수도 있어요!

ss에는 스프레드시트가 있을 것이므로 이 스프레드시트를 대상으로 **getName()** 명령을 내리면 스프레드시트의 이름을 가져옵니다. 즉, 이 코드를 실행하면 ss 안에 'GAS 입문'이라는 이름의 스프레드시트가 들었다는 것을 알 수 있습니다. 가져온 이름을 출력했을 때 지금 사용하는 스프레드시트 이름과 일치한다면 성공입니다.

이처럼 프로그래밍할 때는 한꺼번에 작성하고 실행하는 것이 아니라 다음 흐름으로 반복하는 것이 중요합니다.

규칙

❶ 프로그램은 조금씩 작성하기
❷ 프로그램을 실행해서 의도한 대로 움직이는지 확인하기
❸ 잘 동작하면 프로그램을 계속 작성하기
❹ 다시 프로그램을 실행하고 확인하기

여기서 마지막에 새로 작성한 코드 두 줄은 지금까지 작성한 코드의 동작을 확인하는 것이 목적입니다. 그러므로 프로그램이 잘 동작하면 이 코드 두 줄은 최종 결과물에서 필요 없으므로 삭제합니다.

[영업 현황] 시트 가져오기

2번째로 [영업 현황] 시트를 가져오는데, 이 코드 역시 앞에서 살펴보았습니다.

예제 2-14(일부)

```
const sheet = ss.getSheetByName("영업 현황");
```

셀값 가져오기

계속해서 3번째, 4번째 프로그램을 작성합시다. 마찬가지로 셀값을 가져왔는지 확인하면서 진행합니다.

```
function sendSalesDailyReport() {
  // 1. 스프레드시트 가져오기
  const ss = SpreadsheetApp.getActive();

  // 2. [영업 현황] 시트 가져오기
  const sheet = ss.getSheetByName("영업 현황");

  // 3. [B35] 셀의 값 가져오기
  const count = sheet.getRange("B35").getValue();

  // 4. [C35] 셀의 값 가져오기
  const sales = sheet.getRange("C35").getValue();

  console.log(count);
  console.log(sales);
}
```

[영업 현황] 시트에서 [B35], [C35]의 셀값은 각각 61과 650000입니다. 이를 각각 count, sales라는 상수에 넣습니다. 셀값을 확인하려면 console.log()로 이 두 상수를 출력합니다. 로그 출력 결과가 일치한다면 성공입니다.

로그 출력

```
61
650000
```

이로써 프로그램이 의도한 대로 움직인다는 것을 확인했습니다. 만약 오류가 발생하거나 로그를 출력하지 않는다면 다음 내용을 확인하고, 잘못된 부분이 있다면 수정합니다.

- 오류 메시지의 내용을 확인한다. 무슨 뜻인지 모르겠다면 인터넷으로 오류 메시지를 검색한다.
- 시트 이름은 정확한지 다시 한번 살펴본다.
- 셀 위치는 올바른지, [B35]와 [C35]에 값이 있는지 확인한다.

로그 출력 결과가 의도한 대로 나왔다면 이번에도 맨 마지막에 있는 `console.log()` 두 줄은 삭제합니다. 계속해서 나머지 이메일 정보를 구성하겠습니다.

이메일 완성해서 보내기

예제 2-14(일부)

```
function sendSalesDailyReport() {
    (… 중략 …)


    // 4. [C35] 셀의 값 가져오기
    const sales = sheet.getRange("C35").getValue();


    // 5. 이메일 만들기
    const to = "xxxxxx@xxxx.xxx";
    const subject = "영업 진행 현황 보고";
    const body = `영업부 모든 사원께

수고하십니다. 영업지원부 이하늘입니다.
어제까지의 영업 진행 보고서를 보냅니다.

발주 건수: ${count}건
매출 금액: ${sales}원

이상입니다. 그럼 잘 부탁합니다.

이하늘 드림
`;

    // 6. 이메일 보내기
    GmailApp.sendEmail(to, subject, body);
}
```

이메일 본문 안에 count([B35] 셀의 값)와 sales([C35] 셀의 값)를 넣는 부분이 중요합니다. 이 메일 본문은 모두 **문자열**로, 그 안에 상수인 count와 sales를 넣으려면 02-4절에서 배운 **문 자열 합치기**를 사용합니다. 여기서는 **템플릿 리터럴**을 이용했습니다.

지금까지 배운 내용을 종합하여 프로그램을 완성했습니다.

예제 2-14(완성)

```javascript
/**
 * 영업 진행 현황을 이메일로 보내기
 * 트리거: 매일 아침 8시에 실행
 */
function sendSalesDailyReport() {
  const ss = SpreadsheetApp.getActive();              // 스프레드시트 가져오기
  const sheet = ss.getSheetByName("영업 현황");        // 시트 가져오기

  // 셀을 지정하여 값 가져오기
  const count = sheet.getRange("B35").getValue();
  const sales = sheet.getRange("C35").getValue();
  const to = "xxxxxx@xxxx.xxx";                       // 받는 사람의 이메일 주소
  const subject = "영업 진행 현황 보고";                // 이메일 제목

  // 이메일 본문
  const body = `영업부 모든 사원께

수고하십니다. 영업지원부 이하늘입니다.
어제까지의 영업 진행 보고서를 보냅니다.

발주 건수: ${count}건
매출 금액: ${sales}원

이상입니다. 그럼 잘 부탁합니다.

이하늘 드림
`;

  GmailApp.sendEmail(to, subject, body);       // 이메일 보내기
}
```

프로그램 실행해 보기

그러면 실제로 이 앱스 스크립트를 실행하여 이메일을 보내 봅시다. **xxxxxx@xxxx.xxx** 부분을 자신의 이메일 주소로 바꾸고 실행하면 **그림 2-25**와 같은 내용의 이메일이 도착했을 겁니다.

그림 2-25 ｜ 도착한 이메일

이 프로그램을 매일 아침 8시 등 정해 놓은 시각에 실행하려면 **02-8절**에서 살펴본 트리거를 설정해야 합니다.

이것으로 일일 보고서 이메일을 자동으로 보내는 방법을 모두 배웠습니다. 이하늘 님이 매일 단순하게 반복하던 업무를 자동화했네요. 지금까지 작성한 **코드의 흐름**을 다시 한번 정리해 봅시다.

❶ 요구 사항 정의하기
❷ '입력', '처리', '출력'을 개념도로 정리하기
❸ 개념도의 '처리' 부분을 순서도로 표현하기
❹ 우리말 주석으로 해당 순서의 처리 내용 메모하기
❺ 순서를 따라 조금씩 프로그래밍한 뒤 바로 실행하여 오류가 없는지 확인하기

이 책에서 다루는 프로그램은 모두 이 흐름으로 만듭니다.

02-10 | 배운 내용 정리하기

이렇게 앱스 스크립트를 이용하여 구글 스프레드시트의 특정 셀에서 값을 가져와 이메일로 보내는 자동화를 구현했습니다. 실무에서도 정기적으로 구글 스프레드시트 안의 값을 이메일이나 메신저로 보내는 일이 잦습니다. 이러한 단순 반복 작업이라면 앱스 스크립트에 맡기는 편이 좋습니다.

> **알아 두면 좋아요!** 앱스 스크립트에는 제한 사항이 있어요!
>
> 앱스 스크립트를 본격적으로 시작하기 전에 주의해야 할 점이 한 가지 있습니다. 구글에 너무 부담되지 않도록 용량이나 사용 횟수에 제한을 두기도 한다는 점입니다.
>
> **표 2-7** 앱스 스크립트의 제한 사항(2023년 4월 기준)
>
> | 기능 | 무료 계정 | 구글 워크스페이스 |
> |---|---|---|
> | 스크립트 실행 시간 | 6분 | 6분 |
> | 사용자 정의 함수 실행 시간 | 30초 | 30초 |
> | 동시 실행 개수 | 30개 | 30개 |
> | 이메일 첨부 파일 개수 | 250개 | 250개 |
> | 이메일 본문 용량 | 200KB | 400KB |
> | 이메일 1통당 받는 사람 수 | 50개 | 50개 |
> | 이메일 첨부 파일 용량 합계 | 25MB | 25MB |
> | 속성값 용량 | 9KB | 9KB |
> | 속성 전체 용량 | 속성 스토어 500KB | 속성 스토어 500KB |
> | 트리거 개수 | 20개/사용자당 스크립트 | 20개/사용자당 스크립트 |
> | URL 가져오기의 응답 용량 | 50MB | 50MB |
> | URL 가져오기의 헤더 개수 | 100개 | 100개 |
> | URL 가져오기의 헤더 용량 | 8KB | 8KB |
> | URL 가져오기의 POST 크기 | 50MB | 50MB |
> | URL 가져오기의 URL 길이 | 2KB | 2KB |
>
> ▶ 최신 정보는 bit.ly/GAS_quotas를 참고하세요.

자주 실수하는
내용이랍니다.

꼭 알아 두기 │ 프로그래밍 규칙 — 언어 문법, 코딩 컨벤션, 오류

지금까지 예제 코드를 작성하면서 어떤 부분이 정해진 곳이고 어떤 부분은 바꿀 수 있는지 모르겠다고 생각한 적이 있나요? 예를 들어 이곳에 공백이 필요한지, 대문자와 소문자는 언제 구별하는지, 여기서 줄 바꿈은 해도 되는지, 이 기호는 사용하지 않아도 되는지 등입니다. 다음 2가지 규칙을 기억하면 좋습니다.

규칙

- 정해진 언어 문법을 따라야 한다.
- 표기법 등 코딩 컨벤션을 지켜야 한다.

정해진 언어 문법

언어 문법을 잘못 사용하면 오류가 발생하여 프로그램을 실행할 수 없으므로 프로그래밍할 때는 꼭 그대로 따라야 합니다. 다음 예제를 저장하면 **그림 2-26**의 구문 오류가 발생합니다.

예제 2-15

```
function testError(){
  console.log("오류가 발생했습니다."):
}
```

그림 2-26 │ 구문 오류

구문 오류: SyntaxError: Unexpected token ':' 라인: 111 파일: 02장.gs   복사

```
110    function testError(){
111      console.log("오류가 발생했습니다.");
112    }
```

SyntaxError는 구문이나 문법이 틀릴 때 발생하는 오류입니다. 줄 마지막에는 기호 ;(세미콜론)을 사용해야 하는데 :(콜론)이어서 오류가 발생한 것입니다. 즉, 명령줄은 ;로 끝난다는 언어 문법에 맞지 않았기 때문입니다. 실제로 :을 입력하면 스크립트 편집기가 이상하다고 판단하고 빨간색 물결선으로 알려 주므로 미리 확인할 수 있습니다.

예제

```
console.log("가나다"):   // 잘못된 기호
console.log("가나다");   // 올바른 기호
```

또한 앞서 설명한 상수와 변수, 함수 이름에는 예약어를 사용할 수 없다는 규칙도 언어 문법에 해당합니다.

코딩 컨벤션 지키기

언어 문법과 달리 코딩 컨벤션은 지키지 않아도 프로그램은 정상으로 움직입니다. 하지만 코딩 컨벤션을 지키면 코드 **가독성**이 좋아지고 이후 **유지·보수**하기도 쉽습니다.
상수, 변수 등의 이름 짓는 규칙을 예로 들 수 있습니다. 대표적인 명명 규칙으로 카멜 표기법(camel case)과 스네이크 표기법(snake case)이 있습니다.

예제

```
const adminUserName = "김바다"        // 카멜 표기법
const admin_user_name = "이하늘";    // 스네이크 표기법
```

카멜 표기법

UserName처럼 단어가 여러 개일 때 첫 글자를 알파벳 대문자로 구별하여 쓰는 방식입니다. 낙타의 혹처럼 보인다고 해서 낙타 표기법이라고도 합니다. 이때 처음 나오는 단어의 첫 글자만 소문자로 쓰는 것을 단봉낙타 표기법, 모든 단어의 첫 글자를 대문자로 쓰는 것을 쌍봉낙타 표기법 또는 파스칼 표기법이라고 합니다.

스네이크 표기법

user_name처럼 소문자 단어를 밑줄로 연결하여 표기하는 방식입니다. 뱀처럼 보인다 해서 뱀 표기법이라고도 합니다.

들여쓰기, 공백, 문서 서식 기능 이용하기

상수, 변수 등의 이름 짓는 규칙 외에 들여쓰기, 공백 등에도 코딩 컨벤션이 있습니다.

예제

❷ = 기호는 한 줄로 정렬하면 보기에 좋습니다.

```
function calcTriangleArea(){
  const base   = 10;   // 밑변
  const height = 20;   // 높이

  const triangleArea = base * height / 2;

  console.log(triangleArea);
}
```

❸ base*height/2처럼 공백 없이 써도 됩니다. 여기에서는 상수와 연산자를 쉽게 구별할 수 있도록 공백을 넣었습니다.

❶ 들여쓰기를 맞추면 함수 내용이 어디까지인지를 쉽게 알 수 있습니다. 자바스크립트 들여쓰기는 공백 2칸이 기본입니다.

이러한 코딩 컨벤션을 정하고 지키면 팀 단위로 프로그램을 개발할 때 코드의 통일성을 유지할 수 있고, 혼자 개발할 때 시간이 한참 지나서 보더라도 파악하기 쉽다는 장점이 있습니다.

▶ 코딩 컨벤션을 더 자세히 알고 싶다면 bit.ly/GAS_style을 참고하세요.

또한 스크립트 편집기의 **문서 서식** 기능을 이용하면 코딩 컨벤션을 자동으로 맞춥니다. 스크립트 편집기에서 마우스 오른쪽 버튼을 클릭해 [문서 서식] 메뉴를 선택하면 됩니다.

오류가 발생해도 당황하지 않기

다음처럼 오류가 발생했다는 것만으로도 겁부터 납니다.

예제

```
ReferenceError: test is not defined
SyntaxError: missing ) after argument list
SyntaxError: Unexpected end of input
```

이 외에도 셀 수 없이 많은 오류 메시지가 있으나 당황하지 마세요. 프로그래밍하면서 규칙을 어겼을 때 알리는 역할을 오류 메시지가 하기 때문입니다. 그러므로 **오류를 해결하다 보면 프로그램은 완성에 가까워집니다.** 이 책의 예제 코드 역시 **완성품**이라 할 수 있죠. 예제들을 완성하기까지 필자도 다양한 오류를 경험했습니다.

책으로는 오류 경험을 전달하기 어렵지만, 프로그래머는 만들고 실행하고, 오류가 생기면 고치고 또 실행하는 과정을 끊임없이 반복하며 완성품을 만들어 나갑니다. 그러므로 여러분도 오류가 생기는 건 당연하다고 생각하고, 프로그램을 완성할 때까지 포기하지 말고 끝까지 나아가세요.

Google Apps Script

03

설문 조사를 자동으로
집계하고 싶어요!

03-1 | 이 장에서 배울 내용은?

03장에서는 프로그래밍에서 절대 빼놓을 수 없는 **배열, 조건문, 반복문**을 배웁니다. 특히 구글 스프레드시트의 데이터를 다루는 앱스 스크립트를 작성할 때는 배열과 반복문을 자주 사용하므로 익숙해져야 합니다. 이와 함께 조건에 따라 다르게 처리하는 조건문도 매우 중요합니다.

미션 — 사내 설문 조사 집계 결과를 이메일로 보고하기

작업 환경 준비하기

여기서는 사내 설문 조사 결과를 집계하여 이메일로 보고하는 업무를 자동화할 것입니다. 그리고 설문 조사를 집계한 스프레드시트의 데이터를 조건문(if 문), 반복문(for 문)을 이용하여 처리하는 방법도 알아봅니다.

앞에서 예를 든 이하늘 님의 회사에서는 1년에 2회 전체 회의를 개최하는데, 참가 여부는 선택할 수 있으며 참가자에게는 도시락을 제공한다고 합니다. 이하늘 님은 전 사원을 대상으로 참가 여부를 확인해 참가자 수를 계산하고 메뉴별 도시락 개수와 합계액을 보고하는 업무를 맡았습니다. 그래서 이하늘 님은 구글 설문지를 이용해 설문 조사 양식을 만들었습니다.

▶ 전체 회의에 참가하지만 도시락을 선택하지 않는 경우는 예외로 합니다.

그림 3-1   설문 조사 양식

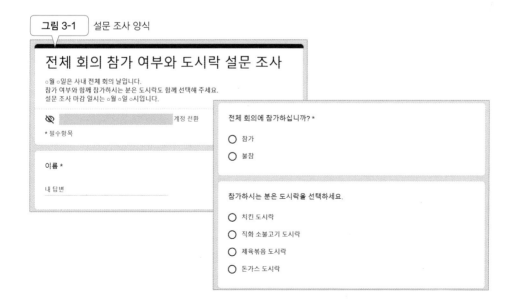

설문 조사 집계 결과는 구글 설문지에서 제공하는 기본 양식 스프레드시트로 자동으로 정리되어 만들어집니다.

그림 3-2 설문 조사 집계 결과

	A	B	C	D
1	타임스탬프	이름	전체 회의에 참가하십니까?	참가하시는 분은 도시락을 선택하세요.
2	2023. 6. 13 오후 7:04:34	강민태	참가	치킨 도시락
3	2023. 6. 13 오후 7:04:44	류현빈	참가	제육볶음 도시락
4	2023. 6. 13 오후 7:04:52	고진경	참가	돈가스 도시락
5	2023. 6. 13 오후 7:05:02	최만식	참가	직화 소불고기 도시락
6	2023. 6. 13 오후 7:05:09	류성아	참가	치킨 도시락
7	2023. 6. 13 오후 7:05:21	류정은	참가	돈가스 도시락
8	2023. 6. 13 오후 7:05:28	하민수	참가	직화 소불고기 도시락
9	2023. 6. 13 오후 7:05:36	복현자	참가	직화 소불고기 도시락
10	2023. 6. 13 오후 7:05:45	권세훈	참가	직화 소불고기 도시락
11	2023. 6. 13 오후 7:05:57	배태우	불참	
12	2023. 6. 13 오후 7:06:12	유하은	참가	돈가스 도시락
13	2023. 6. 13 오후 7:06:20	설정철	참가	치킨 도시락
14	2023. 6. 13 오후 7:06:29	양문정	불참	
15	2023. 6. 13 오후 7:06:37	한민희	참가	직화 소불고기 도시락
16	2023. 6. 13 오후 7:06:45	장승호	참가	돈가스 도시락
17	2023. 6. 13 오후 7:06:52	정선빈	참가	치킨 도시락
18	2023. 6. 13 오후 7:06:59	예성준	참가	치킨 도시락
19	2023. 6. 13 오후 7:07:07	정만기	참가	제육볶음 도시락

그러므로 02장에서 배운 영업 진행 현황 일일 보고서 보내기와 마찬가지로 다음 순서대로 처리하면 됩니다. 단, 이번에는 중간에 **집계하기**가 새롭게 등장했습니다.

스프레드시트에서 값 가져오기
▼
집계하기 ← 새로 등장
▼
이메일 보내기

02장에서는 정해진 위치의 셀값을 이용할 때 다음처럼 지정하여 값을 가져왔습니다.

예제

```
const count = sheet.getRange("B35").getValue();
```

그러나 이번 예제에서 전체 회의 참가는 선택 사항이므로 참가자 수는 설문 조사가 끝나야 알 수 있습니다. 이뿐만 아니라 셀값을 가져와 **집계**도 해야 합니다. 집계할 때는 **그림 3-3**과 같은 시트 정보를 이용하여 결과를 출력하도록 **처리**합니다.

그림 3-3 참가/불참 정보

참가
불참
참가
참가
불참

참가: 3명

불참: 2명

지금까지 설명한 내용을 정리해 봅시다.

전체 회의 설문 조사 시트에서 참가자 수와 불참자 수 세기

▼

메뉴별 도시락 개수 세기

▼

메뉴별 도시락 합계액 계산하기

▼

집계 결과를 이메일로 보내기

프로그래밍을 본격적으로 시작하기전에 먼저 스프레드시트와 스크립트 편집기 화면을 함께 열어 놓고 다음 2가지를 준비해 주세요.

❶ 스프레드시트에 [조건문]이라는 이름으로 시트 추가하기

❷ 스크립트 편집기에서 새로운 스크립트 파일을 만들고 이름을 '03장_조건문.gs'로 바꾸기

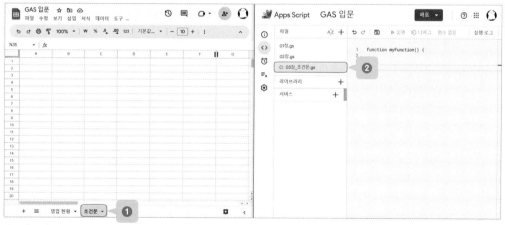

스프레드시트   스크립트 편집기

이제 **03장**에서 사용할 조건문을 간단히 살펴볼 것입니다. **조건문**이라 하면 조금 어렵게 들릴 수도 있지만, '두 갈래 길이 있는데 질문(=조건)에 따라 YES 또는 NO를 선택해서 정하는 것'

이라 생각하면 이해하기 쉽습니다. 조건문을 사용할 수 있어야 비로 소 프로그래밍하는 느낌이 들 겁니다.

> 조건문은 YES와 NO에 따라 처리를 나눕니다.

순서도로 전체 흐름 파악하기

앞서 프로그램은 순서도로 표현할 수 있다고 했습니다. 이번에 설명할 조건문도 마찬가지로 순서도로 나타낼 수 있습니다. 여기서는 외출하려고 집을 나설 때까지를 순서도로 그려 봤습니다. 비가 내리는지를 조건으로 하여 행동을 나눕니다(**그림 3-4**).

그림 3-4 집을 나설 때까지의 순서도

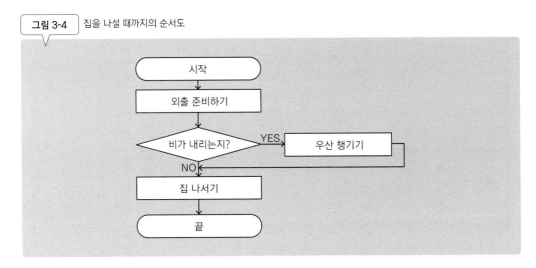

이 순서도를 프로그래밍하듯이 `if` 문을 사용해서 표현해 봅시다.

예제

```
외출 준비하기

if (비가 내리는지?) {
    우산 챙기기
}

집 나서기
```

이처럼 프로그램에서 조건문은 `if` 문(조건식)으로 표현할 수 있습니다. 영어 `if`와 마찬가지로 '만약 ~라면'이라는 뜻입니다. 이제 실제로 프로그램을 작성하면서 하나씩 자세히 살펴봅시다.

03-2 | 다양한 경우에 대처하기
— if 문

If 문 작성하기

다음 내용을 코드로 만들어 봅시다.

- 화면에 '숫자를 입력하세요.'라는 대화상자 출력하기
- 입력한 숫자가 10 미만이라면 메시지 표시하기

앞서 만든 '03장_조건문.gs' 스크립트 파일 안에 다음 코드를 작성하고 실행해 보세요. 스크립트 파일과 함께 만들어진 myFunction()은 삭제합니다.

예제 3-1

```
function testIf() {
  const x = Browser.inputBox('숫자를 입력하세요.', Browser.Buttons.OK_CANCEL);
  const sheet = SpreadsheetApp.getActive().getSheetByName("조건문");

  if (x < 10) {
    sheet.getRange('A1').setValue(x + '은(는) 10보다 작습니다.');
  }
}
```

실행하면 **그림 3-5**처럼 스프레드시트 화면에 InputBox, 즉 대화상자가 열립니다. 입력란에 10 미만인 값을 숫자로 입력하고 [확인] 버튼을 클릭해 보세요. 여기에서는 '3'을 입력합니다.

그림 3-5 | 대화상자 표시하기

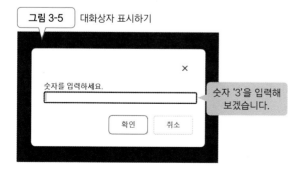

숫자를 입력하세요.

× 확인 취소

숫자 '3'을 입력해 보겠습니다.

프로그램이 정상으로 작동한다면 [조건문] 시트의 [A1] 셀에 **그림 3-6**처럼 메시지를 출력할 겁니다.

그림 3-6 시트에 출력한 메시지

	A	B	C	D
1	3은(는) 10보다 작습니다.			
2				
3				
4				
5				
6				
7				

이제 코드를 살펴봅시다.

사용자가 입력한 내용 가져오기

앞서 **예제 3-1**에서는 사용자가 입력한 값을 이용해 조건문을 수행했습니다. 먼저 사용자가 입력한 값을 가져오는 방법부터 알아보겠습니다. 다음 코드는 화면에 사용자가 값을 입력할 대화상자를 표시하라는 함수 내용을 담고 있습니다.

그림 3-7 코드와 화면의 관계

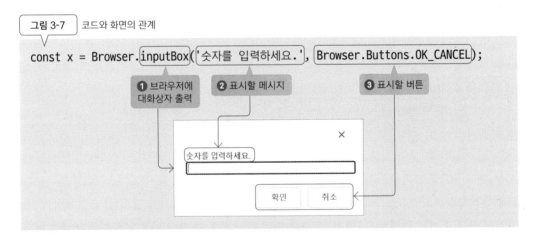

대화 상자 규칙은 다음 3가지입니다.

❶ 브라우저에 InputBox 혹은 입력창을 표시할 때는 Browser.inputBox(); 사용하기

❷ 1번째로 표시할 메시지를 () 안에 지정하기

❸ 2번째로 표시할 버튼을 ,(쉼표)로 구분하여 지정하기

대화상자에 표시할 수 있는 버튼은 **표 3-1**과 같습니다.

표 3-1 표시할 수 있는 버튼의 종류

버튼 종류	표시 내용
Browser.Buttons.OK	[확인] 버튼만
Browser.Buttons.OK_CANCEL	[확인]과 [취소] 버튼
Browser.Buttons.YES_NO	[예]와 [아니요] 버튼
Browser.Buttons.YES_NO_CANCEL	[예], [아니요], [취소] 버튼

대화상자에서 값을 입력하고 [확인] 버튼을 누르면 입력한 값을 상수 x에 넣습니다. 예를 들어 'ABC'라고 입력하고 [확인] 버튼을 누르면 x 안에는 "ABC"라는 문자열이 들어갑니다. 또한 [취소] 버튼을 누르면 동작을 멈추는 것이 아니라 x에 "cancel"이라는 문자열을 넣습니다.

▶ 대화상자 오른쪽 위에 있는 [×] 버튼을 눌러도 "cancel"이 들어갑니다.

다음은 02장에서도 살펴본 시트 가져오기 구문입니다. 여기서는 이름이 '조건문'인 시트를 가져옵니다.

예제 3-1(일부)

```
const sheet = SpreadsheetApp.getActive().getSheetByName("조건문");
```

if 문 — 참과 거짓 판별하기

그다음 행이 03-2절의 핵심인 if 문입니다. if 문 작성 방법을 알아보겠습니다.

규칙

```
if (조건식) {
   조건식이 true일 때 실행할 처리
}
```

조건식에는 순서도에서 YES와 NO 중 어느 쪽으로 진행할 것인가를 판정하는 데 사용하는 조건을 지정합니다. 앞에서 예로 든 '비가 내리는지?'도 YES와 NO로 판단합니다. 프로그램에서는 YES와 NO를 각각 true와 false로 표현합니다. 이를 **진릿값**이라 하며 true는 **참**을, false는 **거짓**을 뜻합니다.

예제 3-1의 if 문에서는 x < 10이 조건식입니다.

```
if (x < 10) {      이 조건식은 'x가 10보다 작은지?'를 뜻합니다.
    sheet.getRange('A1').setValue(x + '은(는) 10보다 작습니다.');
}
```

조건식이 true이면 그 뒤에 있는 { } 안의 내용을 실행합니다. 즉, x가 10보다 작다면 다음 코드를 실행합니다.

```
    sheet.getRange('A1').setValue(x + '은(는) 10보다 작습니다.');
```

이번에는 대화상자에 '100'을 입력해 보세요. 그러면 아무런 일도 일어나지 않습니다. 이때 x에는 100이 들어가서 'x가 10보다 작은지?'라는 조건식이 false가 되므로 그 뒤에 있는 { } 안의 내용을 실행하지 않기 때문입니다.

지금까지 사용자가 입력한 내용을 가져와서 if 문으로 참과 거짓을 판별하는 프로그램을 만들었습니다. 즉, 'x가 10보다 작은지?'라는 조건식을 만족할 때만 실행할 것입니다.

이처럼 **조건식**은 YES와 NO로 판단할 수 있어야 합니다. 예를 들어 '비가 오는지, 안 오는지?', '나이가 20살 이상인지?'는 조건식이지만, '오늘 날씨는?'은 YES와 NO로 판단할 수 없으므로 if 문에서 사용할 수 없습니다.

03-3 │ 조건 추가하기 —if ~ else

if ~ else 추가하기

예제 3-1에서 x가 10 이상이라면 아무런 일도 일어나지 않습니다. 이런 경우에도 실행해서 처리할 수 있도록 프로그램 마지막에 else를 추가해 봅시다.

예제 3-2

```
function testIfElse() {
  const x = Browser.inputBox('숫자를 입력하세요.', Browser.Buttons.OK_CANCEL);
  const sheet = SpreadsheetApp.getActive().getSheetByName("조건문");

  if (x < 10) {
    sheet.getRange('A1').setValue(x + '은(는) 10보다 작습니다.');
  } else {
    sheet.getRange('A1').setValue(x + '은(는) 10 이상입니다.');
  }
}
```

이번에는 10 이상인 숫자를 입력하면 '~은(는) 10 이상입니다.'라는 메시지를 표시합니다. 이처럼 if 문과 else를 조합하면 조건식이 false일 때도 처리할 수 있습니다.

지금까지 살펴본 if 문을 정리해 봅시다.

규칙

```
if (조건식) {
    // 조건식이 true일 때 실행해서 처리
} else {
    // 조건식이 false일 때 실행해서 처리
}
```

이렇게 하면 조건식이 true 또는 false일 때 2가지 모두 실행해서 처리할 수 있습니다.

if ~ else if를 사용해 다양한 조건으로 나누기

조건을 3가지 이상으로 나누고 싶을 때도 있을 겁니다. 이번에는 숫자가 아니라 문자열인 인사말에 따라 처리를 나눠 보겠습니다.

예제 3-3

```
function testIfElse_2() {
  const greeting = Browser.inputBox('인사말을 넣으세요.',
Browser.Buttons.OK_CANCEL);
  const sheet = SpreadsheetApp.getActive().getSheetByName("조건문");

  if (greeting === '좋은 아침입니다.') {
    sheet.getRange('A1').setValue('굿모닝!');
  } else if (greeting === '안녕하세요.') {
    sheet.getRange('A1').setValue('헬로!');
  } else {
    sheet.getRange('A1').setValue('잘 모르겠어요.);
  }
}
```

▶ = 3개를 연결한 ===는 왼쪽과 오른쪽이 똑같은지를 판별하는 기호입니다. 자세한 내용은 **03-4절** 비교 연산자에서 설명합니다.

이 함수를 실행하고 입력란에 '좋은 아침입니다.'나 '안녕하세요.'를 입력해 보세요. '좋은 아침입니다.'를 입력했다면 [A1] 셀에 '굿모닝!'을, '안녕하세요.'라면 '헬로!'를 대답으로 출력할 겁니다. `else if`를 썼기 때문입니다. 즉, `else if`를 여러 개 사용하면 다양한 조건을 평가할 수 있습니다.

'좋은 아침입니다.'나 '안녕하세요.' 말고 다른 인사말을 입력하면 어떻게 될까요? 이럴 때는 '잘 모르겠어요.'를 출력합니다. 이처럼 조건에 맞지 않을 때, 즉 모든 조건이 `false`일 때는 `else` 다음에 작성한 내용을 실행합니다.

다음은 지금까지 살펴본 내용을 정리한 것입니다. `else if(조건식)`은 몇 번이든 쓸 수 있습니다.

규칙

```
if (조건식 A) {
    // 조건식 A가 true일 때 실행해서 처리
  } else if (조건식 B) {
    // 조건식 B가 true일 때 실행해서 처리
  } else if (조건식 C) {
    // 조건식 C가 true일 때 실행해서 처리
```

```
    } else {
        // 모든 조건식이 false일 때 실행해서 처리
    }
```

if 문의 조건은 위부터 **순서대로** 판별하되 조건식이 하나라도 true이면 그 외 처리는 실행하지 않는다는 점에 주의하세요. 즉, 조건식 A가 true라면 조건식 B, C와 else 문은 실행하지 않습니다. 즉, 조건식을 판정하지 않습니다.

if 문을 사용하면 다음과 같이 사용자가 입력한 값에 따라 적절하게 대답하는 **봇 프로그램**을 만들 수 있습니다.

- 생년월일을 입력하면 별자리 알려 주기
- 나라를 입력하면 수도 알려 주기
- 우편 번호를 입력하면 주소 알려 주기

'좋은 아침입니다.', '안녕하세요.' 외에 '반갑습니다.'와 같은 인사말에도 반응하도록 testIfElse_2() 함수를 수정해 보는 것도 재미있을 겁니다.

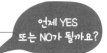
언제 YES
또는 NO가 될까요?

03-4 | 더 강력한 조건문
— 비교 연산자와 논리 연산자

조건문을 사용하려면 비교 연산자와 논리 연산자를 반드시 알아야 합니다. 02-5절에서 배운 산술 연산자처럼 용어가 조금 어려워 보여도 뜻을 알면 간단합니다.

- **비교 연산자**: A와 B를 비교하여 'A가 크다/작다/같다'를 판단하는 연산자
- **논리 연산자**: 조건 X와 Y가 있을 때 'X이고 Y(X와 Y 모두 true)', 'X 또는 Y(X와 Y 중 적어도 하나가 true)'와 같이 조건을 조합하는 연산자

두 연산자 모두 결과는 **true** 또는 **false**입니다. 이 책에서는 자주 사용하는 연산자만 소개합니다.

▶ 더 자세한 정보를 알고 싶다면 '자바스크립트 비교 연산자', '자바스크립트 논리 연산자'로 검색하세요.

비교 연산자의 종류와 사용 방법

표 3-2   비교 연산자의 종류

연산자	사용 예	설명
===	a === b	a와 b가 같을 때 true가 됨
!==	a !== b	a와 b가 같지 않을 때 true가 됨
>	a > b	a가 b보다 클 때 true가 됨
>=	a >= b	a가 b 이상일 때 true가 됨
<	a < b	a가 b보다 작을 때 true가 됨
<=	a <= b	a가 b 이하일 때 true가 됨

표 3-2에서 생소해 보이는 기호 2가지를 사용할 때는 주의하세요.

- ===는 '같다'를 나타냄
- !==는 '같지 않다'를 나타냄

수학에서는 왼쪽과 오른쪽이 같을 때 기호 =를 사용하지만 프로그래밍에서는 ===로 나타냅니다. 또한 ===는 숫자뿐 아니라 문자열도 비교합니다. 그래서 100 === 100과 "안녕하세요" === "안녕하세요"는 모두 true입니다.

'같다'는 ==처럼 사용할 수도 있지만 ===이 ==보다 더 엄격한 연산자입니다. 엄밀히 말하면 서로 다른 연산자입니다. 초보자라면 ===을 사용하면 좋습니다.

▶ 자세한 내용을 알고 싶으면 '자바스크립트 ==와 === 차이', '자바스크립트 비교 연산자' 등으로 검색하세요.

좀 더 나아가 크고 작음을 비교할 때를 살펴봅시다. 10 < 30처럼 숫자를 비교할 때와 마찬가지로 문자열이나 날짜도 크고 작음을 비교할 수 있습니다. 예를 들어 "가" < "나"는 true가 됩니다. 문자마다 **문자 코드**, 즉 문자에 할당한 고유 번호가 정해졌는데 이를 이용하여 크고 작음을 비교할 수 있기 때문입니다. 단, 문자 코드를 제대로 이해하지 못한다면 원하는 대로 작동하지 않을 수도 있으므로 이럴 때는 문자를 비교하지 않는 것이 좋습니다.

▶ 더 자세한 정보를 알고 싶다면 '자바스크립트 비교 연산자'나 '자바스크립트 문자 코드' 등으로 검색하세요.

논리 연산자의 종류와 사용 방법

표 3-3 논리 연산자의 종류

연산자	사용 예	설명
&&	a && b	AND를 뜻함(a이고 b). a와 b가 모두 true일 때 true가 됨
||	a || b	OR를 뜻함(a 또는 b). a나 b 중 하나 이상 true일 때 true가 됨.
!	!a	NOT을 뜻함(a가 아님). a가 false일 때 true가 됨(a 진릿값의 반대)

표 3-3에서 AND와 OR의 움직임과 작성 방법을 확인하고자 다음 함수를 실행하고 로그를 확인해 보겠습니다.

예제 3-4

```
// AND와 OR의 예
function testAndOr() {
  const age = 23;
  const gender = 'male';
  const job = '전사';
```

```
    if ((age >= 20) && (gender === 'male')) {
      console.log('나이는 20살 이상이고 성별은 남성입니다.');
    }

    if ((job === '용사') || (job === '전사')) {
      console.log('직업은 용사 또는 전사입니다.');
    }
  }
```

나이는 20살 이상이고 성별은 남성입니다.
직업은 용사 또는 전사입니다.

이번 예제에서 if 문을 바꿔 써도 결과는 같습니다.

예제 3-4-2

```
  if ((age >= 20) && (gender === 'male')) {  ◀ ❶
  }
  // 또는
  if (age >= 20 && gender === 'male') {          ❷
  }
```

두 행 모두 'age는 20 이상이고 gender는 male인지?'라는 조건을 나타냅니다. **예제 3-4**에서는 조건 2개를 한눈에 쉽게 알아볼 수 있도록 한 ❶ 표기 방법을 사용했습니다.

시험 삼아 함수 안에 있는 age, gender, job의 값을 다음과 같이 바꾸어 봅시다.

예제 3-4-3

```
  const age = 20;           // 23에서 20으로 변경
  const gender = 'female';  // male에서 female로 변경
  const job = '용사';        // 전사에서 용사로 변경
```

이렇게 수정하고 프로그램을 실행하면 어떻게 될까요?

1번째 if 문은 age가 20 이상이고 gender가 male인지를 판단합니다. 조건은 2가지입니다.

- age는 20 이상이다. → 만족(true)
- gender는 male이다. → 만족하지 않음(false)

그러므로 1번째 `if` 문의 결과는 다음과 같습니다.

예제
```
if ((age >= 20) && (gender === 'male'))     // 1번째 조건식

if (true && false)                          // 두 조건을 비교한 결과

if (false)                                  // 결론
```

`&&` 조건 중 하나라도 만족하지 않으면 true가 되지 않습니다. 따라서 이 식 전체의 결과는 `if (false)`와 같습니다. 결국 `console.log()`도 실행하지 않습니다.

2번째 `if` 문은 'job이 용사인지 또는 job이 전사인지?'를 판단합니다. 조건은 2가지입니다.

- job은 용사이다. → 만족(true)
- job은 전사이다. → 만족하지 않음(false)

따라서 2번째 `if` 문의 결과는 `if (true || false)`입니다. `||`는 조건 중 하나 이상 true라면 true가 됩니다. 그러므로 조건식은 결국 true가 되므로 다음 코드를 실행합니다.

예제
```
console.log('직업은 용사 또는 전사입니다.');
```

'조건 A이고 조건 B'와 '조건 A 또는 조건 B'에서 각 조건이 언제 true, false가 되는가를 정리한 것이 표 3-4와 표 3-5입니다. 예를 들어 표 3-4에서는 조건 A와 조건 B 둘 다 true일 때만 A && B가 true입니다. 물론 한쪽이 false라면 A && B는 false입니다.

표 3-4 AND(&&) 평가 결과

조건 A	조건 B	A && B 평가 결과
true	true	true
true	false	false
false	true	false
false	false	false

표 3-5 OR(¦¦) 평가 결과

조건 A	조건 B	A ¦¦ B 평가 결과
true	true	true
true	false	true
false	true	true
false	false	false

특별한 논리 연산자 NOT 다루기

이번에는 논리 연산자 가운데 NOT 연산자를 알아봅시다. NOT 연산자는 진릿값을 반대로 뒤집습니다. true는 false로, false는 true로 연산하는 흐름이 독특하므로 주의하세요.

예제 3-5

```
function testNot() {
  const a = 3;
  const b = -3;

  // 조건 1
  if (!(a > 0)) {
    console.log("조건 1이 true가 됨");
  } else {
    console.log("조건 1이 false가 됨");
  }

  // 조건 2
  if (!(a === 0 ¦¦ b > 0)) {
    console.log("조건 2가 true가 됨");
  } else {
    console.log("조건 2가 false가 됨");
```

```
        }
    }
```

먼저 조건 1을 살펴봅시다. '조건 1이 fasle가 됨'이라는 로그를 출력했으므로 if (!(a > 0))이 false가 되었다는 뜻입니다. 그러나 a에는 3이 들었으므로 a > 0은 참(true)입니다. 이 결과를 뒤집어 true를 false로 만든 것이 NOT, 즉 연산자 !의 효과입니다(그림 3-8).

그림 3-8 | NOT의 효과

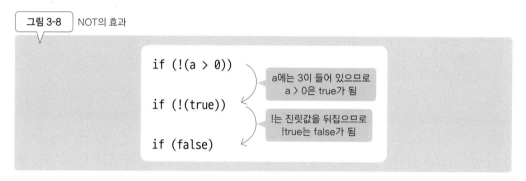

! 연산자의 핵심은 그 뒤에 있는 진릿값을 뒤집는다는 것입니다.

다음으로, 조건 2를 살펴보겠습니다. '조건 2가 true가 됨'이라는 로그를 출력했으므로 if (!(a === 0 || b > 0))이 true가 되었다는 뜻입니다. 조건 1과 비교하면 조건 2에서는 조건이 여러 개이므로 조금 복잡합니다. 이럴 때는 그림 3-9처럼 조건이 true인지, false인지를 순서대로 각각 정리하면 알기 쉽습니다.

그림 3-9 | 조건이 true인지, false인지 순서대로 정리하기

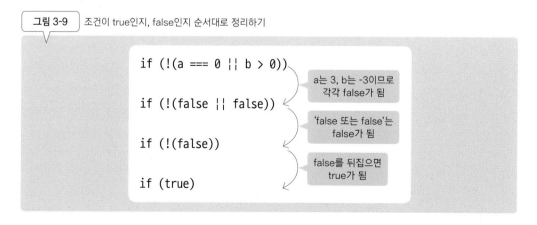

짝수인지 홀수인지를 판단할 때 if 문 사용하기

앞서 배운 if 문과 논리 연산자, 산술 연산자를 사용하여 짝수와 홀수를 판단하려면 어떻게 해야 할까요?

프로그램으로 짝수 또는 홀수를 판정할 때 널리 사용하는 방법을 알아봅니다. 짝수와 홀수의 정의에 따르면 홀수는 1, 3, 5, 7, 9처럼 2로 나누어 나머지 1이 남는 정수를 말합니다. 짝수는 이와 달리 2, 4, 6, 8, 10처럼 2로 나누어 떨어지는 정수입니다. 그러므로 2로 나누었을 때 나머지가 0, 즉 나누어 떨어지면 짝수, 그렇지 않다면 홀수입니다.

짝수와 홀수를 판단하는 프로그램에서는 if 문과 **02-5절**에서 살펴본 나머지 산술 연산자 **%**를 활용합니다. number % 2는 number를 2로 나눈 나머지를 나타내므로, 이를 활용하여 다음과 같이 작성합니다.

예제

```
if (number % 2 === 0) {
  console.log("짝수입니다.");
}


if (number % 2 !== 0) {
  console.log("홀수입니다.");
}
```

▶ 프로그래밍을 하다 보면 짝수와 홀수를 판단할 때가 자주 나오므로 잘 기억해 두세요.

03-5 | 프로그램에 사용하는 다양한 값

지금까지는 프로그램에서 **문자열**과 **숫자**를 이용해서 프로그램을 작성했습니다. 문자열, 숫자 등을 프로그램에서는 **값**(=자료, 데이터)이라고 합니다. 값은 종류에 따라 이름이나 특성, 다루는 방법 등이 정해져 있으며 이를 **자료형**이라고 합니다.

표 3-6 | 자료형의 종류

자료형	설명
String	문자열
Number	정수나 소수 등 숫자
Boolean	true 또는 false인 진릿값
undefined	값이 정해지지 않음
null	해당하는 값이 없음
Object	객체
Symbol	인스턴스가 고유하고 변하지 않음

이 중에서 대표적인 자료형 4가지를 알아봅시다.

String(문자열)형과 Number(숫자)형

자바스크립트의 **typeof** 연산자를 이용하면 값이 어떤 자료형인지 알 수 있습니다.

예제 3-6

```
function dataType_1(){
  const message = "문자열입니다.";
  const count = 100;

  console.log(typeof message);
  console.log(typeof count);
}
```

```
string
number
```

로그를 보면 message는 string형, count는 number형의 값이라는 것을 알 수 있습니다.
다음은 문자열과 숫자를 다룰 때 주의할 점입니다. 예제 3-7을 실행하면 로그에 무엇을 출력할
까요?

예제 3-7

```
function dataType_2(){
  const num1 = "100";
  const num2 = 200;

  console.log(num1 + num2);
}
```

```
100200
```

100과 200을 더했으므로 300을 출력하리라고 생각하기 쉬우나 실제로는 100200을 표시합니
다. 그 이유는 무엇일까요?

예제 3-7(일부)

```
  const num1 = "100";
```

이 코드에서는 100을 큰따옴표로 묶었으므로 "100"이라는 문자열이 됩니다. 즉, num1 +
num2는 문자열과 숫자를 +로 합쳐 문자열 100200을 출력한 것입니다.

▶ 문자열 합치기는 02-4절에서도 배웠습니다.

예제

```
  const str1 = "안녕하세요.";
  const str2 = "반갑습니다.";
  console.log(str1 + str2);
```

안녕하세요. 반갑습니다.

이처럼 자바스크립트에는 다음 규칙이 있습니다.

규칙

연산자로 계산할 때 문자열을 포함하면 그 결과는 문자열로 판단한다.

그래서 예제 3-7에서는 "100200"을 출력한 것입니다. 참고로, 문자열 "100"을 숫자로 바꾸려면 parseInt() 함수를 사용합니다.

예제 3-8

```
function dataType_3(){
  const num1 = "100";
  const num2 = 200;

  console.log(parseInt(num1) + num2);
}
```

로그 출력

```
300
```

이 코드를 실행하면 로그에 300을 출력합니다. 왜냐하면 parseInt()의 () 안에 숫자로 보이는 문자열(String)을 넣으면 숫자(Number)로 변환하기 때문입니다.

만약 100이라는 숫자 대신 '가'라는 문자를 parseInt()로 전달하면 어떻게 될까요?

예제 3-9

```
function dataType_4(){
  const num1 = "가";
  console.log(parseInt(num1));
}
```

로그 출력

```
NaN
```

이 코드를 실행하면 로그에 **NaN**을 출력합니다. 왜냐하면 '가'는 숫자가 아니기 때문입니다.

▶ NaN은 Not a Number의 줄임말입니다.

Boolean(진릿값)형

Boolean형은 진릿값, 즉 **true** 또는 **false**인 값입니다. 프로그램을 작성할 때 '무엇이 true 이고 무엇이 false인지?'를 이해하는 것은 매우 중요합니다.

다음 예제로 **true**와 **false**의 흐름을 이해해 봅시다. if 조건식이 **true**라면 "1번", "2번" 등을 로그로 출력합니다. 코드를 직접 입력해 보면서 조건식이 각각 **true**인지 **false**인지를 생각해 보세요.

예제 3-10

```
function dataType_5() {
  if (5 < 10) {
    console.log("1번");    ❶
  }

  if (true) {
    console.log("2번");    ❷
  }

  if (false) {
    console.log("3번");    ❸
  }

  if (100) {
    console.log("4번");    ❹
  }

  if ("가가가") {
    console.log("5번");    ❺
  }

  if ("false") {
    console.log("6번");    ❻
  }

  if ("") {
```

```
    console.log("7번");  ⑦
  }

  if (undefined) {
    console.log("8번");  ⑧
  }
}
```

로그 출력
1번
2번
4번
5번
6번

❶ (5 < 10)에서 5는 10보다 작으므로 true가 됩니다.

❷ 조건식에 (true)를 지정했습니다. 이는 "true"라는 문자열이 아니라 true라는 Boolean값을 말하므로 조건식은 true가 됩니다.

❸ 2번과 마찬가지로 (false) 역시 "false"라는 문자열이 아니라 false라는 Boolean값입니다. 그러므로 조건식은 false가 되므로 '3번'은 출력하지 않습니다.

❹, ❺, ❻ (100)은 숫자이고 ("가가가")는 문자열입니다. 자바스크립트에서는 값이 있다는 것 자체를 true로 판정합니다. 여기서는 100이나 "가가가", "false" 등의 값 자체가 if의 조건식으로 () 안에 있으므로 if (100), if ("가가가"), if ("false") 모두 if (true)라고 판단합니다. "false"는 큰따옴표가 없다면 Boolean값으로 판단하므로 false이나 여기서는 큰따옴표로 묶었으므로 문자열로 판단합니다.

❼ ("")는 **빈 문자열**이라고 하는데, 큰따옴표로 묶었으나 내용이 없는 상태이므로 false로 판단합니다. 앞의 예와 반대 패턴으로, 값이 없으므로 if ("")는 if (false)로 판단하고 '7번'은 출력하지 않습니다.

❽ undefined란 값이 정의되지 않았음을 나타내는 자료형입니다. 정의하지 않은 것은 false로 판단하므로 출력하지 않습니다.

undefined는 false

if (undefined)와 같은 코드를 작성할 일은 없겠지만, 'undefined는 false로 판단한다.'라는 것은 기억해 두세요. 자주 사용하는 예 하나를 들자면, '변수를 만들었으나 아무런 값을 넣지 않은 상태'는 false입니다.

```
function testUndefined(){
  let a;
  console.log(a);

  if (a) {
    console.log("a는 true");
  } else {
    console.log("a는 false")
  }
}
```

```
undefined
a는 false
```

a라는 이름으로 상자(변수)를 만들었으나 안에 아무것도 넣지 않았습니다. 이 상태를 console.log(a)로 출력하면 undefined를 표시합니다. 또한 if (a)의 결과로 a는 false를 출력하므로 if (a)를 if (false)로 판단한다는 것을 알 수 있습니다.

true, false 판단은 지금까지 살펴본 내용이면 충분합니다.

▶ 더 자세히 알고 싶다면 '자바스크립트 false' 등으로 검색해 보세요.

03-6 | 자가 진단 테스트 ②
─ 김초롱 학생의 성적 계산하기

여기서는 지금까지 배운 내용을 스스로 점검해 보겠습니다. 앞에서 다룬 'if 문을 이용한 조건문'으로 다음 문제를 풀어 봅시다. 이 책에서 배운 내용을 참고해 풀면서 복습해도 좋고 웹을 검색해도 괜찮습니다.

문제

김초롱 학생은 국어, 산수, 영어 시험을 치렀습니다.

그 결과 국어는 80점, 산수는 100점, 영어는 60점이었습니다.

이 학교에서는 세 과목의 평균 점수로 다음과 같이 성적을 매긴다고 합니다.

40점 미만	40점 이상 60점 미만	60점 이상 80점 미만	80점 이상
노력 필요	보통	우수	매우 우수

이와 함께 평균 점수가 75점 이상이 되면 용돈을 올리기로 부모님과 약속했습니다. 김초롱 학생의 과목 점수를 이용하여 다음 내용을 출력하는 프로그램을 만드세요.

- 성적
- 용돈 인상 여부

단, 출력은 다음 형식이어야 합니다.

로그 출력

이번 김초롱 학생의 평균 점수는 ∞점입니다.
그러므로 성적은 '∞(매우 우수, 우수, 보통, 노력 필요 중 한 가지)'입니다.
성적에 따라 ('용돈도 올랐습니다.' 또는 '용돈은 그대로입니다.')

힌트

갑자기 처음부터 프로그램을 작성하라고 하면 초보자는 부담스러울 수도 있습니다. 다음 예
제를 활용하여 문제를 해결할 수 있는 프로그램으로 완성해 보세요.

예제 3-12

```
function chorongGrade() {
  const korean    = 80;
  const arithmetic = 100;
  const english   = 60;

  // 구하고자 하는 내용
  let average;   // 평균을 계산하는 방법은 자가 진단 테스트 ①에서 배웠습니다.
  let grade;     // 성적(매우 우수, 우수, 보통, 노력 필요 중 한 가지로 판단하기)

  // average를 계산하고 출력하기
  average = ...
  console.log("이번 김초롱 학생의 평균 점수는...");

  // average값으로 grade 판단하기(grade는 4단계)
  if (average ...) {
    grade =
  } else if (...) {
    grade =
  }...

  // 용돈 인상이 가능한지 출력하기
  if (average ...

}
```

이 함수를 실행하여 다음 출력 결과가 나왔다면 통과입니다.

로그 출력

이번 김초롱 학생의 평균 점수는 80점입니다.
그러므로 성적은 '매우 우수'입니다.
성적에 따라 용돈도 올랐습니다.

다음 내용을 참고하여 프로그램을 직접 만들어 보세요.

천 줄 프로그램도 한 줄부터

일반적으로 프로그래밍할 때는 전부 작성하고 나서 제대로 동작하는지 확인하는 방법을 사용하지 않습니다. 책에는 완성된 코드를 담기 때문에 프로그램을 모두 작성한 후에 실행하는 듯이 보일지 모르지만, 02장 마지막에서 언급했듯이 실제로는 '코드를 1행 작성하고 실행해서 오류가 발생하면 왜 그런지 고민하고, 이를 고쳐서 다시 실행하고…'를 반복합니다.

이번 프로그램도 다음 예제처럼 한 걸음씩 내딛듯이 작성합니다.

```
예제 3-12(일부)

function chorongGrade() {
  const korean    = 80;
  const arithmetic = 100;
  const english   = 60;

  // 구하고자 하는 내용
  let average;  // 평균
  let grade;    // 성적

// 평균을 내려면 합계를 계산해야 함
// 계산이 올바른지 확인하기
// 우선 다음 두 행을 실행하여 로그 확인하기
  const total = korean + arithmetic + english;
  console.log(total);
}
```

합계를 계산하는 두 행을 작성한 시점에 한번 실행하여 제대로 동작하는지 확인합니다. 로그에 240을 출력하면 바라는 대로 움직였다는 것을 알 수 있습니다. 그러고 나서 '합계 점수를 이용하여 평균을 계산하는 코드 작성하기', '올바르게 동작하는지 확인하기', '평균 점수를 이용하여 if 문 분기하기' 등과 같이 순서대로 한 걸음씩 진행합니다.

이런 방법으로 프로그래밍하면 '이제까지 잘 움직였는데 다음 1행을 추가했더니 오류가 발생했네. 그렇다면 방금 추가한 1행이 수상한걸.'처럼 오류가 발생한 곳을 찾기가 쉽습니다. 이처럼 프로그래밍에 익숙해질 때까지는 반드시 조금씩 작성하고 매번 실행해 보는 것이 좋습니다.

디버거 활용하기

앞 예제에서는 내용을 확인하고 싶은 값(total)을 로그로 출력(console.log)하여 확인했지만, 이렇게 하지 않아도 변수 내용을 간단하게 확인할 수 있습니다. 이때 사용하는 디버거 기능도 함께 알아 둡시다(**그림 3-10**, **그림 3-11**).

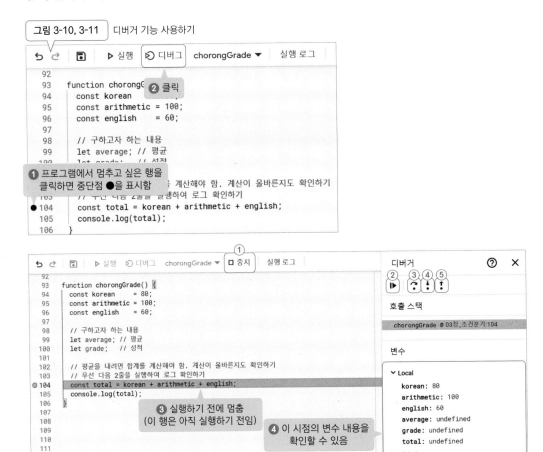

그림 3-10, 3-11 | 디버거 기능 사용하기

디버거 기능은 사용해 보면 무척 편리하다는 것을 알 수 있습니다. 디버거에서 사용하는 버튼 5가지를 알아봅시다.

① **중지**: 프로그램 실행을 끝냅니다.

② **다시 시작**: 멈춘 곳 다음부터 프로그램을 다시 시작하여 다음 중단점까지 진행합니다. 중단점이 더 이상 없다면 프로그램이 끝날 때까지 진행합니다.

③ **스텝 오버**: 강조 표시한 한 줄을 실행합니다. 이 한 줄이 함수라면(함수 안에서 함수를 호출할 때*) 호출된 함수 전체를 실행하고, 이 함수를 호출한 함수의 다음 줄로 진행합니다.

④ **스텝 인**: 강조 표시한 한 줄을 실행합니다. 이 한 줄이 함수라면(함수 안에서 함수를 호출할 때*) 호출된 함수 안으로 들어가 그 첫 번째 줄을 실행합니다.

⑤ **스텝 아웃**: 현재 함수를 마지막까지 실행합니다.

▶ 함수 안에서 함수를 호출하는 방법은 04장에서 설명하므로 * 표시 부분은 그 이후에 이해해도 괜찮습니다.

그럼 김초롱 학생의 점수 문제를 직접 풀어 보세요. 정답은 내려받은 자료를 참고하세요.

03-7 │ 배열을 이용하여 값을 하나로 묶기

앞에서 조건문을 배웠으니 이번에도 프로그래밍에서 중요한 요소인 **배열**을 알아봅시다. 배열을 이용하면 값이 여러 개일 때 묶어서 하나로 다룰 수 있습니다.
새로운 스크립트 파일을 만들고 이름을 '03장_배열과반복.gs'으로 바꾸세요.

배열 다루기 기초

상수나 변수에서는 상자 1개에 값 1개를 넣습니다. 이와 달리 배열은 상자 여러 개를 이어서 1개로 만든 것이라 할 수 있습니다(**그림 3-12**).

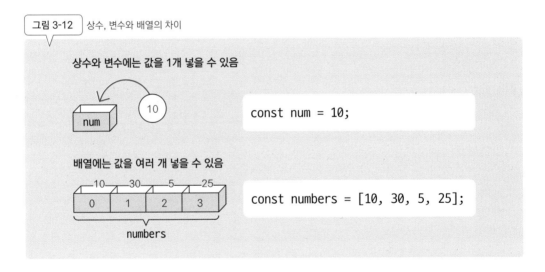

그림 3-12 | 상수, 변수와 배열의 차이

그림 3-13을 이용하여 배열과 관련한 용어를 알아봅시다.

- **요소:** 상자마다 들어 있는 내용물
- **인덱스:** 0부터 시작하는 상자 번호
- **작성 방법:** 배열 이름은 자유롭게 정할 수 있으며, 요소는 대괄호 [] 안에 쉼표로 구분하여 지정한다.

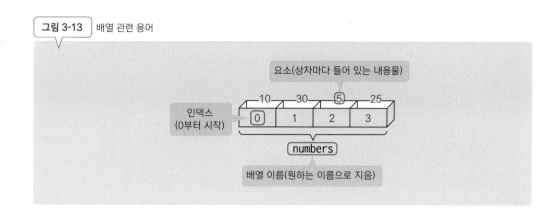

그림 3-13 배열 관련 용어

그림 3-13에서는 numbers라는 이름으로 배열을 만들고 10, 30, 5, 25를 요소로 넣었습니다.
그러면 실제 코드를 작성하면서 배열을 배웁시다. '03장_배열과반복.gs' 스크립트 파일에 다음 내용을 작성합니다.

예제 3-13

```
function testArray() {
  const fruits = ['banana', 'orange', 'apple'];

  // 인덱스가 2인 요소 가져오기
  console.log(fruits[2]);

  // 인덱스가 2인 요소 덮어쓰기
  fruits[2] = 'melon';
  console.log(fruits[2]);

  // 인덱스가 3인 요소 추가하기
  fruits[3] = 'peach';
  console.log(fruits);   // 배열 출력하기
}
```

이 예제에서는 banana, orange, apple이라는 과일 3개가 들어 있는 배열 fruits를 만들고 요소를 가져오고 덮어쓰고 추가합니다.
이 함수를 실행해 봅시다. 코드에서 console.log() 3개는 각각 무엇을 출력하는지 확인합시다. 다음 로그를 출력한다면 올바른 결과입니다.

```
apple
melon
[ 'banana', 'orange', 'melon', 'peach' ]
```

그러면 예제를 한 행씩 살펴봅시다.

배열 만들기

예제 3-13(일부)

```
const fruits = ['banana', 'orange', 'apple'];
```

프로그램을 읽을 때는 = 기호 오른쪽부터 보면 이해하기 쉽습니다.

- 오른쪽에서 ['banana', 'orange', 'apple']이라는 요소 3개로 이루어진 배열 만들기
- 이를 왼쪽 fruits라는 상수에 넣기

대괄호 []는 배열을 나타내는 기호입니다. ()나 {}와는 다른 기호이므로 잘못 사용하지 않도록 주의합시다.

다음 행을 살펴봅시다.

배열 요소 가져오기/덮어쓰기

예제 3-13(일부)

```
// 인덱스가 2인 요소 가져오기
console.log(fruits[2]);
```

'배열 이름[인덱스 숫자]' 이런 형식으로 쓰면
배열 안의 요소를 지정할 수 있습니다.

로그 출력

```
apple
```

fruits[2]는 fruits 배열에서 인덱스가 2인 요소를 뜻합니다. 그러므로 여기서는 'apple'을 출력합니다. 이때 인덱스는 0부터 시작한다는 점에 조심하세요.

그다음 행을 봅시다.

예제 3-13(일부)

```
// 인덱스가 2인 요소 덮어쓰기
fruits[2] = 'melon';
console.log(fruits[2]);
```

로그 출력

```
melon
```

여기서는 melon이라는 문자열을 fruits[2]에 넣었습니다. 이렇게 덮어쓰기를 한 결과 fruits[2]의 요소가 melon으로 바뀌었습니다. 그런 다음 console.log(fruits[2]);를 실행했으므로 결과는 melon입니다.

마지막 행을 봅시다.

예제 3-13(일부)

```
// 인덱스가 3인 요소 추가하기
fruits[3] = 'peach';
console.log(fruits);   // 배열 출력하기
```

지금까지 요소는 fruits[2]까지입니다. 여기에 fruits[3] 상자를 추가하고 peach를 넣었습니다. 마지막으로 console.log()로 결과를 출력합니다.

로그 출력

```
[ 'banana', 'orange', 'melon', 'peach' ]
```

로그를 보면 peach가 배열에 추가되었음을 알 수 있습니다. 배운 내용을 정리해 봅시다.

- 요소는 배열 이름[인덱스] 형식으로 지정함
- 인덱스를 지정하여 요소를 덮어쓸 수 있음
- 인덱스를 지정하여 요소를 추가할 수 있음

배열 내용은 const여도 변경 가능

이 예제는 const로 fruits 배열을 선언한 다음, 요소의 값을 바꾸는 코드입니다. 여기서 궁금증이 생길 것입니다.

예제 3-13(일부)

```
const fruits = ['banana', 'orange', 'apple'];
fruits[2] = 'melon';
```

const는 상수여서 값을 덮어쓸 수 없으므로 오류가 발생할 텐데 아무 문제 없이 로그를 출력합니다. 왜냐하면 fruits 상수 안에 있는 요소 [2]의 내용을 바꿀 뿐이므로 오류가 발생하지 않은 것입니다.

이와 달리 다음과 같이 fruits 상수에 배열을 다시 넣으려 하면, 즉 fruits라는 상수 자체를 덮어쓰려 하면 오류가 발생합니다.

예제

```
const fruits = ['banana', 'orange', 'apple'];
fruits = [1, 2, 3];   // 덮어쓰려 하면 오류가 발생
```

fruits 배열 내용을 1, 2, 3으로 바꾸고 싶다면 다음과 같이 작성해야 합니다. 이렇게 하면 각 요소 안의 내용물을 바꾸는 것으로 간주합니다. 즉, fruits 배열에 다시 배열을 넣는 것이 아니므로 오류가 발생하지 않습니다.

예제

```
const fruits = ['banana', 'orange', 'apple'];
fruits[0] = 1;
fruits[1] = 2;
fruits[2] = 3;
```

명령어를 사용하여 더 편하게 배열 다루기

앱스 스크립트는 배열을 더 편하게 다룰 수 있는 여러 가지 명령어를 제공합니다. 여기서는 그중 4가지를 소개합니다. 먼저 다음 예제를 실행해 보세요.

예제 3-14

```
function testArray_2() {
  const fruits = ['banana', 'orange', 'apple'];

  // 배열의 요소 개수(최대 인덱스가 아니라 요소 개수)
  console.log(`${fruits.length}개의 요소가 있습니다.`);

  // 배열 마지막에 요소 추가하기
  fruits.push('grape');
  console.log(fruits);

  // 배열 안에 지정한 요소가 있는지 확인하기
  console.log(fruits.includes('orange'));

  // 배열 내용을 연결하여 문자열 만들기
  const joined = fruits.join('&');
  console.log(joined);
}
```

로그 출력

```
3개의 요소가 있습니다.
[ 'banana', 'orange', 'apple', 'grape' ]
true
banana & orange & apple & grape
```

차례대로 내용을 봅시다. 이번에도 과일 3개가 들어 있는 fruits 배열을 만들었습니다. 여기까지는 이전 예제와 같습니다.

예제 3-14(일부)

```
const fruits = ['banana', 'orange', 'apple'];
```

length — 배열의 요소 개수(길이)

1번째로 소개할 명령어는 length입니다. 배열 이름.length라고 쓰면 배열의 요소 개수를 알려 줍니다.

예제 3-14(일부)

```
// 배열의 요소 개수(최대 인덱스가 아니라 요소 개수)
console.log(`${fruits.length}개의 요소가 있습니다.`);
```

여기서는 요소가 3개이므로 로그에 '3개의 요소가 있습니다.'를 출력합니다. length는 영어로 '길이'를 뜻하므로 fruits.length는 fruits 배열의 길이라는 뜻이 됩니다. 참고로, 코드 안의 ${}는 02-4절에서 배운 템플릿 리터럴에서 사용하는 표현입니다.

push() — 배열 끝에 요소 추가하기

2번째로 소개할 명령어는 push()입니다. 배열 이름.push(값)이라고 쓰면 배열 끝에 값을 추가한다는 뜻입니다. 다음 코드를 추가하면 배열 fruits의 요소 4개를 출력합니다.

예제 3-14(일부)

```
// 배열 마지막에 요소 추가하기
fruits.push('grape');
```

로그 출력

```
[ 'banana', 'orange', 'apple', 'grape' ]
```

예제 3-13에서도 요소를 추가한 적이 있습니다.

예제 3-13(일부)

```
fruits[3] = 'peach';
```

단, 이때는 추가하고자 하는 인덱스([3])를 지정해야 합니다. 하지만 push()는 인덱스를 지정하지 않아도 현재 배열 끝에 추가한다는 점에 차이가 있습니다. push()는 자주 사용하므로 꼭 기억합시다.

includes() — 배열 안의 요소 조사하기

```
fruits.includes('orange');
```

3번째로 소개할 명령어는 includes()입니다. 배열 이름.includes(값)이라고 쓰면 () 안의 값이 배열에 있는지를 조사합니다. 있다면 true, 없다면 false가 됩니다. 예제에서는 로그에 true를 출력했으므로 fruits 배열 안에 orange가 있다는 뜻입니다.

join() — 배열 요소를 연결하여 문자열 만들기

4번째로 소개할 명령어는 join()입니다. 배열 이름.join(구분 문자)라고 쓰면 배열 요소를 () 안의 구분 문자로 연결하여 하나의 문자열로 만듭니다.

예제 3-14(일부)

```
fruits.join(' & ');
```

로그 출력

```
banana & orange & apple & grape
```

여기서는 구분 문자에 ' & '를 지정했으므로 요소 4개를 ' & '로 연결한 문자열을 1행으로 출력합니다.

그런데 실무에서는 요소를 한 행에 하나씩 줄 바꿈 하여 출력하곤 합니다. 이렇게 하려면 구분 문자로 '₩n'을 지정해야 합니다.

예제 3-14-2

```
fruits.join('₩n');
```

로그 출력

```
banana
orange
apple
grape
```

로그는 4개의 문자열로 출력되었지만 사실 문자열은 줄 바꿈을 포함해 1개입니다.

배열뿐 아니라 프로그램에는 이러한 명령어가 많습니다. 물론 모두 알면 가장 좋겠지만, 더 중요한 것은 '필요할 때 검색하는 기술'과 '무엇을 해야 할지 정확히 아는 기술'입니다(필자도 자주 사용하는 것만 압니다). 예를 들어 배열의 순서를 거꾸로 하고 싶다면 '자바스크립트 배열 거꾸로' 등으로 검색하면 reverse()라는 함수와 예제를 찾을 수 있습니다. 이런 방식으로 배우면 됩니다.

지금까지 명령어 4개를 살펴봤는데, 한 가지 꼭 알아 둘 게 있습니다. length에는 마지막에 ()를 붙이지 않으므로 조심해야 합니다. fruits.length()라고 쓰면 오류가 발생합니다. length는 객체의 속성이고 push()는 객체의 메서드(함수)이기 때문입니다.

▶ 메서드와 속성은 04장에서 설명합니다.

배열을 배열 요소로 만들기

배열을 배열 요소로 넣을 수도 있습니다.

예제 3-15

```
function ArrayInArray() {
  const numbers1 = [10, 20, 30];
  const numbers2 = [40, 50, 60];
  numbers1.push(numbers2);
  console.log(numbers1);
}
```

로그 출력

```
[ 10, 20, 30, [ 40, 50, 60 ] ]
```

다음은 numbers1 배열의 마지막 요소 뒤에 number2 배열을 추가하는 코드입니다. 여기서는 numbers2 자체가 배열입니다. 그림 3-14도 함께 확인하세요.

예제 3-15(일부)

```
numbers1.push(numbers2);
```

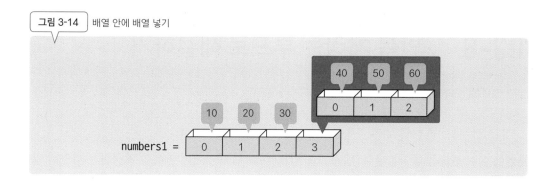

그림 3-14 배열 안에 배열 넣기

배열 안에서 배열 요소를 가져오는 2차원 배열

앞서 배운 대로 예제 3-15에서 numbers1[1]이라고 쓰면 20을 가져옵니다. 그러면 요소 60을 가져오려면 어떻게 해야 할까요? 이럴 때는 numbers1[3][2]라고 해야 합니다.

number1[3]의 요소는 [40, 50, 60]이라는 배열입니다. 그러므로 numbers1의 인덱스 3에 있는 요소에서 인덱스 2인 요소라는 뜻으로 numbers1[3][2]라고 쓰면 60을 가져옵니다.

배열 안에 배열을 넣은 상태를 **2차원 배열**이라고 합니다. 앱스 스크립트에서 스프레드시트를 다룰 때는 2차원 배열을 사용합니다.

▶ 2차원 배열은 **03-12절**에서 자세히 살펴봅니다. 여기서는 배열을 배열 요소로 넣을 수도 있다는 정도로만 이해하고 넘어가세요.

03-8 | 반복 처리는 루프로 해결하기

배열에 이어 **반복**을 알아봅니다. 앱스 스크립트(자바스크립트)에는 반복을 처리하는 다양한 방법이 있는데, 여기서는 기본이라 할 수 있는 **for** 문을 설명합니다.

▶ 프로그램에서는 반복을 루프(loop)라고도 합니다.

반복의 대명사 for 문

프로그래밍에서 반복이란 조건을 만족하는 동안 처리를 되풀이하는 것을 말합니다.

그림 1-6 반복의 흐름(재사용)

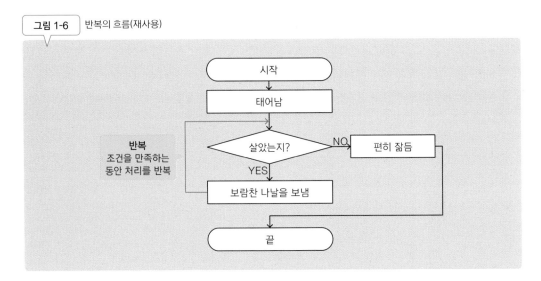

필자의 사내 앱스 스크립트 강의 경험을 되돌아보면 프로그래밍에서 반복을 어려워하는 사람이 많았습니다. 그러다 보니 가르치는 쪽 역시 시행착오를 겪곤 했습니다. 가능한 한 알기 쉽게 설명하고자 하므로 여유를 갖고 제대로 배워 봅시다.

그럼 이제부터 본격적으로 for 문을 알아봅시다.
예를 들어 1 이상 10 이하인 정수를 작은 순으로 출력하는 프로그램을 만든다고 합시다. 출력 결과는 다음과 같습니다.

```
1
2
3
4
5
6
7
8
9
10
```

지금까지 배운 지식만이라면 **예제 3-16**처럼 작성할 수 있습니다.

예제 3-16

```
function test1to10() {
  console.log(1);
  console.log(2);
  console.log(3);
  console.log(4);
  console.log(5);
  console.log(6);
  console.log(7);
  console.log(8);
  console.log(9);
  console.log(10);
}
```

그런데 왠지 세련되지 못하다는 느낌이 듭니다. 더 나은 작성 방법도 있을 듯한데 말이죠. 여기서 시점을 바꿔 출력할 숫자는 다르지만 **숫자 출력이라는 처리를 10번 반복**하는 프로그램이라 생각해 봅시다. 바로 이럴 때 for 문을 사용합니다. 즉, 다음과 같이 작성해도 결과는 같습니다.

```
function testLoop() {
  for (let i = 1; i <= 10; i++){
    console.log(i);
  }
}
```

for 문에 필요한 식 3가지

for 문을 만드는 방법을 알아봅시다. 먼저 for 뒤의 () 안에는 식이 3개 들어갑니다.

예제

```
for (식1; 식2; 식3)
```

앞에서 **반복**이란 조건을 만족하는 동안 처리를 되풀이하는 것이라고 했습니다. for 문에서는 처리를 반복하는 데 필요한 조건을 3개의 식으로 나타냅니다. 뜻은 다음과 같습니다.

규칙

- 식1: 반복 카운터 초기화하기
- 식2: 이 식이 true라면 처리 반복하기(조건식)
- 식3: 처리를 1번 끝낸 후 실행할 식

예제

```
for (let i = 1; i <= 10; i++) {
```
식1   식2   식3

- **식1:** 반복 카운터로 사용할 변수 i를 선언하고 1 넣기(i를 1부터 시작)
- **식2:** i <= 10을 만족하는 동안 반복하기(10 이하라면 계속 반복)
- **식3:** 처리를 1번 끝냈다면 i에 1 더하기

▶ 처리란 { }로 감싼 부분, 즉 testLoop() 함수라면 console.log(i);를 말합니다. 참고로 i++는 i에 1을 더한다는 뜻입니다. 자세한 내용을 알고 싶다면 '증감 연산자'로 검색하세요.

순서도로 for 문의 흐름 이해하기

이번에는 **그림 3-15**처럼 코드와 순서도를 연결하여 처리의 흐름을 이해합시다.

그림 3-15 순서도로 표현한 for 문

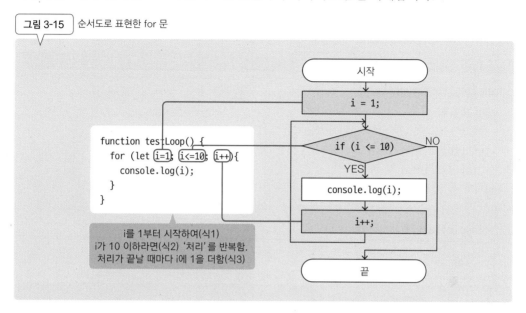

이렇게 순서도로 흐름을 따라가면 매번 i값이 어떻게 변하는지를 이해할 수 있습니다. 더 정확하게 이해하려면 다른 값으로 프로그램을 수정해 보세요. 이를 통해 수정한 곳이 어디에 영향을 주는지 정확히 이해해야 합니다. 예를 들어 i = 1이나 i <= 10 부분의 숫자를 바꾸고 실행하여 출력 결과가 어떻게 달라지는지를 관찰합니다. 다음처럼 숫자를 수정하면 testLoop_2() 함수는 10부터 50까지를 로그로 출력합니다.

예제 3-18

```
function testLoop_2() {
  // testLoop에서 숫자 바꾸기
  for (let i = 10; i <= 50; i++){
    console.log(i);
  }
}
```

좌변 = 우변 + 1?

이번에는 for를 이용하여 1+2+3+4+5+6+7+8+9+10을 계산하고, 그 결과로 '합계는 55입니다.'를 출력하는 프로그램을 만들어 봅시다.

예제 3-19

```javascript
function testLoopFor() {
  let total = 0;

  for (let i = 1; i <= 10; i++) {
    total = total + i;
  }

  console.log(`합계는 ${total}입니다.`);
}
```

로그 출력

합계는 55입니다.

다음 for 문의 내용은 실수하기 쉽습니다.

예제 3-19(일부)

```javascript
    total = total + i;
```

처음 보는 코드 형태인데, for 문에서는 자주 사용하므로 천천히 살펴보겠습니다. 앞서 배운 대로 = 기호는 '우변 내용을 좌변에 넣는다.'라는 뜻이므로, 이 구문은 오른쪽에 있는 total에 i를 더한 값을 왼쪽 total에 넣습니다.

total(안은 1) = total(안은 1) + i(안은 2)

이 예제 1행을 실행하면 total에 담긴 값은 3이 됩니다.

쉽게 이해하도록 예제 코드를 순서대로 살펴보겠습니다. 매우 중요한 내용이므로 ❶ ~ ❾ 까지 번호를 따라 천천히 1행씩 알아봅시다.

1번째 반복의 처리 흐름

```
❺ 그 결과 total 안에는 1이 들어감
function testLoopFor() {
  let total = 0;   ❶ total에 0 넣기

  for (let i = 1; i <= 10; i++) {   ❷ i에 1 넣기
    total = total + i;   ❸ total(안은 0) + 1
  }
       ❹ ❸의 결과를 total에 넣기

  console.log(`합계는 ${total}입니다.`);
}
```

여기까지 1번째 반복 처리를 끝내고 2번째 처리를 시작합니다.

2번째 반복의 처리 흐름

```
❾ 그 결과 total 안에는 3이 들어감
function testLoopFor() {
  let total = 0;

  for (let i = 1; i <= 10; i++) {   ❻ i에 1 더하여 2 넣기
    total = total + i;   ❼ total(안은 1) + 2
  }
       ❽ ❼의 결과를 total에 넣기

  console.log(`합계는 ${total}입니다.`);
}
```

이번에는 ❻부터 ❾까지 실행합니다. total 안에 1이 든 상태에서 1번째와 같은 처리를 반복합니다. 어떤 모습인지 머릿속에 떠오르나요? 처리의 흐름을 눈으로 볼 수 있도록 **그림 3-16**처럼 전체를 순서도로 그립니다.

그림 3-16 전체 순서도

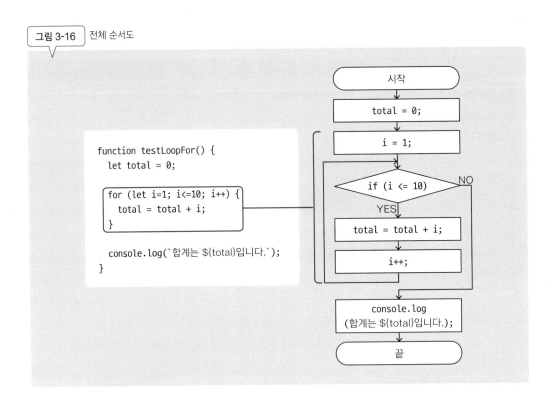

구체적으로 어떻게 처리되는지를 살펴보려면 앞서 **03-6절**에서 설명한 디버거 기능의 단계별 실행(스텝 오버 버튼)을 활용합니다. 그러면 프로그램을 1행씩 진행하며 total이나 i 안이 어떻게 달라지는지를 볼 수 있습니다. **그림 3-17**처럼 let total = 0이 있는 행을 중단점으로 지정하고 프로그램을 1행씩 실행하면 total이나 i의 값 변화를 확인할 수 있습니다.

그림 3-17 디버거 기능

마지막으로 2가지를 더 살펴봅니다.

let 대신 const를 사용한다면?

2번째 행에 있는 let total = 0;에서 let을 const로 바꾸면 어떻게 될까요? const는 상수이
므로 다시 값을 넣을 수 없습니다. 따라서 total = total + i; 부분에서 오류가 발생합니다.
상수와 변수를 설명하면서 언제 let을 사용하는지는 **02-3절**에서 설명했습니다. 마찬가지로
이 예제처럼 상자를 준비한 다음, 이 상자에 넣을 값을 변경할 때도 let을 사용합니다.

더하기 할당 연산자 +=

total = total + i;는 total += i;라 쓸 수도 있는데, 이때 사용한 +=를 더하기 할당 연산자
라고 합니다. 예를 들어 다음 예제는 a에 3을 더한 5를 출력합니다.

예제

```
let a = 2;
console.log(a += 3);
```

이것으로 for 문의 기초를 배웠습니다. 다음 **03-9절**에서는 반복을 멈추거나 건너뛰고 싶을 때
어떻게 하는지 알아보겠습니다.

처리를 멈출
것인가, 다음으로
건너뛸 것인가?

03-9 | for 문의 발전형
— break와 continue

break로 반복 멈추기

for 문을 이용한 반복을 도중에 멈추고 싶을 때는 break를 사용합니다.

예제 3-20은 앞에서와 마찬가지로 1부터 10까지의 정수를 출력하는 프로그램입니다. 단, 이번에는 1부터 5까지 출력하고 6 이상이 되면 출력하지 않도록 반복 처리를 멈추는 break를 사용합니다.

예제 3-20

```javascript
function testLoopBreak() {
  for (let i = 1; i <= 10; i++) {
    console.log(i);
    if (i >= 5) {
      break;
    }
  }
  console.log("끝났습니다.");
}
```

로그 출력

```
1
2
3
4
5
끝났습니다.
```

for 문과 if 문 함께 사용하기

이 예제에서는 for 문 안에 if 문을 사용했습니다. 먼저 if 조건식으로 i에 들어 있는 값이 5 이상인지를 판정하고, true라면 break를 처리합니다.

```
    if (i >= 5) {
      break;
    }
```

이때 break가 실행되면 반복문(for { }) 처리를 빠져나와 다음 처리(console.log("끝났습니다.");)로 넘어갑니다. 원래는 i가 10이 될 때까지 실행해야 하지만, break를 만나면 i가 5인 단계에서 처리를 멈춥니다.

예제 3-20(재사용)

```
function testLoopBreak() {
  for (let i = 1; i <= 10; i++) {
    console.log(i);
    if (i >= 5) {
      break;       i >= 5라면 break 실행
    }
  }              break가 실행되면 for { } 다음 처리로 넘어감
  console.log("끝났습니다.");
}
```

다양한 코드 작성 방법

다음과 같이 작성해도 **예제 3-20**과 같은 결과를 얻을 수 있습니다.

예제 3-20-2

```
function testLoopBreak_2() {
  for (let i = 1; i <= 10; i++) {
    if (i >= 6) {
      break;
    }
    console.log(i);
  }
  console.log("끝났습니다.");
}
```

예제 3-20과 예제 3-20-2는 어떤 차이가 있을까요?

바로 if 문의 위치입니다. 예제 3-20에서는 출력한 다음에 i를 판정하지만 **예제 3-20-2**에서는 i를 판정하고 나서 출력합니다. 즉, 언제 i를 판정하는지가 다릅니다. 그러므로 if (i >= 5) 와 if (i >= 6)처럼 판정하는 기준값(5인지 6인지)에 차이가 있습니다.

이번 프로그램에서는 (1부터 10까지 반복하면서) 1부터 5까지 출력하고 6 이상이 되면 출력하지 않도록(처리를 멈추도록) 구현하는데, 이를 작성하는 방법은 1가지만 있는 것은 아닙니다.

continue로 처리 건너뛰기

이번에는 1부터 10까지 정수 중 홀수만 출력해 봅시다.

이 역시 break와 마찬가지 방식으로 i의 값이 짝수인지 홀수인지를 판정하여 구현합니다. 다음 함수를 실행하여 로그를 확인해 보세요.

예제 3-21

```
function testLoopContinue() {
  for (let i = 1; i <= 10; i++) {
    if (i % 2 === 0) {
      continue;
    }
    console.log(i);
  }
  console.log("끝났습니다.");
}
```

로그 출력

```
1
3
5
7
9
끝났습니다.
```

i를 2로 나눈 나머지가 0이면, 즉 i가 짝수라면 continue를 실행합니다. continue가 실행되면 반복 안에서 그 이후 처리는 수행하지 않고 다음 반복으로 건너뜁니다. 다음 반복으로 건너뛸 때 i++를 실행하므로 i의 값은 1 늘어납니다.

예제 3-21(재사용)

```
function testLoopContinue() {
  for (let i = 1; i <= 10; i++) {
    if (i % 2 === 0) {
      continue;
    }
    console.log(i);
  }
  console.log("끝났습니다.");
}
```

> continue가 실행되면 그 아래는 실행하지 않고 다음 반복으로 건너뜀

break, continue 모두 반복문을 처리할 때 자주 사용하므로 잘 기억해 두세요.

03-10 | 자가 진단 테스트 ③
— for 문을 이용한 반복

여기서는 for 문을 사용하여 문제를 해결합니다.

문제

1부터 100까지의 정수 중 홀수만 더하여 값을 출력하는 `loopTest()` 함수를 완성하세요.
$1+3+5+7+9+\cdots+99 = 2500$이므로 **2500**을 출력하면 성공입니다. 정답은 내려받은 자료
를 참고하세요.

예제 3-22

```
function loopTest() {
  let total = 0;

  // for 문을 사용하여 1부터 100까지 반복하기
  // 홀수만 total에 더하기
  // if 문으로 홀수인지 판단하기

  console.log(total);
}
```

03-11 | 배열과 반복 함께 사용하기

배열과 반복을 조합합니다.

지금까지 배열과 반복(루프)을 알아보았습니다. 이 2가지를 조합하면 for 문으로 배열 요소를 차례대로 꺼낼 수 있습니다.

실무에서는 배열 요소를 다룰 때 흔히 for 문을 사용합니다. 한꺼번에 가져온 스프레드시트 데이터 자체가 배열이기 때문입니다.

다음 코드를 봅시다.

예제

```
const fruits = ['banana', 'orange', 'apple'];
```

이처럼 배열에 과일 이름이 있을 때 하나씩 꺼내어 각 요소 뒤에 '을(를) 좋아합니다.'라는 문자열을 추가하여 출력합시다.

로그 출력

```
banana을(를) 좋아합니다.
orange을(를) 좋아합니다.
apple을(를) 좋아합니다.
```

먼저 다음과 같이 배열 인덱스로 요소를 꺼내어 출력하는 방식을 생각할 수 있습니다. 이렇게 하면 원하는 결과를 얻을 수 있습니다.

예제 3-23

```
function testArray_3() {
  const fruits = ['banana', 'orange', 'apple'];

  console.log(fruits[0] + '을(를) 좋아합니다.');
  console.log(fruits[1] + '을(를) 좋아합니다.');
  console.log(fruits[2] + '을(를) 좋아합니다.');
}
```

그러나 이 방식은 요소를 추가할 때마다 `console.log()`도 함께 추가해야 합니다.

```
const fruits = ['banana', 'orange', 'apple', 'peach'];
```

요소가 4개 정도라면 크게 문제되지 않겠지만 5개, 6개, 7개 등으로 늘어날 때마다 추가하기 란 간단한 일이 아닙니다. 여기서 주목할 곳이 `fruits[i]` 부분입니다.

```
function testArray_3() {
  const fruits = ['banana', 'orange', 'apple'];

  console.log(fruits[0] + '을(를) 좋아합니다.');
  console.log(fruits[1] + '을(를) 좋아합니다.');
  console.log(fruits[2] + '을(를) 좋아합니다.');
}
```

fruits[i]에서 i를 1씩 늘리며 반복함

이 구문은 03-8절에서 for 문을 설명할 때 봤던 다음 코드와 닮았습니다.

```
function test1to10() {
  console.log(1);
  console.log(2);
  console.log(3);
  console.log(4);
  console.log(5);
  console.log(6);
  console.log(7);
  console.log(8);
  console.log(9);
  console.log(10);
}
```

이 코드는 반복문을 사용해서 배열 요소를 꺼내는 방법을 보여 줍니다. 이 방법 말고 몇 가지 가 있지만, 여기서는 반드시 알아야 할 2가지 방법을 소개합니다.

반복문으로 꺼내는 방법 ① — 배열의 length로 반복 횟수 지정하기

먼저 기본 형태를 알아봅시다. 예제 3-24를 작성하고 함수를 실행해 보세요.

예제 3-24

```
function testArrayLoop() {
  const fruits = ['banana', 'orange', 'apple'];

  for (let i = 0; i < fruits.length; i++) {
    console.log(fruits[i] + '을(를) 좋아합니다.');
  }
}
```

여기에서는 다음 2가지 방법을 사용합니다.

- 반복문의 조건에 배열의 요소 개수인 length 지정하기
- i를 배열의 인덱스로 사용하여 [i]로 요소 꺼내기

for 문의 2번째 식인 i < fruits.length;는 새로운 형태입니다. 규칙에 따라 for 문의 식 3개를 설명하면 다음과 같습니다.

- **식1:** 반복 카운터로 사용할 변수 i를 선언하고 0 넣기
- **식2:** i < fruits.length;를 만족하는 동안 반복하기
- **식3:** 처리를 1번 끝냈다면 i에 1 더하기

fruits.length는 fruits 배열의 요소 개수를 가리킵니다. 여기서는 banana, orange, apple이 들어 있으므로 요소 개수는 3입니다. 그러므로 for 문의 내용은 같습니다.

예제 3-24-2

```
for (let i = 0; i < fruits.length; i++) {

// 이렇게 작성한 것과 똑같은 뜻
for (let i = 0; i < 3; i++) {
```

둘 다 i는 0부터 시작하여 3 미만까지 반복하는 명령입니다. i <= 3이 아니라 i < 3이므로 3
은 포함하지 않는다는 점에 주의하세요.

이때 i는 0 → 1 → 2로 변하므로 이를 fruits 배열의 인덱스로 사용합니다.

예제 3-24(일부)

```
for (let i = 0; i < fruits.length; i++) {
  console.log(fruits[i] + '을(를) 좋아합니다.');
}
```

i를 0부터 시작하는 것은 배열 인덱스 역시 0부터 시작한다는 점을 이용한 것입니다. 그러므
로 이 코드는 다음 코드와 같은 뜻입니다.

예제

```
    console.log(fruits[0] + '을(를) 좋아합니다.');
    console.log(fruits[1] + '을(를) 좋아합니다.');
    console.log(fruits[2] + '을(를) 좋아합니다.');
```

시험 삼아 testArrayLoop() 함수의 fruits 배열에 grape나 peach 등 요소를 추가하고 실행
해 보세요. 다른 곳은 손대지 않아도 배열 안의 모든 요소를 출력합니다.

여기에서는 다음 2가지 방법을 사용합니다.

- 반복 카운터인 i를 인덱스로 이용하기
- 배열 인덱스는 0부터 시작하여 요소 개수 - 1까지임

이것이 반복 처리의 기본이므로 잘 익혀 둡시다. 이 방법을 응용하면 반복 처리 대부분을 해
결할 수 있습니다. 다음으로, 좀 더 편리한 방법을 소개합니다.

반복문으로 꺼내는 방법 ② — for ~ of 사용하기

앞의 **방법 ①**에서는 배열 인덱스를 사용하여 요소를 꺼냈습니다. 실제로 프로그래밍할 때는 처
음부터 마지막까지 배열의 모든 요소를 1개씩 꺼내고 싶을 때가 흔합니다. 이럴 때 다음 방법을

사용하면 fruits[i]와 같이 인덱스 [i]를 지정하지 않아도 되므로 코드가 간결해집니다.

예제 3-25

```
function testArrayLoop_2() {
  const fruits = ['banana', 'orange', 'apple'];

  for (const fruit of fruits) {
    console.log(fruit + '을(를) 좋아합니다.');
  }
}
```

for ~ of의 () 안에는 다음 내용을 넣습니다.

* 새로운 상수 선언 of 배열

▶ 여기에서 fruit는 상수이고 fruits는 배열입니다.

이렇게 하면 다음과 같이 처리합니다(그림 3-18).

❶ fruits 배열에서 1번째 요소를 꺼내어 fruit라는 상수에 넣고 처리하기(여기서는 console.log())
❷ fruits 배열에서 2번째 요소를 꺼내어 fruit라는 상수에 넣고 처리하기
  … 이후 이를 fruits 배열의 마지막 요소까지 순서대로 반복하기

그림 3-18 | for ~ of 구문의 원리

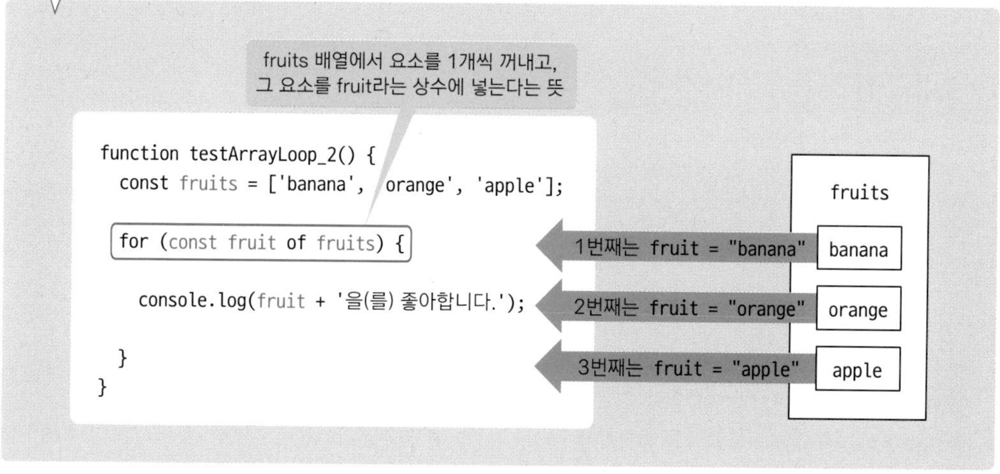

fruits 배열에서 요소를 1개씩 꺼내고,
그 요소를 fruit라는 상수에 넣는다는 뜻

```
function testArrayLoop_2() {
  const fruits = ['banana', 'orange', 'apple'];

  for (const fruit of fruits) {

    console.log(fruit + '을(를) 좋아합니다.');

  }
}
```

fruits

banana
orange
apple

1번째는 fruit = "banana"
2번째는 fruit = "orange"
3번째는 fruit = "apple"

예제 3-25의 for ~ of에서 선언할 상수 이름은 원하는 대로 지으면 됩니다. 여기서는 과일이 여러 개 들어 있는 배열에서 1개를 꺼낸다는 뜻으로 fruits의 단수형인 fruit로 선언했습니다. 물론 더 간단하게 f라고 지어도 됩니다.

인덱스를 가리키는 [i]가 없어도 되므로 **방법 ①**보다 좀 더 간결합니다.

또 하나의 반복, while

for 문과는 다른 방법으로 while 문을 사용해 반복(루프)을 수행할 수 있습니다. 다음 예제를 실행하면 1부터 10까지의 정수를 로그로 출력합니다.

예제 3-26

```
function testWhile() {
  let i = 1;
  while (i <= 10) {
    console.log(i);
    i++;
  }
}
```

while 문에서는 while 뒤 () 안에 이 조건식을 넣고, 조건식이 true라면 계속 반복합니다. 다음 코드 설명과 함께 단계별로 확인합시다.

예제 3-26(재사용)

```
function testWhile() {
  let i = 1;
  while (i <= 10) {        ← while 뒤 () 안에 조건식을 넣음.
    console.log(i);          이 조건식이 true라면 계속 반복
    i++;                  ← 처리가 1번 끝날 때마다 i에 1을 더함.
  }                          2번째 반복일 때는 i <= 10 부분의 i는 2가 됨
}
```

❶ let i = 1;이므로 i에는 1을 넣는다.

❷ while의 조건식은 (i <= 10)이다. 지금은 i가 1이므로 () 안의 조건식은 true이다.

❸ console.log(i);는 i를 로그로 출력한다.

❹ i++;이므로 i에 1을 더한다.

❺ while(i <= 10)으로 돌아간다. 이때 i의 값은 2이다.

이 과정을 반복하다가 i가 11이 되면 while(i <= 10) 조건식이 false가 되므로 반복을 끝냅니다. for 문에서는 for 바로 뒤 () 안의 3번째 식에 반복 마지막에 각각 수행할 처리를 쓰는 것이 규칙입니다.

예제

```
for (let i = 0; i < 10; i++) {
}
```

그러나 while 문에서는 마지막 i++;이 이를 대신합니다.

무한 반복에 주의하기

for 문과 달리 while 문에서는 반복 종료 조건에 조심해야 합니다. 예를 들어 앞의 예제에서 i에 1을 더하는 부분을 빼면 무한 반복에 빠집니다.

예제 3-27

```
// 주의: 실행하면 무한 반복한다.
function testInfiniteLoop() {
  let i = 1;
  while (i <= 10) {
    console.log(i);
  }
}
```

이 코드에서 i는 항상 1이므로 i <= 10은 영원히 true가 되어 처리를 무한히 반복합니다. while 문을 사용할 때는 무한 반복이 일어나지 않도록 반복을 빠져나가는 조건을 반드시 확인해야 합니다. 예제에서 반복을 빠져나가는 조건은 i의 값입니다.
예제가 무한 반복에 빠진다면 [중지] 버튼을 눌러 프로그램을 멈춥니다.

for 문과 while 문 구분하여 사용하기

for 문은 몇 번을 반복해야 할지 알 때, 반대로 while 문은 몇 번을 반복해야 할지 모를 때 사용합니다.

예를 들어 다음처럼 1부터 10까지의 정수를 출력하는 프로그램과 fruits 배열의 요소를 모두 출력하는 프로그램이 있다고 합시다.

예제

```javascript
for (let i = 1; i <= 10; i++) {
console.log(i)
}
```

예제

```javascript
const fruits = ['banana', 'orange', 'apple'];
for (let i = 0; i < fruits.length; i++) {
console.log(truits[i]);
}
```

1번째 예제에서는 i를 1부터 10까지 반복한다고 지정했습니다. 이는 프로그램을 작성할 때 10번 반복한다는 것을 알았기 때문입니다.

2번째 예제에서는 i를 0부터 시작하여 fruits 배열 요소의 개수 미만까지 반복한다고 지정했습니다. fruits 배열의 요소 개수가 몇 개든 '배열의 요소 개수 – 1'까지만 반복해야 한다는 것을 알았기 때문입니다.

이와 달리 몇 번 반복해야 할지 모를 때란 언제일까요? 예를 들어 퀴즈를 내는 프로그램을 생각해 봅시다(**그림 3-19**). 이번 퀴즈 프로그램에서는 정답을 맞힐 때까지 계속하기로 했습니다.

그림 3-19 퀴즈 프로그램의 순서도

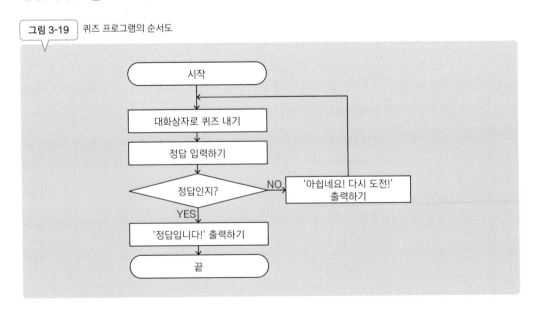

이때 퀴즈를 푸는 사람이 몇 번 만에 정답을 맞힐지 모르므로 프로그램을 작성할 때 문제를 몇 번 반복 표시해야 하는지 알 수 없습니다.

예제 3-28

```
function quiz() {
  while (true) {
    const answer = Browser.inputBox("1월을 영어로 쓰면?");

    if (answer === "January") {
      break;
    } else {
      Browser.msgBox("아쉽네요! 다시 도전!");
    }
  }
  Browser.msgBox("정답입니다!");
}
```

while 뒤 () 안에 조건식이 있으며, 이 조건식이 true인 동안 반복합니다. 그러므로 while (true)는 while 문에서 {}로 감싼 내용을 계속 반복한다는 뜻입니다. () 안의 조건식이 항상 true이기 때문입니다.

그러나 문제를 맞히면 반복을 빠져나가야 하므로 정답이라면 break로 처리했습니다. break 를 빼면 무한 반복이 되므로 주의하세요.

03-12 | 핵심! 2차원 배열

배열 이야기로 돌아갑시다. 조금은 어려울 수도 있으니 집중해야 합니다. 드디어 구글 스프레드시트와 배열을 함께 살펴봅니다.

구글 스프레드시트 정보는 모두 **배열**로 다룰 수 있습니다. 예를 들어 **그림 3-20**에서 1번째 행은 '김초롱 학생의 국어 점수가 80점'이라는 정보입니다. 이 정보를 ['김초롱', '국어', 80]이라는 배열로 표시할 수 있습니다.

그림 3-20 표 데이터를 배열로 다루기

	A	B	C
1	김초롱	국어	80
2	김초롱	산수	100
3	김초롱	영어	60
4	설바람	국어	70
5	설바람	산수	50
6	설바람	영어	100

1행 테이터는 ['김초롱', '국어', 80]이라는 배열로 다룰 수 있음

그러면 여러 행으로 이루어진 표 데이터를 다루려면 어떻게 해야 할까요? 앱스 스크립트에서는 표 데이터를 2차원 배열로 다룹니다(**그림 3-21**).

그림 3-21 표 데이터를 2차원 배열로 다루기

	A	B	C
1	김초롱	국어	80
2	김초롱	산수	100
3	김초롱	영어	60
4	설바람	국어	70
5	설바람	산수	50
6	설바람	영어	100

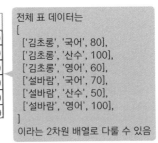

전체 표 데이터는
[
    ['김초롱', '국어', 80],
    ['김초롱', '산수', 100],
    ['김초롱', '영어', 60],
    ['설바람', '국어', 70],
    ['설바람', '산수', 50],
    ['설바람', '영어', 100],
]
이라는 2차원 배열로 다룰 수 있음

03-7절에서 배열을 설명할 때 배열 요소 안에 배열이 들어갈 수도 있다고 배웠습니다. 이러한 형태의 배열을 **2차원 배열**이라고 합니다(**그림 3-22**).

그림 3-22 배열 안의 배열

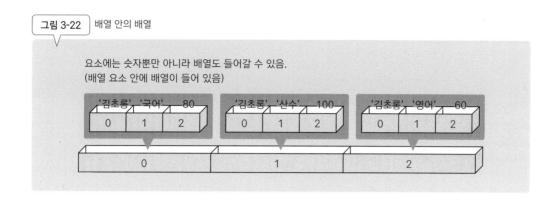

요소에는 숫자뿐만 아니라 배열도 들어갈 수 있음.
(배열 요소 안에 배열이 들어 있음)

지금부터는 코드를 작성하고 실행해 보면서 배열을 이해하도록 합시다. 스프레드시트에 시트를 추가하고 이름을 '배열'로 바꿉니다.

다음으로, **그림 3-23**처럼 데이터를 입력합니다. 또는 내려받은 자료에서 [배열] 시트를 불러와 사용하세요.

그림 3-23 데이터 준비하기

시트를 만들었다면 **예제 3-29** 함수를 실행하고 로그를 확인하세요.

예제 3-29

```
function test2DimentionalArray() {
  const sheet = SpreadsheetApp.getActive().getSheetByName('배열');
  const data = sheet.getDataRange().getValues();

  console.log(data);
}
```

```
[ [ '김초롱', '국어', 80 ],
  [ '김초롱', '산수', 100 ],
  [ '김초롱', '영어', 60 ],
  [ '설바람', '국어', 70 ],
  [ '설바람', '산수', 50 ],
  [ '설바람', '영어', 100 ] ]
```

먼저 함수 안 첫 행에서 SpreadsheetApp에 있는 명령으로 sheet에 '배열'이라는 이름의 시트를 가져와 넣습니다. 02-7절, 03-2절에서도 살펴본 내용입니다.

다음 행은 새로 등장한 명령어입니다.

예제 3-29(일부)

```
const data = sheet.getDataRange().getValues();
```

이는 상수 sheet에 들어 있는 셀의 값, 즉 '배열' 시트에서 모든 셀의 값을 가져와 data 안에 넣는다는 뜻입니다. 또한 getDataRange()는 시트 안에 값이 있는 셀 범위를 모두 가져오는데, 그 범위에서 값만을 가져오고자 getValues() 명령어를 사용했습니다.

마지막으로 console.log()로 data 내용을 로그로 출력합니다. 이를 통해 다음을 알 수 있습니다.

- data[0]은 ['김초롱', '국어', 80]이라는 배열
- data[1]은 ['김초롱', '산수', 100]이라는 배열

예를 들어 김초롱 학생의 산수 점수는 data[1][2]라고 지정하여 100을 가져옵니다.

이처럼 2차원 배열이란 하나의 배열이 있고, 그 안의 요소에도 각각 배열이 들어 있는 것을 말합니다.

시트의 표 데이터를 2차원 배열로 표현할 때는 인덱스를 [세로(행)][가로(열)] 순서로 지정합니다. 배열의 인덱스는 0부터 시작한다는 점에 주의하세요. 따라서 설바람 학생의 산수 점수를 가져오려면 data[4][2]라고 지정합니다(그림 3-24).

그림 3-24 2차원 배열의 데이터 지정 방법

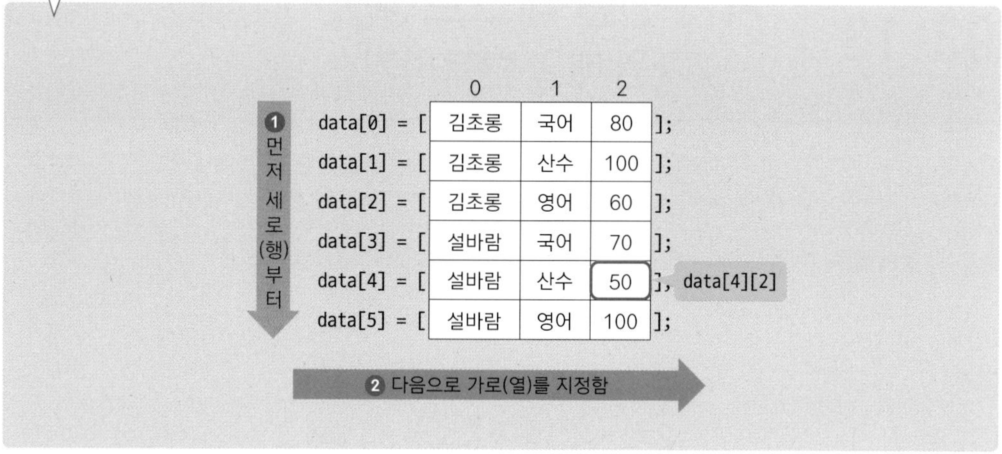

	0	1	2
❶ 먼저 세로(행)부터			
data[0] = [	김초롱	국어	80	];
data[1] = [	김초롱	산수	100	];
data[2] = [	김초롱	영어	60	];
data[3] = [	설바람	국어	70	];
data[4] = [	설바람	산수	50	], data[4][2]
data[5] = [	설바람	영어	100	];

❷ 다음으로 가로(열)를 지정함

03-13 | 자가 진단 테스트 ④
— 2차원 배열 반복하기

모든 점수의 합계를 출력하는 프로그램을 만들어 봅시다.

문제

현재 [배열] 시트는 6행의 점수로 이루어졌습니다. 이 중 [C] 열의 값을 모두 더하여 출력하는 프로그램이 되도록 예제 3-30의 scoreTotal() 함수를 완성하세요.

그림 3-25 전체 점수 데이터

	A	B	C
1	김초롱	국어	80
2	김초롱	산수	100
3	김초롱	영어	60
4	설바람	국어	70
5	설바람	산수	50
6	설바람	영어	100

[C] 열의 값 모두 더하기

예제 3-30

```
function scoreTotal() {
  const sheet = SpreadsheetApp.getActiveSpreadsheet().getSheetByName('배열');
  const data = sheet.getDataRange().getValues();
  let total = 0;

  // 이곳에 모든 점수를 더하는 처리 작성하기

  console.log(total);   // 460을 출력하면 성공입니다.
}
```

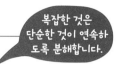
복잡한 것은 단순한 것이 연속하도록 분해합니다.

03-14 | 설문 조사 집계 프로그램 요구 사항 정의하기

지금까지 배운 내용을 정리해 봅시다.

- 스프레드시트를 대상으로 getDataRange().getValues()라 명령하면 시트 안의 모든 데이터를 가져옴
- 이 데이터는 2차원 배열로 구성됨
- 배열 내용은 반복을 이용하면 가져올 수 있음

이 내용을 조합하면 **03장**의 주제인 '사내 설문 조사 집계 프로그램'을 만들 수 있습니다.

요구 사항 정의하고 개념도와 순서도 작성하기

이번 프로그램의 요구 사항은 **03장**을 시작할 때 사용한 설문 조사 응답 데이터를 집계하여 이메일로 보내는 것입니다. 요구 사항을 명확히 하고자 결과(출력)가 어떻게 나와야 하는지를 생각해 봅시다. 프로그램을 작성할 때는 기대하는 출력과 이에 필요한 입력과 처리 내용을 써보면 좋습니다.

로그 출력

참가자 수: [n]명
불참자 수: [n]명

A 도시락 [n]개 x [n]원 = n원
B 도시락 [n]개 x [n]원 = n원
...
도시락 총액: [n]원

이렇게 출력하려면 입력과 처리는 어떻게 해야 할까요? **그림 3-26**을 봅시다.

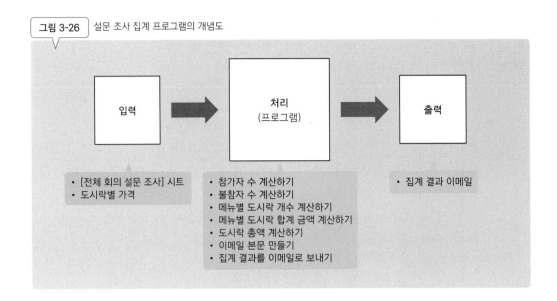

그림 3-26 설문 조사 집계 프로그램의 개념도

메뉴별 도시락 가격은 다음과 같습니다.

- 치킨 도시락: 9,000원
- 직화 소불고기 도시락: 10,000원
- 제육볶음 도시락: 8,500원
- 돈가스 도시락: 9,000원

순서도

먼저 이번 처리를 분기 없이 흐름이 하나인 순서도로 표현했습니다(**그림 3-27**). 머릿속에 '이렇게 하면 되겠지.'라는 아이디어가 떠오른다면 바로 그리겠지만, 이렇게 되려면 어느 정도 경험을 쌓아야 합니다. 그러므로 처음에는 대략 그려도 괜찮습니다. 우선 '지금 아는 내용으로 볼 때 이런 순서로 처리하면 되지 않을까?'라고 생각했다면 그 순서도를 그려 보세요. 실제로 프로그래밍에서는 일반적으로 '추가로 이런 처리가 필요하겠는걸?', '이건 순서가 거꾸로네.' 등 시행착오를 거치면서 완성해 나갑니다.

그림 3-27 설문 조사 집계 프로그램의 순서도

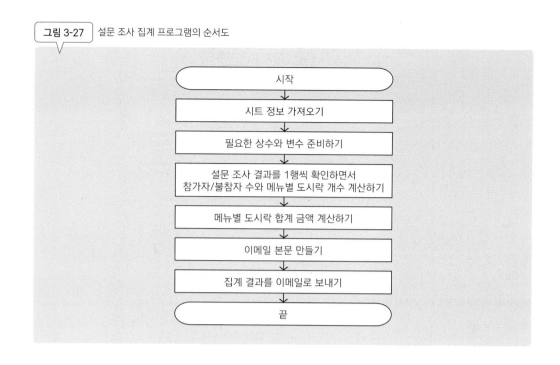

이번 프로그램에서는 **설문 조사 결과를 1행씩 확인하면서 전체 회의 참가 여부와 도시락별 개수를 세는 것**이 중요합니다. 이 처리를 좀 더 자세하게 분해해 봅시다. 이렇게 순서도를 대략 그리고 나서 다시 세분하는 것도 좋은 방법입니다(**그림 3-28**).

그림 3-28 전체 회의 참가 여부와 도시락별 개수 세기의 순서도

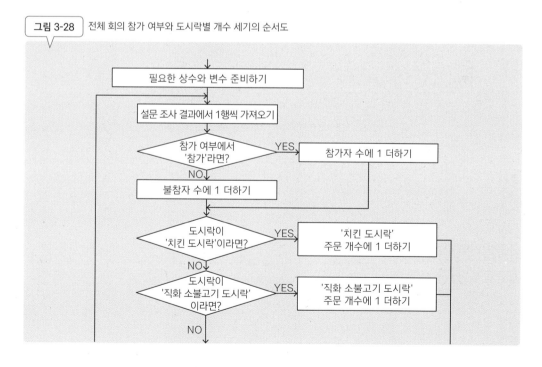

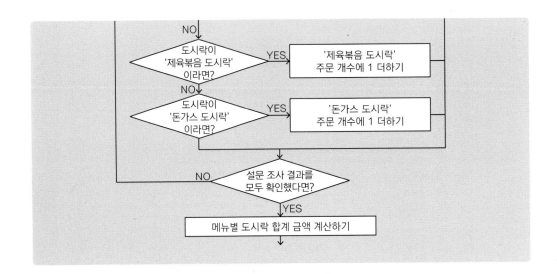

03장에서 배운 if 문, 반복문, 배열이 모두 등장하네요.

03-15 │ 설문 조사 집계 프로그램 만들기

실제
사용할 수 있는
프로그램이에요!

그러면 다음 순서로 사전 준비부터 진행합니다.

> ❶ 스프레드시트에 새로운 시트를 추가하고 이름을 '전체 회의 설문 조사'로 바꾼다.
> ❷ 내려받은 예제 가운데 [전체 회의 설문 조사] 시트의 데이터를 새로 만든 시트에 모두 복사해 넣는다.

시트 이름이 다르거나 일부 데이터가 빠지면 올바르게 작동하지 않으므로 데이터를 붙여 넣을 때 주의하세요.

준비가 끝났다면 새로운 스크립트 파일을 만들고 이름을 '03장_설문조사집계.gs'라고 입력합니다. 이때 자동으로 생성된 myFunction() 함수는 삭제합니다.

그러면 지금부터 스크립트 파일을 만듭니다. 먼저 요구 사항에서 정의한 대로 출력하는 데 필요한 흐름을 이해할 수 있도록 순서도 항목을 주석으로 적습니다.

예제 3-31(일부)

```
function countMeetingForm() {
    // 시트 정보 가져오기
    // 필요한 상수와 변수 준비하기
    // 설문 조사 결과를 1행씩 확인하면서 참가자/불참자 수와 메뉴별 도시락 개수 계산하기
    // 메뉴별 도시락 합계 금액 계산하기
    // 이메일 본문 만들기
    // 집계 결과를 이메일로 보내기
}
```

코드를 순서대로 하나씩 입력해 봅시다. 가능하다면 다음 내용을 보지 말고 직접 작성해 보세요.
▶ 전체 코드를 미리 보고 싶다면 예제 3-31.txt를 참고하세요.

1단계: 시트 정보 가져오기

먼저 시트에 들어 있는 정보 전체를 2차원 배열로 가져옵니다. 여기서는 values에 2차원 배열을 넣습니다.

예제 3-31(일부)

```
function countMeetingForm() {
  // 시트 정보 가져오기
  const sheet = SpreadsheetApp.getActive().getSheetByName("전체 회의 설문 조사");
  const values = sheet.getDataRange().getValues();
}
```

2단계: 필요한 상수와 변수 준비하기

이어서 필요한 상수와 변수를 준비합니다. 출력 내용인 이메일 본문을 만들려면 무엇이 필요할까요? 이번 문제에서는 2가지 정보를 준비해야 합니다. 하나는 설문 조사 결과를 모으기 전에 이미 아는 정보이고, 나머지 하나는 설문 조사가 끝난 후 비로소 알게 된 정보입니다.

❶ 설문 조사를 집계하기 전에 이미 아는 정보
- 도시락 이름
- 도시락 가격

❷ 설문 조사를 집계한 후 알게 된 정보
- 참가자 수
- 불참자 수
- 메뉴별 도시락 개수
- 메뉴별 도시락 합계 금액

이 정보의 값을 넣는 상자, 곧 상수와 변수를 만듭니다.

```
function countMeetingForm() {
  // 시트 정보 가져오기
  const sheet = SpreadsheetApp.getActive().getSheetByName("전체 회의 설문 조사");
  const values = sheet.getDataRange().getValues();

  // 필요한 상수와 변수 준비하기
  // 도시락 이름
  const lunchA = "치킨 도시락";
  const lunchB = "직화 소불고기 도시락";
  const lunchC = "제육볶음 도시락";
  const lunchD = "돈가스 도시락";

  // 도시락 가격
  const priceA = 9000;
  const priceB = 10000;
  const priceC = 8500;
  const priceD = 9000;

  // 참가자/불참자 수 계산하기
  let presence = 0;
  let absence = 0;

  // 메뉴별 도시락 개수 계산하기
  let countA = 0;
  let countB = 0;
  let countC = 0;
  let countD = 0;
}
```

개수를 셀 때에는 값을 변경할 것이므로 let으로 변수를 선언합니다. 도시락 총액은 마지막
에 계산하므로 여기서는 선언하지 않습니다.

3단계: 설문 조사 결과를 1행씩 확인하면서 참가자/불참자 수와 메뉴별 도시락 개수 계산하기

이번 문제의 주요 과제인 '설문 조사 결과를 1행씩 확인하면서 참가자/불참자 수와 메뉴별 도시락 개수 계산하기'는 어떻게 처리하면 좋을지 머릿속에 떠오르나요?

여기에서는 for 문을 이용하여 다음과 같이 작성했습니다.

예제 3-31(일부)

```
// 1행씩 확인하면서 참가자/불참자 수와 메뉴별 도시락 개수 계산하기
for (let i = 1; i < values.length; i++) {
  const attendance = values[i][2];
  if (attendance === "참가") {
    presence++;
  } else {
    absence++;
  }

  const lunch = values[i][3];
  if (lunch === lunchA) {
    countA++;
  } else if (lunch === lunchB) {
    countB++;
  } else if (lunch === lunchC) {
    countC++;
  } else if (lunch === lunchD) {
    countD++;
  }
}
```

카운터가 1부터 시작한다는 점에 주목하세요. values에는 [전체 회의 설문 조사] 시트의 모든 데이터, 즉 [A1:D21] 범위의 데이터가 들었습니다. 이는 설문 조사의 1번째 행인 표 머리글도 values에 포함된다는 뜻입니다. 그러므로 values의 [0]은 집계 대상에서 제외해야 합니다. 즉, for 문의 조건식 안에서 i는 1부터 시작합니다.

▶ 표 머리글에는 특정한 시각을 나타내거나 기록하는 타임스탬프나 이름 등의 정보가 들어 있습니다.

```
    for (let i = 1; i < values.length; i++) {
```

values는 2차원 배열이므로 values[i]로 시트의 1번째 행인 1차원 배열로 지정할 수 있습니다. 그러므로 values[i][2]라고 쓰면 시트에서 '전체 회의에 참가하십니까?' 열에 있는 응답 결과를 가져옵니다.

```
  for (let i = 1; i < values.length; i++) {
    const attendance = values[i][2];
    if (attendance === "참가") {
      presence++;
    } else {
      absence++;
    }
```

if 문에서는 attendance의 값에 따라 다음과 같이 처리합니다.

- "참가"라면 presence(참가자 수)에 1 더하기
- "참가"가 아니라면 absence(불참자 수)에 1 더하기

다음으로 참가자/불참자 수 계산하기처럼 메뉴별 도시락 개수를 계산합니다.

```
    const lunch = values[i][3];
    if (lunch === lunchA) {
      countA++;
    } else if (lunch === lunchB) {
      countB++;
    } else if (lunch === lunchC) {
      countC++;
    } else if (lunch === lunchD) {
      countD++;
    }
```

값은 다르지만 처리 내용은 참가자/불참자 수를 계산할 때와 같은 형식입니다. 1번째 행 데이터 values[i]에서 도시락 종류 values[i][3]을 가져와 어떤 도시락에 해당하는지를 if 문으로 조건 분기하여 셉니다.

여기서 퀴즈 하나를 낼게요. 참가 여부를 확인하는 코드의 마지막은 else를 사용했는데, 이번 메뉴별 도시락 개수를 세는 코드의 마지막은 모두 else if입니다. 마지막 도시락 메뉴의 개수를 세는 코드에서 else if를 else로 바꾸면 마지막 도시락 D의 개수를 올바르게 셀 수 없는데 그 이유는 무엇일까요?

예제

```javascript
// 이 코드로는 메뉴별 도시락 개수를 올바르게 계산하지 못함
const lunch = values[i][3];
if (lunch === lunchA) {
  countA++;
} else if (lunch === lunchB) {
  countB++;
} else if (lunch === lunchC) {
  countC++;
} else {   // 여기가 바뀐 부분
  countD++;
}
```

참가 여부와 달리 도시락 정보에는 빈칸이 있을 수 있기 때문입니다. 회의에 참가하지 않는 사람은 도시락을 선택하지 않을 것이고, 앞서 입력 양식에서도 도시락 선택은 필수 입력 항목이 아닙니다. 그러므로 else를 사용하면 빈칸일 때도 lunchD의 값이 늘어납니다.

한편 회의 참가 여부는 필수 입력 항목이므로 빈칸이 될 수 없습니다. 따라서 else로 써도 문제가 없었던 것입니다. 물론 다음과 같이 else if로 작성할 수도 있습니다.

예제

```javascript
const attendance = values[i][2];
if (attendance === "참가") {
  presence++;
} else if (attendance === "불참") {
  absence++;
}
```

for ~ of를 사용하여 작성하기

03-11절에서 for 문을 설명할 때 for ~ of 구문도 함께 알아보았습니다. 앞에서 배운 참가자/불참자 수와 메뉴별 도시락 개수를 계산하는 for 문 부분도 for ~ of를 사용해서 바꿔 쓸 수 있습니다. 여기서는 1번째 행 데이터를 rowData라는 이름으로 지정했습니다.

예제 3-31-2

```javascript
// for ~ of를 사용하여 작성하기
  values.shift();   // 표 머리글은 포함하지 않기
  for (const rowData of values) {
    const attendance = rowData[2];
    if (attendance === "참가") {
      presence++;
    } else {
      absence++;
    }


    const lunch = rowData[3];
    if (lunch === lunchA) {
      countA++;
    } else if (lunch === lunchB) {
      countB++;
    } else if (lunch === lunchC) {
      countC++;
    } else if (lunch === lunchD) {
      countD++;
    }
  }
```

한 가지 새로운 점은, 다음과 같이 작성하면 values 배열의 1번째 요소를 제외한다는 명령이 된다는 것입니다. 즉, values[0] 내용은 시트의 표 머리글이므로 개수를 세는 대상에서 제외합니다.

예제 3-31-2(일부)

```javascript
 values.shift();
```

이 명령어는 아직 배우지 않았으므로 for ~ of 구문 형식으로 곧바로 작성하기란 어려울 수도 있습니다. 그러나 인터넷에서 '자바스크립트 배열 삭제' 등으로 검색하여 shift() 명령어까지 찾았다면 대단한 일입니다. 이처럼 프로그래밍에서는 하고 싶은 것을 스스로 찾아서 배우는 태도가 중요합니다.

이로써 [전체 회의 설문 조사] 시트에 있는 정보에서 참가자/불참자 수 Presence, absence와 도시락별 개수 countA~countD를 집계했습니다. 올바르게 집계했는지를 알아보려면 적당한 곳에 console.log() 명령을 넣거나 디버거 기능을 이용하여 변수 내용을 확인하면 됩니다.

4단계: 메뉴별 도시락 합계 금액 계산하기

이어서 메뉴별 도시락 합계 금액을 계산합니다. 단순한 곱셈이므로 간단합니다.

예제 3-31(일부)

```javascript
// 메뉴별 도시락 합계 금액 계산하기
const totalPriceA = countA * priceA;
const totalPriceB = countB * priceB;
const totalPriceC = countC * priceC;
const totalPriceD = countD * priceD;
```

5단계: 이메일 본문 만들기

이로써 모든 처리를 작성했습니다. 지금까지 다룬 요소를 이용하여 이메일 본문을 만듭니다. 이번에는 02-4절에서 배운 템플릿 리터럴을 사용하므로 줄 바꿈에 \n을 사용하지 않아도 됩니다.

예제 3-31(일부)

```javascript
// 이메일 본문 만들기(템플릿 리터럴을 사용할 때)
  const message =
    `참가자 수: ${presence}명
불참자 수: ${absence}명

${lunchA} ${countA}개 x ${priceA} = ${totalPriceA}원
${lunchB} ${countB}개 x ${priceB} = ${totalPriceB}원
${lunchC} ${countC}개 x ${priceC} = ${totalPriceC}원
${lunchD} ${countD}개 x ${priceD} = ${totalPriceD}원

도시락 총액: ${totalPriceA + totalPriceB + totalPriceC + totalPriceD}원
  `;
```

번거로운 문자열 합치기

시험 삼아 이 코드를 02장에서 배운 템플릿 리터럴이 아니라 문자열 합치기로 작성해 봅시다.

예제 3-31-3

```
// 이메일 본문 만들기(템플릿 리터럴을 사용하지 않을 때)
const message =
  "참가자 수: " + presence + "명\n" +
  "불참자 수: " + absence + "명\n" +
  lunchA + " " + countA + "개 x " + priceA + " = " + totalPriceA + "원\n" +
  lunchB + " " + countB + "개 x " + priceB + " = " + totalPriceB + "원\n" +
  lunchC + " " + countC + "개 x " + priceC + " = " + totalPriceC + "원\n" +
  lunchD + " " + countD + "개 x " + priceD + " = " + totalPriceD + "원\n\n" +
  "도시락 총액: " + (totalPriceA + totalPriceB + totalPriceC + totalPriceD)
+ "원";
```

템플릿 리터럴과 문자열 합치기 중 어떤 것이 보기 쉽나요? 문자열 합치기에서는 공백이나 줄 바꿈을 직접 지정해야 하므로 코드 양이 늘어나고 한눈에 보기가 어렵습니다. 한 가지 더! 도시락 총액에서 괄호를 사용하지 않으면 출력 결과가 달라집니다.

예제

```
"도시락 총액: " + totalPriceA + totalPriceB + totalPriceC + totalPriceD + "원";
```

로그 출력

```
도시락 총액: 4500600025503600원
```

왜냐하면 문자열과 숫자를 합치면 숫자를 문자열로 인식하기 때문입니다. 그러므로 문자열을 소괄호로 묶어 숫자로 계산하도록 해야 오류가 나지 않습니다.

6단계: 집계 결과를 이메일로 보내기

마지막으로 message를 이메일로 보내도록 만들 차례입니다. 이 부분은 02장에서 배운 대로 작성하면 됩니다.

```
// 집계 결과를 이메일로 보내기
GmailApp.sendEmail("xxxx@example.com", "설문 조사 집계 결과입니다.", message);
```

이메일 주소   이메일 제목   본문

이렇게 하면 xxxx@example.com이라는 주소로 제목이 '설문 조사 집계 결과입니다.'이면서 본문이 message인 이메일을 보냅니다. 자신의 이메일 주소로 바꿔 테스트해 보세요.

완성한 예제 코드

지금까지 배운 내용을 모두 합친 전체 프로그램 코드를 보여 드리겠습니다. 여기에서 완성이란 '목적을 달성하는 프로그램'일 뿐 정답도, 최선의 형태도 아니라는 뜻입니다. 이것이 프로그래밍을 하는 즐거움입니다. 목적을 달성하는 프로그램은 내용이나 작성 방법이 다양하기 때문입니다. 그러므로 03장에서 작성한 코드는 여러분 스스로 아이디어를 얻는 데 참고하세요.

예제 3-31(완성)

```
/**
 * 전체 회의 설문 조사를 집계하는 함수
 */
function countMeetingForm() {
  // 시트 정보 가져오기
  const sheet = SpreadsheetApp.getActive().getSheetByName("전체 회의 설문 조사");
  const values = sheet.getDataRange().getValues();

  // 필요한 상수와 변수 준비하기
  // 도시락 이름
  const lunchA = "치킨 도시락";
  const lunchB = "직화 소불고기 도시락";
  const lunchC = "제육볶음 도시락";
  const lunchD = "돈가스 도시락";

  // 도시락 가격
  const priceA = 9000;
  const priceB = 10000;
  const priceC = 8500;
```

```javascript
const priceD = 9000;

// 참가자/불참자 수 계산하기
let presence = 0;
let absence = 0;

// 메뉴별 도시락 개수 계산하기
let countA = 0;
let countB = 0;
let countC = 0;
let countD = 0;

// 1행씩 확인하면서 참가자/불참자 수와 메뉴별 도시락 개수 계산하기
for (let i = 1; i < values.length; i++) {
  const attendance = values[i][2];
  if (attendance === "참가") {
    presence++;
  } else {
    absence++;
  }

  const lunch = values[i][3];
  if (lunch === lunchA) {
    countA++;
  } else if (lunch === lunchB) {
    countB++;
  } else if (lunch === lunchC) {
    countC++;
  } else if (lunch === lunchD) {
    countD++;
  }
}

// 메뉴별 도시락 합계 금액 계산하기
const totalPriceA = countA * priceA;
const totalPriceB = countB * priceB;
const totalPriceC = countC * priceC;
const totalPriceD = countD * priceD;
```

```
  // 이메일 본문 만들기
  const message =
    `참가자 수: ${presence}명
불참자 수: ${absence}명

${lunchA} ${countA}개 x ${priceA} = ${totalPriceA}원
${lunchB} ${countB}개 x ${priceB} = ${totalPriceB}원
${lunchC} ${countC}개 x ${priceC} = ${totalPriceC}원
${lunchD} ${countD}개 x ${priceD} = ${totalPriceD}원

도시락 총액: ${totalPriceA + totalPriceB + totalPriceC + totalPriceD}원
`;

  // 집계 결과를 이메일로 보내기
  GmailApp.sendEmail("xxxx@example.com", "설문 조사 집계 결과입니다.", message);
}
```

실행해 보기

그러면 countMeetingForm() 함수를 실행해 봅시다. 아무런 문제가 없다면 지정한 이메일 주
소에 **그림 3-29**와 같은 이메일이 도착했을 겁니다.

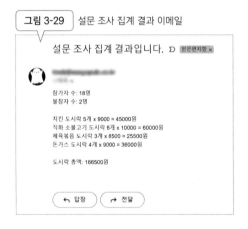

그림 3-29 │ 설문 조사 집계 결과 이메일

지금까지 잘 따라와서 설문 조사 집계 이메일을 받았다면 첫 프로그래밍에 성공한 것입니다.
그런데 좀 더 간단하게 프로그래밍할 수 있는 방법이 있을까요?

지금 방법대로라면 설문 조사를 집계할 때마다 [스프레드시트 열기 → 스크립트 편집기 열기 → 함수 실행하기] 과정을 반복해야 합니다. 만약 '스크립트 편집기 열기'는 생략하고 '스프레드시트를 열고 집계 실행하기' 정도라면 어떤가요? 이럴 때 **앱스 스크립트 실행 메뉴 만들기**를 알면 편리합니다.

03-16 | 나만의 메뉴 만들기

02-8절에서 지정한 시각에 프로그램을 실행하는 트리거를 배웠습니다. 이 외에도 특정 이벤트가 발생했을 때 프로그램을 실행하는 트리거도 있습니다.

스프레드시트와 관련한 트리거로 onOpen()이라는 함수가 있습니다. 이 함수는 스프레드시트를 열면 자동으로 실행합니다. onOpen() 함수를 이용하여 메뉴를 추가해 봅시다.

이번에는 다음 3가지를 응용하는 방법을 소개합니다.

- 스프레드시트에 [앱스 스크립트 메뉴]라는 메뉴 추가하기
- 메뉴 안에 [설문 조사 집계]라는 하위 메뉴 추가하기
- [설문 조사 집계] 메뉴를 클릭하면 countMeetingForm() 함수 실행하기

03-15절에서 완성한 예제 3-31의 countMeetingForm() 함수의 위 또는 아래에 다음처럼 onOpen() 함수를 만듭니다.

예제 3-32

```
function onOpen(e) {
  SpreadsheetApp.getUi()
    .createMenu("앱스 스크립트 메뉴")
    .addItem("설문 조사 집계", "countMeetingForm")
    .addToUi();
}
```

모두 작성했다면 스크립트 파일을 저장하고 스프레드시트 화면을 새로 고침 합니다. 새로 고친 화면에서는 그림 3-30처럼 화면 상단 메뉴에 [앱스 스크립트 메뉴]가 표시됩니다.

onOpen() 함수를 추가하고 저장하기만 해서는 [앱스 스크립트 메뉴]가 나타나지 않습니다. 왜냐하면 onOpen()은 스프레드시트를 열 때 실행하는 함수이기 때문입니다. 메뉴를 표시하려면 스프레드시트를 다시 열거나 새로 고침 해야 합니다.

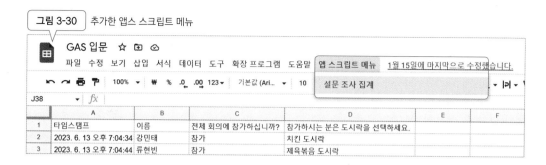

그림 3-30 | 추가한 앱스 스크립트 메뉴

코드를 살펴봅시다. 먼저 onOpen(e)의 e는 06장 꼭 알아 두기에서 알아봅니다.
SpreadsheetApp 다음이 생소해 보일 텐데 다음 예제와 같이 1행으로 이어서 작성해도 됩니다. 그러나 명령어가 여러 개일 때 마침표(.)로 연결하려면 **예제 3-32**처럼 줄 바꿈 하는 편이 알아보기 쉽습니다.

예제

```
SpreadsheetApp.getUi().createMenu("앱스 스크립트 메뉴").addItem("설문 조사 집계",
"countMeetingForm").addToUi();
```
이렇게 써도 되지만 가독성이 떨어져요.

그림 3-31 | 메뉴 추가 코드의 의미

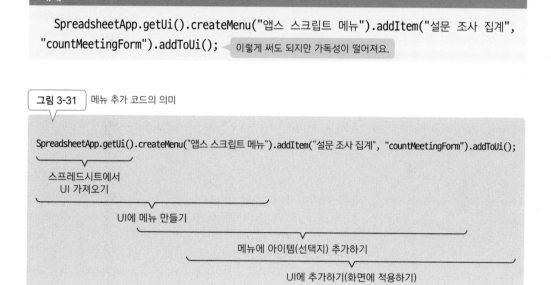

먼저 `SpreadsheetApp.getUi()`로 메뉴 등의 환경을 나타내는 스프레드시트의 UI(user interface)를 가져옵니다. UI를 대상으로 `.createMenu("앱스 스크립트 메뉴")`라고 명령하면 [앱스 스크립트 메뉴]가 만들어집니다. 지금 상태는 앱스 스크립트 안에 메뉴를 만든 것뿐이므로 UI에는 표시되지 않습니다.

계속해서 .addItem("설문 조사 집계", "countMeetingForm")이라고 명령하면 조금 전에 만든 [앱스 스크립트 메뉴] 안에 하위 메뉴로 [설문 조사 집계], 즉 항목을 추가합니다. 그리고 이 하위 메뉴를 선택하면 countMeetingForm() 함수를 실행합니다.

마지막으로 설문 조사 집계를 대상으로 .addToUi()라고 명령하면 비로소 UI에 추가되어 화면에 메뉴로 표시됩니다.

이처럼 사용자가 직접 만든 메뉴를 **사용자 정의 메뉴**라 합니다. '구글 앱스 스크립트 사용자 정의 메뉴' 등의 키워드로 검색하면 다양한 사용자 정의 메뉴 만들기 방법을 볼 수 있습니다.

이제 설문 조사를 집계할 때 스크립트 편집기를 열지 않아도 스프레드시트 메뉴에서 앱스 스크립트를 직접 실행할 수 있습니다.

03-17 │ 배운 내용 정리하기

지금까지 여러 가지 예제를 통해 다음 순서로 자동화와 효율화를 꾀했습니다.

- (전 사원은 설문 조사 양식에 응답하기)
- 집계하고 싶을 때는 스프레드시트 열기
- [앱스 스크립트 메뉴 → 설문 조사 집계] 메뉴를 선택하면 countMeetingForm() 함수 실행하기
- 집계 결과를 이메일로 보내기

또한 다음 내용을 배웠습니다.

- 배열로 여러 개의 값을 하나로 정리하여 다루기
- if 문으로 조건에 따라 처리 나누기
- for 문으로 반복하기

03장에서 배운 내용은 앱스 스크립트 외에 파이썬 등의 프로그래밍 언어에서도 사용할 수 있습니다. 그러므로 이번에 확실하게 이해하면 여러모로 쓸모가 많을 것입니다.

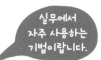

 꼭 알아 두기 | # 스프레드시트에 값 한꺼번에 추가하기

실무에서는 스프레드시트의 여러 셀에 값을 한꺼번에 입력할 때가 흔합니다. 이때 03-12절에서 배운 2차원 배열을 사용하면 편리합니다. 여기서는 2가지 방법을 소개하는데, 예제 데이터에 있는 [상품] 시트를 먼저 준비하세요.

시트 끝에 데이터 1행 추가하기 — 1차원 배열

먼저 데이터 1행(1차원 배열)을 추가하는 방법을 알아봅시다. 그림 3-32의 [상품] 시트 끝에 상품 번호 400, 상품명 '지우개', 가격이 1300원인 데이터 1행을 추가해 보겠습니다. 마지막 행 다음에 데이터 1행을 추가할 때는 appendRow( )라는 메서드(함수)를 이용합니다.

| 그림 3-32 | [상품] 시트의 데이터 |

	A	B	C
1	상품 번호	상품명	가격
2	100	가위	2000
3	200	연필	500
4	300	노트	1000

예제 3-33

```
function appendRow() {
  const sheet = SpreadsheetApp.getActive().getSheetByName('상품');
  const data = [400, "지우개", 1300];

  sheet.appendRow(data);
}
```

이 코드를 실행하면 시트 마지막 행 아래에 '지우개' 배열을 추가합니다. 여기서 중요한 점은, 추가하고 싶은 1행의 정보를 배열로 만들어서 appendRow의 ( ) 안에 전달한다는 것입니다.

시트 끝에 데이터 여러 행 추가하기 — 2차원 배열

계속해서 상품 데이터를 한번에 여러 개 추가해 봅시다. 여기서는 상품 데이터를 2개만 추가하지만, 그 이상일 때도 같은 방법을 이용해서 만들면 됩니다.

- 상품 번호 500, 볼펜, 1500원
- 상품 번호 600, 커터, 2000원

그림 3-33 | 여러 행을 추가한 [상품] 시트의 데이터

	A	B	C
1	**상품 번호**	**상품명**	**가격**
2	100	가위	2000
3	200	연필	500
4	300	노트	1000
5	400	지우개	1300
6	500	볼펜	1500
7	600	커터	2000

appendRow()를 2번 사용해도 되지만, 이 함수를 사용하지 않고 한 번에 추가하는 방법이 있습니다. 이때 다음 2가지가 중요합니다.

- 추가할 데이터(표)를 2차원 배열로 만들기
- 추가할 곳의 범위를 정확히 지정하여 값을 입력하는 setValues() 명령어 사용하기

예제 3-34

```
function setSomeValues_1() {
  const sheet = SpreadsheetApp.getActive().getSheetByName('상품');
  const data = [
    [500, "볼펜", 1500],
    [600, "커터", 2000]
  ];

  sheet.getRange(6, 1, 2, 3).setValues(data);
}
```

먼저 이번에 추가할 2행 3열의 정보를 data 변수에 넣습니다. 바로 03-12절에서 배운 2차원 배열입니다. 이 data를 [A6 : C7] 범위의 셀 여러 개에 그대로 붙여 넣습니다.

프로그램을 사용하지 않고 스프레드 시트에서 직접 셀 여러 개를 복사하여 붙여 넣고 싶을 때가 있습니다. 간단한 방법으로 선택한 영역의 맨 위 왼쪽 셀을 지정하여 붙여 넣으면 복사한 여러 개의 셀을 한꺼번에 모두 입력할 수 있습니다.

그러나 앱스 스크립트에서 셀을 여러 개 입력하려면 출력할 곳의 범위를 정확히 지정해야 합니다. 예제 3-34에서 getRange() 부분이 그에 해당합니다.

예제 3-34(일부)

```
sheet.getRange(6, 1, 2, 3).setValues(data);
```

() 안의 앞 2개는 6행 1열의 셀을 기준으로 한다는 것이고, 이어서 2행분 + 3열분을 출력 범위로 지정합니다. 여기서는 [A6 : C7] 범위가 됩니다.

그러나 이 예제에서는 getRange(6, 1, 2, 3)라고 명령하여 출력할 곳의 범위를 [A6 : C7]로 고정했으므로 실용적이지 않습니다. 예를 들어 시트의 [A8] 셀 이후에 새로운 데이터를 추가하고자 setSomeValues_1() 함수를 한 번 더 실행하더라도 [A6:C7] 범위에 덮어쓸 뿐입니다.

▶ 실무에서는 표의 가장 아래에 데이터를 추가할 때가 흔합니다.

그러므로 시트에서 출력할 곳의 범위를 구체적으로 고정하지 않고 마지막 행에 데이터를 추가하려면 getRange()의 ()안에 다음 4가지를 지정하면 됩니다. 그러면 앞으로 어떤 시트나 데이터라도 표의 가장 아래에 출력할 수 있습니다.

- 시트의 마지막 데이터 다음 행의
- 1번째 열의 셀부터
- data에 있는 요소 개수, 즉 출력할 행 개수와
- data에 있는 1행분의 데이터 개수, 즉 출력할 열 개수

이제 코드를 살펴봅시다. 03-12절처럼 data를 2차원 배열로 만들었습니다.

예제 3-35

```
function setSomeValues_2() {
  const sheet = SpreadsheetApp.getActive().getSheetByName('상품');
  const data = [
    [500, "볼펜", 1500],
```

```
    [600, "커터", 2000]
  ];


  const lastRow = sheet.getLastRow();
  sheet.getRange(lastRow + 1, 1, data.length, data[0].length).setValues(data);
}
```

const lastRow 아래에 있는 코드를 자세히 살펴봅시다.

예제 3-35(일부)

```
    sheet.getLastRow();
```

getLastRow()는 시트 가장 아래에 있는 데이터의 행 번호를 가져오는 명령입니다. **그림 3-33**이라면 7을 가져옵니다.

예제

```
    sheet.getLastColumn();
```

getLastColumn()은 시트 가장 오른쪽에 있는 데이터의 열 번호를 가져오는 명령이므로 **그림 3-33**이라면 3을 가져옵니다.

다음 1행으로 data를 붙여 넣을 곳의 범위를 알 수 있습니다.

예제 3-35(일부)

```
    sheet.getRange(lastRow + 1, 1, data.length, data[0].length)
```

() 안은 차례대로 다음 4가지를 뜻합니다.

- LastRow + 1행째, 즉 마지막 데이터 다음 행의
- 1번째 열의 셀부터
- data.length 행만큼, 즉 추가할 데이터의 행 개수와
- data[0].length 열만큼, 즉 추가할 데이터의 열 개수

`data.length`는 data 배열의 요소 개수, 즉 출력할 행의 개수를 뜻하므로 여기서는 2입니다. `data[0].length`는 `data[0]`에 들어 있는 배열, 즉 [500, "볼펜", 1500]의 요소 개수이므로 3이 됩니다. 붙여 넣을 열 개수를 알고 싶을 때는 `data[0]`의 요소 개수를 확인하면 됩니다.

다음 코드는 lastRow가 7인 경우, `getRange()`의 () 안에 표현식을 각각의 값으로 바꿔서 작성한 것으로, [A8:C9] 범위를 가리키게 됩니다.

예제

```
sheet.getRange(8, 1, 2, 3)
```

예제 3-34의 setSomeValues_1() 함수와 예제 3-35의 setSomeValues_2() 함수를 실행하면 그림 3-34와 같이 됩니다.

그림 3-34 [상품] 시트에 볼펜과 커터 데이터 추가

	A	B	C
1	상품 번호	상품명	가격
2	100	가위	2000
3	200	연필	500
4	300	노트	1000
5	400	지우개	1300
6	500	볼펜	1500
7	600	커터	2000
8	500	볼펜	1500
9	600	커터	2000

setSomeValues_2() 함수 실행

이제 setSomeValues_2() 함수를 실행할 때마다 시트 맨 아래에 볼펜과 커터를 반복해서 추가하므로 데이터를 여러 행 출력할 수 있습니다. 꼭 활용해 보세요.

04

업무 관리 목록을
알림으로 받고 싶어요!

04-1 | 이 장에서 배울 내용은?

회사나 학교, 기관, 단체를 비롯해 업무에서 구글 스프레드시트를 사용하는 사람을 많이 볼 수 있습니다. 04장에서는 업무 마감 날짜가 다가오면 이메일을 보내서 알리는 기능을 만들 수 있습니다.

또한 04장에서는 프로그래밍에서 중요한 함수(function)도 더 자세히 살펴봅니다. 함수란 역할마다 부품을 만들고 조합하여 프로그램으로 완성할 때 부품에 해당합니다. 03장과 달리 04장에서 해결할 문제인 업무 관리 프로그램에서는 하나의 함수에 모든 기능을 구현하기는 어렵습니다. 이처럼 복잡한 프로그램은 부품(함수)을 여러 개로 나누고 조합하여 완성하는 것이 바람직합니다. 04장에서는 부품(함수)을 만들고 조합하는 방법을 배우므로 익숙해지도록 합시다.

문제 ─ 업무 관리표에 알림 기능 추가하기

직장 생활을 하다 보면 자신의 업무를 어떻게 관리할 것인지가 중요합니다. 다양한 관리 방법이 있지만 이하늘 님은 다른 사람과 공유할 수 있는 구글 스프레드시트를 활용하기로 했습니다(**그림 4-1**).

그림 4-1	이하늘 님의 업무 관리표

	A	B	C	D
1	업무 관리표			
2				
3	업무명	진행 상황	기한	메모
4	A사 견적서 제출	진행 중	2023-04-30	미리 ○○ 님에게 확인하기
5	사내 미팅 자료 작성	진행 중	2023-04-01	잊지 말고 ○○ 포함하기
6	월별 보고서 제출	시작 전	2023-05-02	○○ 님에게 제출하기
7				
8				
9				

지금은 업무가 3개뿐이지만 앞으로 점점 늘어날 수 있으므로 제대로 챙기지 못할까 걱정되었습니다. 그래서 기한이 3일 미만인 업무라면 바로 이메일로 알려 주는 기능이 있으면 좋겠다고 생각했습니다.

04-2 │ 함수를 좀 더 편리하게 활용하자!

프로그래밍에서 중요한 함수를 알아보겠습니다. 함수를 잘 활용하면 알기 쉬운 프로그램을 만들 수 있습니다.

먼저 새로운 스크립트 파일을 만들어 이름을 '04장_함수.gs'로 짓고 자동으로 생성된 myFunction() 함수는 삭제합니다.

함수 안에서 다른 함수 호출하기

앞에서 배운 내용을 한번 더 복습합시다. 함수란 지금까지 자주 봤던 기능(function)을 말합니다.

> **예제**
>
> ```
> function 함수 이름() {
>   // 처리   ◀── 함수 내용은 { 부터 } 까지
> }
> ```

지금까지는 함수를 선택해서 앱스 스크립트를 실행했습니다. 04장에서 새롭게 배울 내용은 함수 안에서 다른 함수를 호출하는 방법입니다. 호출이란 해당 함수를 실행한다는 뜻입니다. 다음처럼 func1(), func2()라는 함수 2개를 만들고 func1() 함수를 실행해 보세요.

> **예제 4-1**
>
> ```
> function func1() {
>   console.log('1. 이곳을 실행하여');
>   func2();
>   console.log('3. 이곳으로 돌아온다.');
> }
>
> function func2() {
>   console.log('2. 여기로 온 다음');
> }
> ```

로그 출력

1. 이곳을 실행하여
2. 여기로 온 다음
3. 이곳으로 돌아온다.

프로그램 내용과 로그 출력을 비교하면서 어떤 순서로 처리했는지 따라가 봅시다. func1()을 선택하여 실행하므로 먼저 func1() 함수의 1번째 행에 있는 console.log()를 실행합니다. 중요한 부분은 func2();입니다.

예제 4-1(일부)

```
console.log('1. 이곳을 실행하여');
func2();
```

이렇게 작성하면 func1() 함수 안에서 이 함수 밖에서 따로 정의한 func2() 함수를 호출합니다. 따라서 func2() 함수 안에 있는 다음 내용을 실행합니다.

예제 4-1(일부)

```
console.log('2. 여기로 온 다음');
```

func2() 함수 처리가 끝나면 호출한 곳, 즉 func1() 함수로 돌아갑니다. 그러므로 func1() 함수 안 func2(); 다음에 있는 코드를 실행합니다(**그림 4-2** 참고).

예제 4-1(일부)

```
console.log('3. 이곳으로 돌아온다.');
```

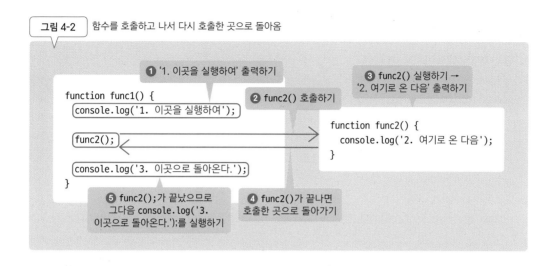

그림 4-2 함수를 호출하고 나서 다시 호출한 곳으로 돌아옴

❶ '1. 이곳을 실행하여' 출력하기

❸ func2() 실행하기 →
'2. 여기로 온 다음' 출력하기

❷ func2() 호출하기

```
function func1() {
  console.log('1. 이곳을 실행하여');

  func2();

  console.log('3. 이곳으로 돌아온다.');
}
```

```
function func2() {
  console.log('2. 여기로 온 다음');
}
```

❺ func2();가 끝났으므로
그다음 console.log('3.
이곳으로 돌아온다.');를 실행하기

❹ func2()가 끝나면
호출한 곳으로 돌아가기

어떻게 처리하는지 흐름을 이해했나요? 그러나 아쉽게도 이 예제로는 함수의 장점을 제대로 전달하지 못합니다. 실행 결과인 로그 출력만 보면 **예제 4-2**와 똑같으니까요.

예제 4-2

```
function func3() {
  console.log('1. 이곳을 실행하여');
  console.log('2. 여기로 온 다음');
  console.log('3. 이곳으로 돌아온다.');
}
```

오히려 **예제 4-2**가 더 간략하고 알아보기도 쉽습니다. 또한 **예제 4-1**에서는 함수의 장점인 인수와 반환값을 사용하지 않았습니다. 이제부터 인수와 반환값을 자세히 살펴보겠습니다.

함수에 값을 전달하고 처리 결과 전달받기

예를 들어 여러분이 회계 담당자이고 특정 상품의 가격을 세금 포함해서 계산해야 한다고 합시다. 이때 여러분이 수행할 처리를 하나의 함수로 나타내면 다음과 같은 흐름이 됩니다.

```
function accounting_1() {
    // 세전 가격이 10000원이라면
    const price = 10000;

    // 부가 가치세 계산하기(세율 10%)
    const priceWithTax = price * 1.1;

    // 결과 출력하기
    console.log(`${price}원에 부가 가치세를 더한 가격은 ${priceWithTax}원입니다.`);
}
```

로그 출력

10000원에 부가 가치세를 더한 가격은 11000원입니다.

여기서는 간단한 예를 들었지만 이보다 훨씬 더 복잡할 때도 있을 겁니다. 이때 모든 것을 하나의 함수로 처리하면 내용이 길어집니다. 그러므로 세금을 계산하는 함수를 따로 만들어 맡기는 것이 좋습니다.

그림 4-3을 보면 왼쪽이 '자기 자신 = 실행할 함수'입니다. 이번 프로그램에서는 accounting_1() 함수에 해당합니다. 그러나 자신은 세금 계산에 서툴므로 오른쪽의 잘하는 사람, 곧 calculate Tax() 함수에게 맡기고 싶습니다.

그림 4-3) 실행할 함수와 세금을 계산하는 함수

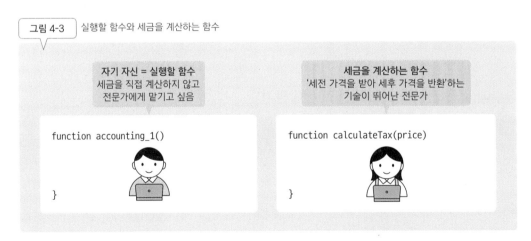

여기서 함수 **인수**와 **반환값**을 사용하면 calculateTax() 함수에 세전 가격을 전달하고 세후 가격을 돌려받을 수 있습니다(**그림 4-4**).

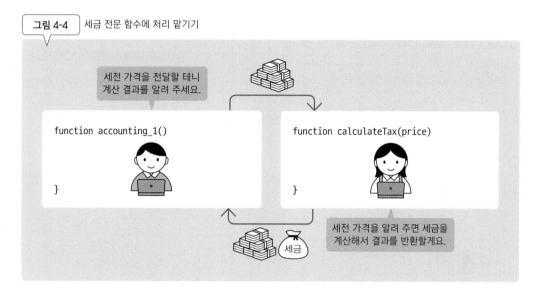

그림 4-4 세금 전문 함수에 처리 맡기기

이를 프로그램으로 만들어 봅시다. 스크립트 파일에 다음 코드를 추가하고 accounting_2() 함수를 실행해 보세요.

예제 4-4

```javascript
function accounting_2() {
  const price = 10000;
  const priceWithTax = calculateTax(price);
  console.log(`${price}원에 부가 가치세를 더한 가격은 ${priceWithTax}원입니다.`);
}


// 세전 가격을 입력받아 세후 가격 반환하기
function calculateTax(price) {
  const taxRate = 1.1;  // 세율 10%
  return price * taxRate;
}
```

어떤 순서로 처리하는지 디버그 기능을 이용하여 프로그램을 1행씩 실행하면서 살펴봅시다(**그림 4-5**). [스텝 인] 버튼을 누르면 calculateTax() 함수 안으로 들어갈 수 있습니다.

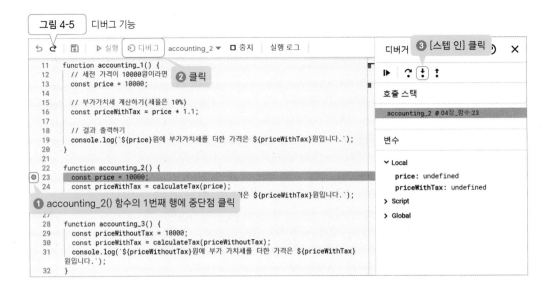

그림 4-5 | 디버그 기능

인수와 반환값

예제 4-4의 실행 내용은 다음과 같습니다.

- accounting_2() 함수가 calculateTax() 함수에 세전 가격(price) 전달하기
- calculateTax() 함수가 세후 가격을 계산하여 accounting_2() 함수로 돌려주기
- 돌려받은 금액으로 accounting_2() 함수가 'price원에 부가 가치세를 더한 가격은 priceWithTax원입니다.' 출력하기

프로그래밍에서는 price처럼 함수에 전달하는 값을 **인수**(argument), price * taxRate처럼 함수에서 return 문으로 돌려준 값을 **반환값**(return value)이라고 합니다.

인수 만들기

> 예제

```
function calculateTax(price) {
```

전달할 인수는 함수 이름 뒤 () 안에 적습니다. 여기서 calculateTax() 함수는 price를 전달받습니다.

지금까지 살펴본 함수에서는 function sample()과 같이 () 안에 아무것도 적지 않았지만, 이는 인수가 없는 함수이기 때문입니다.

반환값 만들기

calculateTax() 함수는 세전 가격(price)을 전달받아 부가 가치세를 더한 가격을 계산한 뒤 그 결과를 반환값으로 돌려주어야 합니다. 이때 사용하는 구문은 다음과 같습니다.

```
return 돌려줄 값
```

그림 4-6은 부가 가치세를 계산하는 과정을 보여 줍니다.

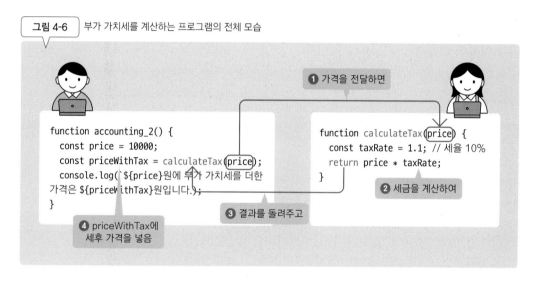

그림 4-6 부가 가치세를 계산하는 프로그램의 전체 모습

인수 이름 짓기

인수 이름을 지을 때 알아 둘 내용을 살펴봅시다. 인수를 전달하는 쪽 함수와 전달받는 쪽 함수에는 인수 이름을 서로 다르게 지정할 수 있습니다. 다음 코드를 봅시다.

예제 4-5

```
function accounting_3() {
  const priceWithoutTax = 10000;
  const priceWithTax = calculateTax(priceWithoutTax);
  console.log(`${priceWithoutTax}원에 부가 가치세를 더한 가격은 ${priceWithTax}원
입니다.`);
}

// 세전 가격을 입력받아 세후 가격 반환하기
function calculateTax(price) {
```

```
    const taxRate = 1.1;   // 세율 10%
    return price * taxRate;
}
```

accounting_3() 함수에서는 상수 priceWithoutTax를 calculateTax() 함수에 전달합니다. 이와 달리 calculateTax() 함수에서 전달받는 인수의 이름은 price입니다. 이처럼 전달하는 쪽과 전달받는 쪽의 이름은 서로 달라도 됩니다. 단, 특별한 이유가 없다면 같은 이름을 사용하는 게 좋습니다.

언제 이름이 다를까?

다음과 같이 전달할 값의 이름이 여러 개라면 전달하는 쪽과 전달받는 쪽을 서로 다르게 지정합니다.

예제 4-6

```
function accounting_4() {
  const priceApple = 1500;
  const priceOrange = 1000;

  const priceAppleWithTax = calculateTax(priceApple);
  const priceOrangeWithTax = calculateTax(priceOrange);

  console.log(`사과의 세후 가격: ${priceAppleWithTax}원`);
  console.log(`오렌지의 세후 가격: ${priceOrangeWithTax}원`);
}

// 세전 가격을 입력받아 세후 가격 반환하기
function calculateTax(price) {
  const taxRate = 1.1;   // 세율 10%
  return price * taxRate;
}
```

accounting_4() 함수는 사과와 오렌지 가격에 전달하는 쪽 이름으로 각각 priceApple, priceOrange라고 붙였습니다. 이와 달리 calculateTax(price) 함수에서는 사과든 오렌지든 모두 전달받는 쪽 이름으로 price를 사용합니다.

인수 2개 이상 전달하기

지금까지 예제에서 인수는 price 1개뿐이었지만 여러 개를 지정할 수도 있습니다. 삼각형의 넓이를 계산하는 함수를 생각해 봅시다. 계산에 필요한 정보는 밑변과 높이입니다. 즉, 밑변과 높이를 인수로 전달받아 삼각형의 넓이를 반환하는 함수를 만들면 됩니다.

예제 4-7(일부)

```
function calcTriangleArea(base, height) {
  const area = base * height / 2;
  return area;
}
```

앞에서도 살펴본 것처럼 인수를 여러 개 전달받는 함수를 만들 때는 다음 규칙을 따릅니다.

규칙

- 함수 이름 뒤 () 안에 인수 이름 쓰기
- 인수가 여러 개일 때는 쉼표로 구분하기

예제 4-7(일부)

❶ 함수 이름   ❷ 인수 2개를 전달받음

```
function calcTriangleArea(base, height) {
  const area = base * height / 2;     ❸ 계산하기
  return area;     ❹ 결과 반환
}
```

이렇게 하면 삼각형의 넓이를 계산하는 함수가 완성됩니다. 실제로 이 함수를 호출해 봅시다. 밑변(base) 10, 높이(height) 20을 인수로 전달합니다. calcTriangleArea() 함수를 만들고 나서 다음 코드를 작성하여 실행하세요. 그러면 삼각형 넓이를 계산합니다.

```javascript
function triangle_1() {
  const base   = 10;
  const height = 20;

  const area = calcTriangleArea(base, height);
  console.log('넓이 = ' + area);
}
```

```
넓이 = 100
```

함수를 여러 개 사용하면 좋은 점 2가지

다시 이용할 수 있다

만약 앞서 살펴본 삼각형 넓이를 구하는 **triangle_1()** 함수에서 계산해야 할 삼각형이 2개라고 합시다. 이럴 때는 호출한 곳의 함수 안에 계산해야 할 삼각형마다 **calcTriangleArea()**를 호출하면 됩니다. 앞의 코드에 이어서 다음 **triangle_2()** 함수를 작성하고 실행해 봅시다.

```javascript
function triangle_2() {
  const area1 = calcTriangleArea(10, 20);
  console.log('1의 넓이 = ' + area1);

  const area2 = calcTriangleArea(30, 40);
  console.log('2의 넓이 = ' + area2);

  // area3이 필요하다면 이곳에 추가하면 됨
}
```

```
1의 넓이 = 100
2의 넓이 = 600
```

여기서는 호출하는 쪽의 triangle_2() 함수도, 호출되는 calcTriangleArea() 함수도 모두 1개입니다. 그러나 calcTriangleArea() 함수는 여러 함수에서 여러 번 호출할 수 있습니다. 무슨 뜻일까요?

코드를 직접 입력하며 진행했다면 여러분의 스크립트 파일(04장_함수.gs)의 삼각형 넓이 관련 함수는 다음처럼 3개일 겁니다. 함수 작성 순서는 상관없으며 다른 함수가 있어도 됩니다.

예제 4-7

```
function calcTriangleArea(base, height) {
  const area = base * height / 2;
  return area;
}

function triangle_1() {
  const base   = 10;
  const height = 20;

  const area = calcTriangleArea(base, height);
  console.log('넓이 = ' + area);
}

function triangle_2() {
  const base1   = 10;
  const height1 = 20;
  const area1 = calcTriangleArea(base1, height1);
  console.log('1의 넓이 = ' + area1);

  const base2   = 30;
  const height2 = 40;
  const area2 = calcTriangleArea(base2, height2);
  console.log('2의 넓이 = ' + area2);
}
```

triangle_1() 함수와 triangle_2() 함수는 내용은 다르지만 모두 '삼각형 넓이 계산'을 처리합니다. 이럴 때는 삼각형의 넓이를 계산하는 calcTriangleArea() 함수 1개만 있으면 두 함수에서 몇 번이든 호출할 수 있습니다. 즉, calcTriangleArea() 함수는 한 번만 만들어 두면 여러 곳에서 이용할 수 있답니다.

수정할 곳이 줄어든다

세금 계산을 예로 들어 봅시다. 세금을 포함한 가격을 계산할 상품이 2개일 때 함수 1개로 모두 해결하려면 다음과 같이 작성할 수 있습니다.

예제 4-8

```
function accounting_5() {
  const price1 = 10000;
  const price2 = 20000;

  const priceWithTax1 = price1 * 1.1;
  console.log(`${price1}원에 부가 가치세를 더한 가격은 ${priceWithTax1}원입니다.`);

  const priceWithTax2 = price2 * 1.1;
  console.log(`${price2}원에 부가 가치세를 더한 가격은 ${priceWithTax2}원입니다.`);
}
```

로그 출력

```
10000원에 부가 가치세를 더한 가격은 11000원입니다.
20000원에 부가 가치세를 더한 가격은 22000원입니다.
```

이때 세율이 10%에서 20%로 올랐다고 합시다. 그러면 프로그램에서는 `price1 * 1.1`과 `price2 * 1.1`을 수정해야 합니다. 여기서는 간단한 프로그램이므로 두 곳만 수정하면 되지만, 실무에서 사용할 프로그램이라면 세금을 계산할 곳은 훨씬 더 많을 것입니다. 빠뜨리지 않고 모두 수정하려면 간단한 일이 아닐 겁니다.

이럴 때 세금을 계산하는 함수를 만들어 두면, 즉 세금 계산 처리를 한 곳에만 둔다면 그곳만 수정하면 되므로 무척 편리합니다.

예제 4-9

```
function accounting_6() {
  const price1 = 10000;
  const price2 = 20000;

  const priceWithTax1 = calculateTax(price1);
  console.log(`${price1}원에 부가 가치세를 더한 가격은 ${priceWithTax1}원입니다.`);
```

```
  const priceWithTax2 = calculateTax(price2);
  console.log(`${price2}원에 부가 가치세를 더한 가격은 ${priceWithTax2}원입니다.`);
}
// 세전 가격을 입력받아 세후 가격 반환하기
function calculateTax(price) {
  const taxRate = 1.1;   // 세율이 달라지면 이곳만 변경
  return price * taxRate;
}
```

여기서는 const taxRate = 1.1;의 값만 수정하면 세금 계산에 적용할 세율을 한꺼번에 바꿀 수 있습니다. 프로그램이 커질수록 이 기능은 효과를 발휘합니다. 다시 이용할 수 있는 처리라면 전용 함수로 만들어 둡시다.

인수는 전달하는 순서대로 처리

인수가 여러 개일 때 주의할 점이 있습니다. 인수는 전달하는 순서대로 처리한다는 규칙을 따라야 한다는 것입니다.

예제 4-10
```
function minus(x, y) {
  return x - y;
}

function minusTest() {
  const a = 10;
  const b = 5;

  const result1 = minus(a, b);
  console.log(result1);

  const result2 = minus(b, a);
  console.log(result2);
}
```

```
5
-5
```

minus() 함수는 x, y라는 인수 2개를 전달받아 x - y의 결과를 반환(return)합니다. minus(x, y)는 처음 값은 x, 다음 값은 y로 전달받는다는 뜻입니다.

minusTest() 함수 안에서 인수 a, b의 순서를 달리하여 minus() 함수에 전달했습니다. 이렇게 하면 인수 순서에 따라 출력 결과도 달라집니다. 그러므로 인수 순서가 잘못되지 않도록 주의합시다.

- minus(a, b)라고 전달할 때: x에는 a가, y에는 b가 들어감
- minus(b, a)라고 전달할 때: x에는 b가, y에는 a가 들어감

04-3 | 여러 종류의 데이터를 다룰 때는 객체에 맡기기

이번에 만들 업무 관리 프로그램에서는 **Date**라는 객체를 다룹니다. 먼저 객체란 무엇인지부터 알아봅시다.

새로운 스크립트 파일을 만들고 이름을 '04장_객체.gs'로 정합니다. 자동으로 생성된 **myFunction()** 함수는 삭제합니다.

데이터 집합체 = 객체

지금까지 프로그램 안의 데이터(값)는 상수나 변수 또는 배열에 넣어 다루었습니다. 객체 (object)란 여러 종류의 데이터를 하나로 모아 데이터 집합체로 다루는 방법입니다.

먼저 배열을 복습해 봅시다. 배열은 다음과 같이 작성하는데, 여기에서 요소를 가져올 때에는 각각 0부터 시작하는 인덱스 번호를 사용합니다.

> **예제**
>
> ```
> const grade = [ "김초롱", "국어", 80 ];
> ```

이와 달리 객체는 요소를 넣을 상자를 각각 만들고 이름을 붙입니다.

> **예제**
>
> ```
> const grade = { name: '김초롱', subject: '국어', score: 80 };
>
> // 줄 바꿈 해도 같은 뜻임
> const grade = {
>   name: '김초롱',
>   subject: '국어',
>   score: 80
> };
> ```

이것으로 김초롱 학생의 국어 점수를 넣은 grade 객체를 만들었습니다. 여기서 요소는 이름, 과목, 점수이므로 각각 name, subject, score라고 이름 지었습니다. 이 상자의 이름을 키 (key)라고 합니다.

{ 부터 } 까지는 객체의 내용을 나타냅니다. 그리고 상자 이름인 키(key)와 그 안에 넣은 값 (value)을 :(쌍점)으로 연결합니다. 그리고 이렇게 키와 값으로 이루어진 쌍을 속성(property) 이라고 합니다.

객체를 다루는 2가지 방법

객체의 속성에서 값을 가져오거나 지정하는 것을 **접근한다**고 표현합니다. 객체를 다루는 방법으로 **점 표기법**과 **괄호 표기법**이 있습니다.

먼저 이 책에서 사용하는 점 표기법은 점을 이용하여 다음 예제처럼 키를 쓰면 값에 접근할 수 있습니다. 앞서 사용한 grade 객체를 예로 들어 grade.name이라고 쓰면 '김초롱'에 접근할 수 있습니다.

예제

객체 이름.키

다음으로 괄호 표기법을 살펴봅시다. 다음 예제처럼 대괄호 안에 키를 문자열로 지정합니다. grade['name']과 같은 형태입니다.

예제

객체 이름['키']

객체를 다루는 2가지 방법을 배웠으니 배열에 접근하는 방법과 비교해 봅시다.

규칙

- **배열**: 인덱스 번호를 지정하여 요소에 접근하기
- **객체**: 키를 지정하여 요소에 접근하기

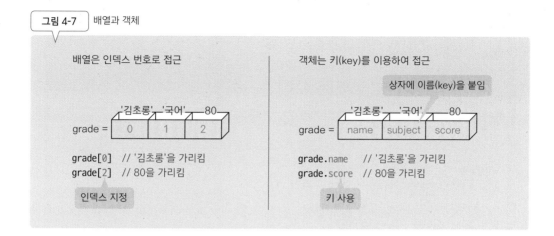

그림 4-7 배열과 객체

배열은 인덱스 번호로 접근

grade = [0 | 1 | 2] '김초롱' '국어' 80

grade[0] // '김초롱'을 가리킴
grade[2] // 80을 가리킴

인덱스 지정

객체는 키(key)를 이용하여 접근

상자에 이름(key)을 붙임

grade = [name | subject | score] '김초롱' '국어' 80

grade.name // '김초롱'을 가리킴
grade.score // 80을 가리킴

키 사용

객체 다루기의 기본

실제로 프로그램을 작성하여 객체를 다루는 기본 방법을 알아봅시다. '04장_객체.gs' 파일에 다음 코드를 작성하고 실행해 보세요.

예제 4-11

```
function testObject_1() {
  const person = { name: '장우주', food: '라면' };

  // (1) 객체는 로그로 어떻게 표시되는지?
  console.log(person);


  // (2) name 가져오기
  console.log(person.name);


  // (3) 바꿔 쓸 수도 있음
  person.food = '햄버거';
  console.log(person.food);


  // (4) 속성을 추가할 수도 있음
  person.hobby = '비디오 게임';
  console.log(person);
}
```

```
{ name: '장우주', food: '라면' }
장우주
햄버거
{ name: '장우주', food: '햄버거', hobby: '비디오 게임' }
```

(1) 정의한 person 객체 전체를 그대로 출력합니다.
   출력 결과 → { name: '장우주', food: '라면' }

(2) person 객체에 있는 name의 값을 출력합니다.
   출력 결과 → 장우주

(3) 속성의 값을 바꿉니다. 원래 person.food에는 '라면'이 들어 있으나 '햄버거'로 바꿔 쓴 다음, person.
   food를 출력합니다.
   출력 결과 → 햄버거

(4) 원래 객체에는 없던 속성(키가 hobby이고 값이 '비디오 게임')을 추가하고 person 객체를 출력합니다.
   출력 결과 → { name: '장우주', food: '햄버거', hobby: '비디오 게임' }

이렇게 객체를 사용하면 배열과 달리 어떤 값에 접근하는지를 직관적으로 알 수 있습니다. 배열의 인덱스 번호는 숫자이므로 그 숫자가 무슨 값을 가리키는지를 알아야 합니다. 객체라면 키에 이름을 붙이므로 무슨 뜻인지 알 수 있어서 판단하기 쉽습니다. 물론 키는 알기 쉬운 이름으로 사용해야 합니다.

프로그램에서 다루는 데이터를 배열과 객체 가운데 어느 것으로 선택할 것인지는 프로그래머가 정하면 됩니다. 어느 것을 사용하든 알기 쉬운 데이터 구조로 작성해야 합니다.

다양한 데이터가 들어 있는 객체

앞의 예제 4-11에서는 속성값으로 문자열과 숫자를 넣었지만 배열, 객체, 함수도 사용할 수 있습니다.

다음 예제 4-12에서는 한 사람 정보를 객체로 생성하여 person에 넣었습니다. 코드를 모두 입력하고 실행해 보세요.

```
function testObject_2() {
  const person = {
    name: '장우주',   // 문자열
    age: 17,          // 숫자
    hobby: ['프로그래밍', '악기', '여행'],   // (1) 배열
    pet: {                                   // (2) 객체
      type: 'dog',
      name: '코코',
      age: 2
    },
    greet: function () {                     // (3) 함수
      console.log("안녕하세요!");
    }
  }

  console.log(person.hobby[2]);
  console.log(person.pet.name);
  person.greet();
}
```

로그 출력

여행
코코
안녕하세요!

(1) hobby의 값으로는 취미 정보를 배열로 넣었습니다.
console.log(person.hobby[2]);의 출력 결과 → **여행**

(2) pet의 값으로는 반려 동물 정보가 든 객체를 설정했습니다.
console.log(person.pet.name);의 출력 결과 → **코코**

(3) greet의 값으로는 함수를 설정했습니다.
person.greet();의 출력 결과 → **안녕하세요!**

객체 안에 있는 함수 = 메서드

객체 안에 있는 함수를 메서드(method)라고 합니다. 예를 들어 **예제 4-12**의 person 객체에는 greet() 메서드가 있다고 표현합니다. 그러므로 person.greet();라 하면 person 객체에 있는 greet() 메서드를 실행한다는 뜻입니다.

배열과 객체 구분하여 사용하기

배열과 객체는 각각 언제 사용해야 할까요? 정해진 규칙은 없지만, 데이터 종류가 하나라면 배열로, 여러 개라면 객체로 만들면 다루기가 쉽습니다.

다음 scores 배열 안에 들어 있는 데이터 종류는 모두 점수입니다. 이와 달리 user 객체에는 다양한 정보가 들어 있습니다.

> **예제**
>
> ```
> const scores = [90, 80, 95, 75, 85, 70, 80, 85, 90, 95];
>
> const user = {
>   name: "김바다",
>   score: 90,
>   email: "bada@example.com"
> }
> ```

user 정보는 다음과 같이 배열로 표현할 수도 있습니다.

> **예제**
>
> ```
> const user = ["김바다", 90, "bada@example.com"];
> ```

그러나 이렇게 만들면 데이터를 가져올 때 첫 요소가 이름이고 2번째 요소가 점수, 3번째 요소가 이메일 주소라는 것을 미리 알아야 합니다. 여기서는 정보가 세 종류뿐이지만, 전화번호나 주소, 혈액형, 취미 등 user 정보가 늘어난다면 몇 번째에 어떤 정보가 들어 있는지를 알기 어렵습니다.

이와 달리 객체는 데이터에 키(이름)를 붙일 수 있습니다. 그러므로 순서에 신경 쓰지 않고도 다음과 같이 score를 출력할 수 있습니다.

예제
```
console.log(user.score);
```

객체에는 관련된 정보만 담기

여기서 주의할 점은 ○○ 객체에는 ○○과 관련한 정보만 넣어야 한다는 것입니다. 다음과 같이 작성하더라도 문법에서는 틀린 곳이 없는 객체입니다.

예제
```
const user = {
  name: "김바다",
  score: 90,
  email: "bada@example.com",
  weather: "맑음",
  calculateTax: function (price) {
    const taxRate = 1.1;
    return price * taxRate;
  }
}
```

그러나 user를 표현하는 데 weather(날씨)라는 속성은 필요 없으며, 이 user의 주 업무가 세금 계산과 관계 없다면 calculateTax() 메서드도 자연스럽지 않습니다.

필요한 곳에 필요한 데이터 두기, 같은 종류의 데이터는 같은 곳에 모으기처럼 데이터 구조는 알기 쉬운 프로그램을 만드는 데 꼭 필요합니다.

이에 덧붙여 배열 요소에는 객체나 함수를 넣을 수도 있습니다.

04-4 ｜ 내장 객체란?

이번에는 문제 해결 프로그램을 만드는 데 사용할 내장 객체를 알아봅시다.

프로그램으로 구현하고 싶은 것을 처음부터 모두 직접 만들기란 쉽지 않습니다. 예를 들어 소수 12.345를 반올림하여 12로 만드는 프로그램을 직접 만들려면 무척 번거로울 겁니다.

이에 프로그래밍 언어에서는 자주 사용하는 처리에 사용할 함수를 미리 만들어 둡니다. 앞에서 같은 종류의 데이터는 같은 곳에 모은다고 설명했는데, 내장 객체(built-in objects)가 바로 이런 경우로, 편리하게 사용할 수 있도록 함수를 종류별로 분류해서 하나로 모은 것입니다. 처음부터 프로그래밍 언어에 포함되어 있어서 내장 객체라고 하며 다음 4가지를 자주 사용합니다.

- **Array**: 배열과 관련한 함수를 모은 객체
- **Date**: 날짜와 관련한 함수를 모은 객체
- **Math**: 수학과 관련한 함수를 모은 객체
- **String**: 문자열과 관련한 함수를 모은 객체

'자바스크립트 내장 객체'로 검색하면 다양한 종류를 볼 수 있습니다.

여기서는 앱스 스크립트 업무 자동화에서 자주 사용하는 내장 객체를 중심으로 소개합니다. 이 책에서 설명하지 않아도 쓸모 있는 함수가 많으므로 '이런 것도 될까?'라는 생각이 든다면 한번 검색해 보기 바랍니다.

Math — 수학 관련 메서드

Math는 수학(mathematics)과 관련한 계산이나 값에 사용하는 내장 객체입니다. 어떤 종류가 있는지 **표 4-1**을 봅시다.

표 4-1	Math 객체의 메서드(일부)
메서드	설명
Math.abs(x)	x의 절댓값 반환하기
Math.ceil(x)	x 이상인 최소 정수 반환하기(즉, 소수점 올림)
Math.floor(x)	x 이하인 최대 정수 반환하기(즉, 소수점 내림)
Math.max(x, y, z...)	인수로 전달한 여러 개의 값 중에서 최댓값 반환하기
Math.min(x, y, z...)	인수로 전달한 여러 개의 값 중에서 최솟값 반환하기
Math.random()	0 이상 1 미만인 의사 난수를 반환하기
Math.round(x)	x의 소수점 첫째 자리 반올림하여 정수 반환하기
Math.pow(x, y)	x의 y 제곱 반환하기

▶ 의사 난수(pseudo-random numver, PRN)란 특정한 배열 순서나 규칙이 없는 연속하는 무작위 수로 컴퓨터로 생성한 모든 난수를 말합니다. 난수를 흉내 냈다 해서 가짜 난수라는 의미로 쓰입니다.

이 메서드를 이용해 반올림, 버림, 올림하는 방법을 알아봅시다.

예제 4-13

```
function testMathObject_1(){
  const x = 12.345;

  // 소수점 첫째 자리 반올림
  console.log(Math.round(x));   // -> 12

  // 소수점 이하 버림
  console.log(Math.floor(x));   // -> 12

  // 소수점 이하 올림
  console.log(Math.ceil(x));    // -> 13
}
```

소수점 둘째 자리를 반올림하여 소수점 첫째 자리까지만 표시하는 것처럼 복잡한 계산이라면 Math 메서드를 활용하여 직접 만들어야 합니다. 단, 이럴 때도 처음부터 모든 것을 만드는 것보다는 간단합니다.

```
function testMathObject_2(){
  const x = 12.345;

  // 소수점 둘째 자리에서 반올림
  console.log(Math.round(x * 10) / 10);   // -> 12.3
}
```

얼핏 보면 복잡한 것은 같지만, 다음 순서로 소수점 둘째 자리를 반올림하여 소수점 첫째 자리까지만 표시합니다. 이처럼 준비된 부품을 이용하여 원하는 내용을 만드는 것 역시 프로그래밍에서는 매우 중요합니다.

- x * 10으로 x를 10배 하여 123.45로 만들기
- Math.round(123.45)의 결과는 123
- 마지막으로 123/10(10으로 나눔)으로 12.3이 됨

Date — 날짜 관련 메서드

앱스 스크립트를 이용한 자동화에서 피할 수 없는 것이 '날짜와 시각을 어떻게 다룰 것인가?' 입니다. 04장의 주제인 업무 관리에서도 기한은 날짜에 해당합니다. '2023/05/10'은 우리 눈에는 날짜로 보이지만, 프로그램은 단순한 문자열로 여깁니다. 그러므로 날짜를 계산할 수도 없고 이 날짜가 무슨 요일인지도 알 수 없습니다.

여기서는 이러한 날짜를 프로그램에서 다루는 방법을 알아봅니다. 먼저 시간대가 어떻게 설정되어 있는지 확인해 보겠습니다.

시간대 설정하기

시간대 설정이란 어느 나라와 지역의 표준시를 사용할 것인가를 정하는 것입니다. 구글 스프레드시트의 시간대와 스크립트 편집기의 시간대는 서로 다르게 설정되어 있을 겁니다. 그러므로 구글 스프레드시트는 Asia/Seoul로, 스크립트 편집기는 America/New_York로 설정한 상태에서 앱스 스크립트를 실행하면 날짜와 시간 계산이 올바르지 않을 수 있습니다. 기본값에서는 설정이 서로 다를 수도 있으므로 미리 각각의 시간대를 확인하도록 합시다.

구글 스프레드시트에서는 시간대를 간단히 설정할 수 있습니다. [파일 → 설정] 메뉴에서 [시간대]를 [Seoul]로 설정합니다(그림 4-8).

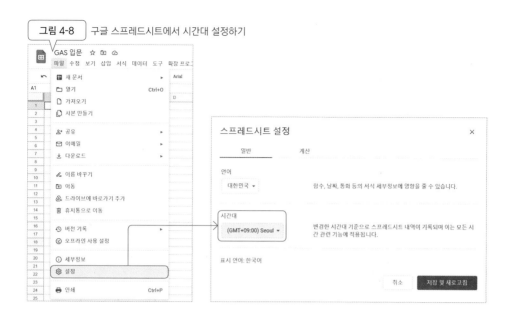

그림 4-8 구글 스프레드시트에서 시간대 설정하기

그런데 스크립트 편집기의 시간대 설정은 날짜와 시각 정보 저장 파일인 appsscript.json 파일을 편집해야 하므로 조금 복잡합니다. 먼저 왼쪽 [프로젝트 설정] 메뉴를 누르고 [편집기에 'appsscript.json' 매니페스트 파일 표시] 항목에 체크합니다. 그러고 나서 [편집기] 메뉴를 누르면 왼쪽 파일 목록에 [appsscript.json]이 표시됩니다(**그림 4-9, 그림 4-10**).

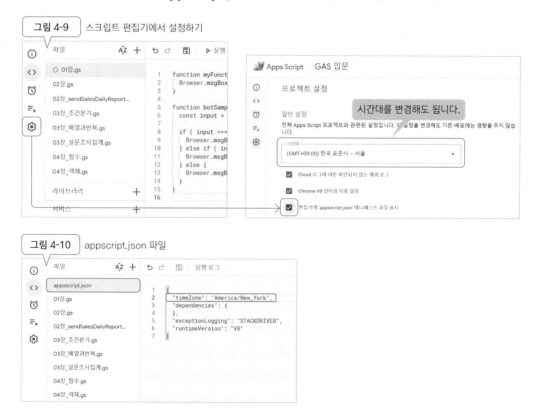

그림 4-9 스크립트 편집기에서 설정하기

그림 4-10 appscript.json 파일

여기서는 timeZone이 America/New_York으로 설정되었으므로 이를 Asia/Seoul로 바꾸고 저장합니다.

```
"timeZone": "Asia/Seoul",
```

제대로 변경했는지 확인해 봅시다. 시각을 출력하도록 명령한 뒤 출력한 로그를 봅시다.

▶ new Date 구문은 바로 뒤에 설명합니다.

```
function testTimezone() {
  console.log(new Date())
}
```

시간대가 뉴욕으로 설정된 상태에서 이 함수를 실행하면 미국 동부 시각으론 출력합니다. 이를 서울 시간대로 바꾸고 실행하면 한국 표준시를 로그로 출력합니다.

날짜나 시각이 맞지 않다면 여러분도 시간대를 확인하세요.

Date 객체의 메서드

Date 객체에는 날짜나 시각을 쉽게 다룰 수 있는 다양한 메서드가 있습니다(표 4-2). 하나씩 살펴봅시다.

표 4-2   Date 객체의 메서드(일부)

메서드	설명
getFullYear()	연도를 4자리로 가져오기
getMonth()	월 가져오기
getDate()	날짜 가져오기
getDay()	요일 가져오기

현재 시각 정보를 저장한 Date 객체

```
function testDateObject_1() {
  const today = new Date();
  console.log(today);
}
```

프로그램을 실행하는 시점의 시각을 나타내는 Date 객체를 new Date()로 생성합니다. 이처럼 새로운 객체를 만들 때는 new를 사용합니다. new의 개념을 이해하려면 클래스나 인스턴스 등 프로그램의 구조를 알아야 하므로 이 책에서는 자세히 다루지 않습니다. Date 객체를 생성할 때는 new를 이용한다는 것만 기억하세요. 한마디로 정리하면, 원래 객체의 복사본을 사용할 때는 new 키워드를 이용합니다.

new Date() 함수를 실행하면 다음과 같이 현재 시각을 출력합니다.

로그 출력

```
Wed May 10 2023 12:16:58 GMT+0900 (Korean Standard Time)
```
이 로그 출력은 실습 시간마다 다르게 나타날 거예요!

예제 4-16의 today는 현재 시각 정보가 들어 있는 Date 객체가 됩니다. 현재 시각 정보란 무엇일까요? 이를 알아보려면 다음 함수를 실행합니다.

예제 4-17

```
function testDateObject_2() {
  const today = new Date();

  const year = today.getFullYear();
  const month = today.getMonth() + 1;
  const date = today.getDate();
  const hours = today.getHours();
  const minutes = today.getMinutes();
  const seconds = today.getSeconds();

  console.log(`현재 시각은 ${year}년${month}월${date}일${hours}시${minutes}분${sec-
onds}초입니다.`);
}
```

프로그램을 실행할 때의 시각을 출력한다면 성공입니다. 그럼 **예제 4-17**의 코드를 1행씩 살펴봅시다.

예제 4-17(일부)

```
const year = today.getFullYear();
```

현재 시각 정보가 들어 있는 today를 대상으로 .getFullYear() 메서드를 실행하면 연도를 4자리로 반환합니다. 따라서 year 안에는 연도 4자리가 들어갑니다.

이는 객체를 배울 때 본 person.greet()와 같은 형태입니다. person.greet()는 person 객체에 있는 greet() 메서드를 실행한다는 뜻이라는 것 기억나죠? 이번에는 내장 객체인 Date에 들어 있는 getFullYear() 메서드를 이용하여 연도를 가져왔습니다. getMonth(), getDate() 메서드 등도 마찬가지입니다.

getMonth()의 시작은 0

날짜에서 월을 다룰 때는 특히 주의해야 합니다.

예제 4-17(일부)

```
const month = today.getMonth() + 1;
```

getMonth()로 얻을 수 있는 월은 0을 시작으로 한다는 규칙이 있습니다. 즉, 지금이 1월이라면 today.getMonth()를 실행하면 0을 반환한다는 뜻입니다. 그러므로 + 1로 실제 월을 구합니다.

▶ Date 객체에 어떤 메서드가 있는지 알고 싶다면 '자바스크립트 Date'로 검색하세요.

특정 시각 정보가 들어 있는 Date 객체 만들기

today는 함수를 실행하는 시점의 시각 정보가 들어 있는 Date 객체이지만, 특정 시각 정보가 들어 있는 Date 객체를 만들 수도 있습니다. 이때 인수에 각각 숫자로 정보를 지정합니다. 월은 0부터 시작하므로 1월을 나타내려면 0을 지정하면 됩니다.

new Date(연, 월, 일, 시, 분, 초, 밀리초);

예제 4-18

```
function testDateObject_3() {
  const d = new Date(2023, 0, 1, 12, 34, 56, 789);

  const year = d.getFullYear();
  const month = d.getMonth() + 1;
  const date = d.getDate();
  const hours = d.getHours();
  const minutes = d.getMinutes();
  const seconds = d.getSeconds();
  const milliseconds = d.getMilliseconds();

  console.log(`${year}-${month}-${date} ${hours}:${minutes}:${seconds}.${milli
seconds}입니다.`);
}
```

로그 출력

2023-1-1 12:34:56.789입니다.

숫자 외에도 new Date()의 () 안에 입력한 문자열로 시각을 지정할 수도 있습니다. 시각을 문자열로 나타내는 방법으로 다양한 형식을 사용할 수 있지만, 흔히 RFC 2822 또는 ISO 8601이라는 국제 규격을 사용합니다. 다음은 필자가 자주 사용하는 형식으로, 밀리초는 000 으로 설정합니다.

예제

```
date1 = new Date("2022-12-31 23:59:59");
date2 = new Date("2022/12/31 23:59:59");
```

이처럼 생략한 곳은 모두 000이 들어갑니다. 예를 들어 다음과 같이 연월일만 쓴다면 2022-12-31 00:00:00.000이라고 설정합니다.

```
date3 = new Date("2022-12-31");
```

요일 판별하기

요일을 알려면 getDay()를 이용합니다. 다음 함수를 실행해 봅시다.

```
function testdateObject_dayOfWeek() {
  const day = new Date("2023-05-06");
  console.log(day.getDay());
}
```

```
6
```

2023년 5월 6일은 토요일이므로 6이라는 숫자를 출력합니다. 자바스크립트에서는 0이 일요일, 1이 월요일, …, 6이 토요일을 나타내기 때문입니다. 숫자를 요일로 바꾸어 출력하려면 다음과 같이 getDay()로 얻은 숫자를 분기해야 합니다.

```
function testDateobject_dayOfWeek_2() {
  const today = new Date();
  const day = today.getDay();
  let dayKr;

  if (day === 0) {
    dayKr = "일요일";
  } else if (day === 1) {
    dayKr = "월요일";
  } else if (day === 2) {
    dayKr = "화요일";
  } else if (day === 3) {
    dayKr = "수요일";
  } else if (day === 4) {
    dayKr = "목요일";
```

```
  } else if (day === 5) {
    dayKr = "금요일";
  } else if (day === 6) {
    dayKr = "토요일";
  }
  console.log(`오늘은 ${dayKr}입니다.`);
}
```

실행하면 해당 시점의 요일을 출력합니다. 이 코드는 알아보기는 쉬우나 조금 긴 듯합니다. 배열의 특징을 활용하여 다음과 같이 작성해도 됩니다.

예제 4-21

```
function testDateObject_dayOfWeek_3() {
  const today = new Date();
  const day = today.getDay();
  const dayArray = [ "일요일", "월요일", "화요일", "수요일", "목요일", "금요일", "
토요일" ];

  console.log(`오늘은 ${dayArray[day]}입니다.`);
}
```

이렇게 day를 나타내는 숫자를 배열의 인덱스로 이용하면 코드를 간결하게 작성할 수 있습니다.

Date 객체에 시각 정보 설정하기

현재 시각을 가져오지 않고 특정 시각 정보를 Date 객체에 직접 설정할 수도 있습니다.

예제 4-22

```
function testDateObject_4() {
  const d = new Date(2023, 9, 10);   // 2023년 10월 10일의 Date 객체
  console.log(d);

  d.setDate(20);                      // 날짜를 20으로 설정하기
  console.log(d);
}
```

```
Tue Oct 10 2023 00:00:00 GMT+0900 (Korean Standard Time)
Fri Oct 20 2023 00:00:00 GMT+0900 (Korean Standard Time)
```

Date 객체(d)를 대상으로 setDate(날짜) 명령을 사용하면 지정한 특정 날짜로 바꿀 수 있습니다. 이 역시 get과 마찬가지로 setFullYear(), setMonth(), setDate() 등의 메서드가 있습니다.

어제 날짜 구하기

지금까지 배운 내용을 바탕으로 어제 날짜를 구하는 방법을 생각해 봅시다. 앱스 스크립트로 업무를 자동화할 때 실행 시점 전날의 날짜 정보가 필요할 때가 있습니다. 예를 들어 작업 기록으로 날짜, 작업자 이름, 작업 내용, 작업 완료 개수 등의 정보가 스프레드시트에 있을 때 전날 작업 정보를 집계하여 아침에 보고할 수 있습니다.

그러면 다음 함수를 실행합시다.

예제 4-23

```
function testDateObject_5() {
  const today = new Date();
  const yesterday = new Date(today.getFullYear(), today.getMonth(), today.
getDate() - 1);

  console.log(today);
  console.log(yesterday);
}
```

그러면 로그 1번째 행은 현재 시각을, 2번째 행은 전날 00:00:00 시각을 출력할 겁니다. yesterday에 들어 있는 날짜가 today의 전날이라는 것을 나타냅니다. 이는 new Date를 이용해 다음과 같이 사용합니다. 오늘 날짜 - 1 부분이 포인트입니다.

예제

```
new Date(오늘 연도, 오늘 월, 오늘 날짜 - 1)   // 어제 날짜가 들어 있는 Date 객체
```

그런데 오늘이 1일일 때 오늘 날짜 - 1은 0이 될까요? 직접 확인해 봅시다.

```
function testDateObject_6() {
  const today = new Date(2023, 10, 1);   // 11월 1일
   const yesterday = new Date(today.getFullYear(), today.getMonth(), today.getDate() - 1);

  console.log(today);
  console.log(yesterday);
}
```

```
Wed Nov 01 2023 00:00:00 GMT+0900 (Korean Standard Time)
Tue Oct 31 2023 00:00:00 GMT+0900 (Korean Standard Time)
```

today는 2023년 11월 1일을 나타내는 Date 객체입니다. 그리고 yesterday의 날짜 인수에 today.getDate() - 1을 지정했습니다. 그리고 출력 결과는 11월 1일의 전날인 Oct 31, 즉 10월 31일입니다. 즉, 오늘이 1일이라도 전날을 올바르게 계산할 수 있습니다.

두 시각의 차이 구하기

Date 객체에는 getTime()이라는 메서드가 있습니다. 이 메서드는 1970-01-01 00:00:00 (UTC)부터 지난 시간을 밀리초 단위로 반환합니다. UTC란 Universal Time Coordinated (협정 세계시)의 줄임말로 국제 표준시입니다.

▶ 한국 표준시는 KST(Korea Standard Time)라고 하며 UTC와 시차가 9시간 납니다.

getTime()을 이용하면 두 시각의 차이를 구할 수 있습니다. 다음 함수를 실행해 봅시다.

```
function testDateObject_7() {
  const date1 = new Date("2023-10-10 00:00:00");
  const date2 = new Date("2023-10-11 00:00:00");

  const difference = date2.getTime() - date1.getTime();
```

```
  // 날짜로 변환하기
  console.log(difference / (24 * 60 * 60 * 1000));

  // 시간으로 변환하기
  console.log(difference / (60 * 60 * 1000));

  // 분으로 변환하기
  console.log(difference / (60 * 1000));

  // 초로 변환하기
  console.log(difference / (1000));
}
```

로그 출력

```
1
24
1440
86400
```

이 예제는 2023-10-10 00:00:00과 2023-10-11 00:00:00의 차이를 구합니다. 먼저 date1.getTime(), date2.getTime()으로 1970년 1월 1일부터 date1, date2가 경과한 시간을 구하고 그 차이를 계산합니다(**그림 4-11**).

그림 4-11 경과 시간을 나타낸 모습

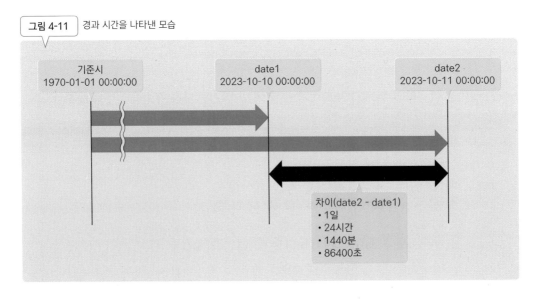

단, getTime()으로 얻은 것은 밀리초 단위의 경과 시간입니다. 그러므로 각각의 단위로 변환해야 합니다. 날짜를 계산하려면 24(시간) * 60(분) * 60(초) * 1000(밀리초)로 나눕니다. 04장의 문제에 등장하는 업무 관리에서도 기한 날짜까지 며칠 남았는지를 계산할 때 이 방법을 사용하므로 잘 기억하세요.

시각 표시 형식

날짜나 시각을 다룰 때 피할 수 없는 것이 어떤 형식(format)으로 표시할 것인가입니다. 먼저 Date 객체 그대로 로그로 출력해 봅시다.

예제 4-26

```
function testDateObject_8() {
  const date = new Date(2023, 0, 10, 1, 22, 33);
  console.log(date);
}
```

로그 출력

```
Tue Jan 10 2023 01:22:33 GMT+0900 (Korean Standard Time)
```

기본으로는 시각 정보를 이처럼 문자열로 출력합니다. 그러나 실제로 스프레드시트의 셀이나 이메일 본문에 날짜 정보를 넣을 때는 다음 형식으로 만들고 싶을 겁니다.

로그 출력

```
2023년 01월 10일 01시 22분 33초
2023/01/10 01:22:33
```

이에 앱스 스크립트에서는 시각 형식을 지정하는 방법으로 Utilities.formatDate()를 사용합니다. 단, 이 기능은 자바스크립트가 아니라 앱스 스크립트에서만 사용합니다. 구문을 살펴봅시다.

그림 4-12   Utilities.formatDate() 구문

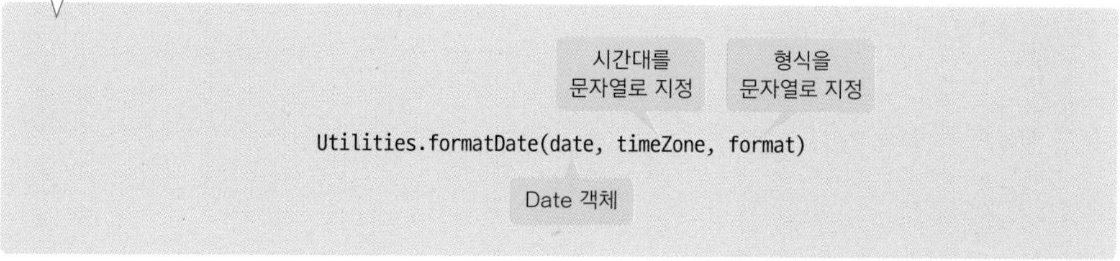

시간대를 문자열로 지정   형식을 문자열로 지정

Utilities.formatDate(date, timeZone, format)

Date 객체

`Utilities.formatDate()`라는 함수에는 인수 3개를 전달합니다. 구체적인 예제로 살펴봅시다.

```
function testDateObject_9() {
  const date = new Date(2023, 0, 10, 1, 22, 33);
  console.log(Utilities.formatDate(date, 'GMT+0900', 'yyyy년 M월 d일 H시 m분 s초'));
  console.log(Utilities.formatDate(date, 'GMT+0900', 'yyyy년 MM월 dd일 HH시 mm분 ss초'));
  console.log(Utilities.formatDate(date, 'GMT+0900', 'yyyy/MM/dd HH:mm:ss'));
}
```

```
2023년 1월 10일 1시 22분 33초
2023년 01월 10일 01시 22분 33초
2023/01/10 01:22:33
```

예제 4-27에서 다음 부분에 주목하세요.

```
Utilities.formatDate(date, 'GMT+0900', 'yyyy년 M월 d일 H시 m분 s초')
```

1번째 인수   2번째 인수   3번째 인수

1번째 인수는 문자열로 변환할 Date 객체이고, 2번째 인수는 시간대를 나타내는 문자열입니다. 이는 한국 시간, 일본 시간, 중국 시간 등 어느 표준시로 표현할 것인가를 지정합니다. 여기서는 한국 표준시를 나타내는 'GMT+0900'을 선택합니다. 3번째 인수는 어떤 형식으로 출력할 것인가를 지정하는 문자열입니다. 여기서는 다음 2가지 형식으로 지정했습니다.

```
yyyy년 M월 d일 H시 m분 s초
yyyy년 MM월 dd일 HH시 mm분 ss초
```

'1월/01월', '1시/01시'처럼 한 자리와 두 자리 가운데 어떻게 표시할 것인지 차이가 있습니다. MM이나 dd처럼 같은 글자를 겹쳐 쓰면 한 자리를 두 자리로 표시합니다.

이처럼 yyyy나 HH처럼 정해진 문자가 시간을 나타내는 숫자로 바뀌는데, 어느 문자가 어떻게 바뀌는지는 다음 링크를 참고하세요.

▶ 날짜 및 시간 패턴 문자열: bit.ly/GAS_DATE

또는 '구글 앱스 스크립트 날짜 형식' 등으로 검색하면 자주 사용하는 형식을 알 수 있습니다. `Utilities.formatDate()`는 날짜를 원하는 형식의 문자열로 만들 때 자주 사용하므로 잘 기억해 둡시다. 그럼 이것으로 객체 설명을 끝냅니다.

04-5 | 안 보여도 될 부분은 숨기기
─ 변수 범위

지금까지 앱스 스크립트에서는 함수를 선택하고 실행했습니다. 이때 함수가 수행할 처리는 { 와 } 사이에 작성합니다.

예제

```
function oneTen() {      ⟵ oneTest() 함수는 여기서부터 시작
  let total = 0;

  for (let i = 1; i <= 10; i++) {
    total = total + i;
  }
  console.log(`합계는 ${total}입니다.`);
}      ⟵ 여기서 끝남
```

이 함수를 실행하면 함수 안에 작성한 프로그램을 실행합니다. 그러면 함수 밖에 프로그램을 작성하면 어떻게 될까요?

여기서는 변수의 **유효 범위**(scope)를 알아봅니다. 새로운 스크립트 파일을 만들고 이름을 '04장_유효범위.gs'로 입력하세요. 자동으로 생성된 myFunction() 함수는 삭제합니다.

프로그램은 전역부터 실행

다음과 같이 scope_1() 함수를 작성하고 실행하면 어떻게 될까요?

예제 4-28

```
// 함수 밖에 있는 코드
console.log('Good Morning.');   // (1)

// 실행할 함수
function scope_1(){
  console.log('Hello.');   // (3)
}
```

```
// 함수 밖에 있는 코드
console.log('Good Bye.');   // (2)
```

```
Good Morning.
Good Bye.
Hello.
```

그러면 코드의 주석 (1), (2), (3) 순서대로 실행합니다. 즉, 함수 밖에 있는 (1), (2)를 실행한 다음, 함수 안의 (3)을 실행하는 순서입니다.

여기서 함수 밖을 **전역**(global area), 함수 안을 **지역**(local area)이라고 합니다. 함수를 실행하면 먼저 전역부터 순서대로 실행하고 이후 지정한 함수를 실행하는 것이 규칙입니다.

예제 4-28(재사용)

```
console.log('Good Morning.');

function scope_1(){
   console.log('Hello.');      함수 안 = 지역        함수 밖 = 전역
}

console.log('Good Bye.');
```

유효 범위란 '보이는 범위'

유효 범위란 상수와 변수가 영향을 미치는 범위를 말합니다. 이에 따라 특정 상수와 변수를 참조할 수 있는 범위와 그렇지 않은 범위가 정해집니다. 유효 범위에는 **전역 범위, 지역 범위, 블록 범위**의 세 종류가 있습니다.

04장의 문제를 해결하는 복잡한 프로그램을 만들려면 어떤 상수와 변수를 어디까지 참조할 수 있어야 하는지를 알아야 합니다. 이때 기억할 점은 **안에 있는 것은 바깥에서 볼 수 없다**는 것입니다. 이를 구체적으로 알아보고자 몇 가지 예제를 살펴봅시다.

그전에 주의할 점 한 가지가 있습니다. 이후 유효 범위와 관련한 모든 코드는 '04장_유효범위.gs' 안에 있는 이전 코드를 모두 지우고 작성해야 합니다. 또한 이 프로젝트에 있는 스크립트 파일(01장~03장 포함) 모두 함수 이외에 전역에 있는 코드, 즉 함수 밖에 있는 코드는 모두 지워야 합니다.

예제 ① — 전역에서는 지역을 볼 수 없음

'04장_유효범위.gs'에 있던 코드를 모두 지우고 다음 예제를 작성합니다.

예제 4-29

```
// 전역
console.log(localText);

function scope_2() {
  const localText = "함수 안에 선언한 변수";
}
```

scope_2() 함수를 실행하면 어떻게 될까요? 앞서 본 것처럼 전역부터 실행한다는 규칙 때문에 먼저 localText를 로그로 출력하고자 다음 명령을 실행할 것입니다. 그러나 이 함수를 실행하면 오류가 발생합니다(그림 4-13).

예제

```
console.log(localText);
```

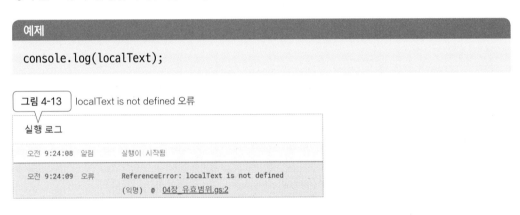

그림 4-13 ｜ localText is not defined 오류

전역에서는 함수 안에 있는 변수를 볼 수 없어서 생긴 오류입니다. localText라는 변수는 scope_2() 함수 안에 정의했으므로 전역에서는 볼 수 없습니다. 그러므로 localText is not defined(localText라는 변수를 정의하지 않았습니다.)라는 오류가 발생했던 것입니다.

이렇게 scope_2() 함수 안의 localText처럼 함수 안에 정의한 변수를 **지역 변수**(local variable)라고 합니다(그림 4-14).

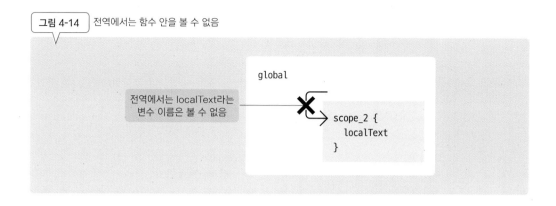

그림 4-14 전역에서는 함수 안을 볼 수 없음

전역에서는 localText라는
변수 이름은 볼 수 없음

```
global
    ✗
    → scope_2 {
         localText
      }
```

예제 ② — 함수(지역)에서는 전역을 볼 수 있음

다음으로, 예제 ①(예제 4-29) 코드를 모두 지우고 예제 4-30을 입력합니다.

예제 4-30

```
// 전역
const globalText = "전역";

function scope_3() {
  console.log(globalText);
}

function scope_4() {
  console.log(globalText);
}
```

이 상태에서 scope_3() 함수나 scope_4() 함수를 실행해 봅시다. 두 함수 모두 로그로 '전역'을 출력합니다. 그림 4-15처럼 함수 안에서는 전역에서 정의한 변수를 볼 수 있기 때문입니다. 이때 전역에 작성한 변수나 상수를 **전역 변수**(global variable) 또는 **전역 상수**(global constant)라고 합니다.

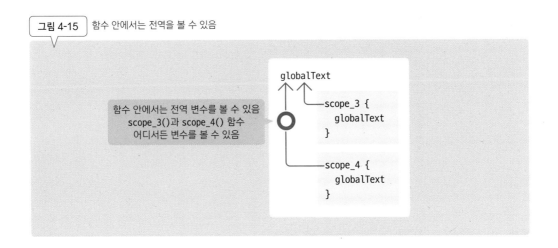

그림 4-15 함수 안에서는 전역을 볼 수 있음

함수 안에서는 전역 변수를 볼 수 있음
scope_3()과 scope_4() 함수
어디서든 변수를 볼 수 있음

```
globalText

scope_3 {
    globalText
}

scope_4 {
    globalText
}
```

예제 ③ — 변수 이름은 같더라도 다른 함수 유효(범위)에 사용하면 서로 다른 것임

마찬가지로 예제 ②(예제 4-30) 코드를 모두 지우고 예제 4-31을 작성합시다.

예제 4-31

```
function scope_5() {
  const localMessage = 'scope_5() 함수의 localMessage';
  console.log(localMessage);
}

function scope_6() {
  const localMessage = 'scope_6() 함수의 localMessage';
  console.log(localMessage);
}
```

지역 변수와 지역 상수(함수 안에 정의한 변수와 상수)는 정의한 함수 안에서만 이용할 수 있습니다. 이 코드에는 함수가 2개로, scope_5() 함수를 실행하면 'scope_5() 함수의 localMessage'를 출력하고, scope_6() 함수를 실행하면 'scope_6() 함수의 localMessage'를 출력합니다. 두 함수에 localMessage라는 변수가 모두 있으나 이때는 실행하는 함수 안에 있는 변수와 상수를 이용합니다(그림 4-16).

그림 4-16 이름이 같은 변수와 상수가 다른 함수에도 있을 때

그림 4-16 이름이 같은 변수와 상수가 다른 함수에도 있을 때

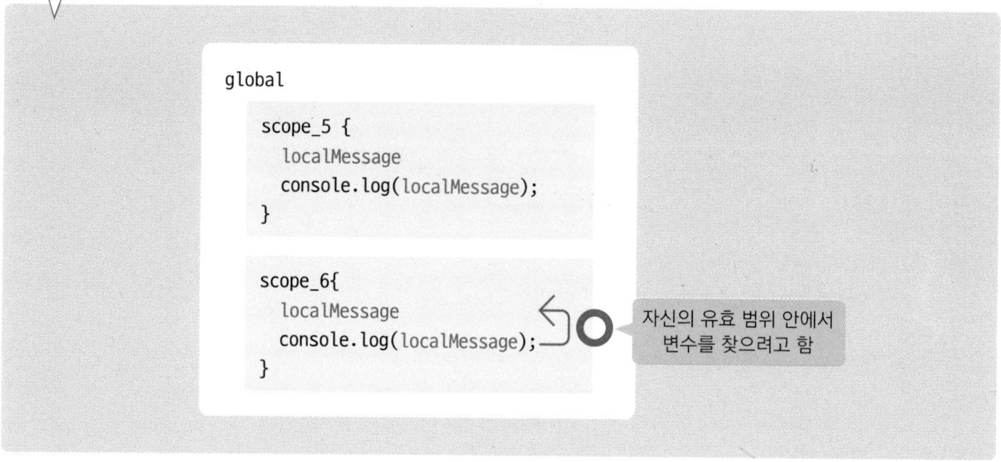

예제 ④ — 이름이 같은 변수가 전역과 지역에 모두 있을 때

그러면 전역 변수 이름과 같은 지역 변수가 있을 때는 어떨까요?

예제 ③(예제 4-31) 코드를 모두 지우고 예제 4-32를 입력합니다.

예제 4-32

```
const message = '전역';

function scope_7() {
  const message = '지역';
  console.log(message);
}
```

scope_7() 함수를 실행하면 오류는 발생하지 않고 '지역'을 출력합니다. 지역 → 전역 순서로 실행한 함수 안에서 message 변수를 찾았기 때문입니다. 물론 함수 안의 const message = '지역';을 삭제하면 '전역'을 출력합니다.

이 예제에서 오류는 발생하지 않으나 전역 변수와 지역 변수의 이름이 같아서 자신은 물론, 다른 사람도 혼동할 수 있습니다. 그러므로 변수나 상수를 만들 때는 서로 다른 이름을 사용하는 것이 바람직합니다(그림 4-17).

그림 4-17 전역과 지역에 이름이 같은 변수나 상수가 있을 때

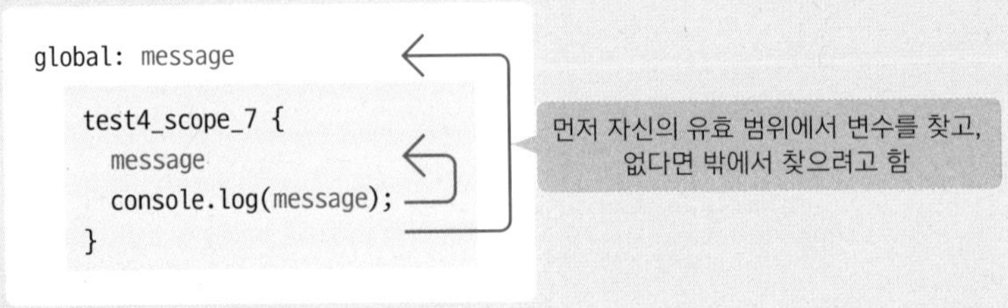

```
global: message

test4_scope_7 {
    message
    console.log(message);
}
```

먼저 자신의 유효 범위에서 변수를 찾고,
없다면 밖에서 찾으려고 함

▶ 오류는 발생하지 않으나 전역 변수와 지역 변수의 이름을 똑같이 사용하는 것은 바람직하지 않습니다.

예제 ⑤ — 블록 범위

앱스 스크립트(JavaScript)에서는 { }로 블록(block)을 만들 수 있습니다.

예제 4-33

```
function scope_8() {
  const outBlock = "블록 바깥쪽";

  // {부터 }까지를 '블록'이라고 함
  {
    const inBlock = "블록 안쪽";
    console.log(outBlock);
    console.log(inBlock);
  }

  console.log(outBlock);
  console.log(inBlock);   // 블록 안쪽은 볼 수 없으므로 오류가 발생함
}
```

그림 4-18 일부에서 오류 발생

실행 로그

오전 10:02:34 알림	실행이 시작됨	
오전 10:02:36 정보	블록 바깥쪽	
오전 10:02:36 정보	블록 안쪽	
오전 10:02:36 정보	블록 바깥쪽	
오전 10:02:35 오류	ReferenceError: inBlock is not defined scope_8 @ 04장_유효범위.gs:12	

scope_8() 함수 안에 블록을 하나 더 만들었습니다. 이 코드에서는 마지막 console.log (inBlock); 부분에서 오류가 발생합니다. 여기서는 inBlock을 출력하려고 하지만 inBlock 자체는 블록 안에 있으므로 console.log(inBlock);에서는 볼 수 없습니다. 그러므로 inBlock is not defined(inBlock을 정의하지 않았습니다.)라는 오류가 발생합니다(그림 4-18).

블록은 특정 범위를 제한할 때 사용합니다. 실은 다음처럼 함수 등에서 사용한 { }도 블록입니다.

<blockquote>예제</blockquote>

```
function scope9() {
}


for (let i = 0; i < 10; i++) {
}
```

그러므로 그 안에 선언한 변수와 상수는 해당 범위에서만 사용할 수 있습니다.
▶ 블록을 별도로 만들어 사용할 일은 거의 없을 겁니다.

같은 프로젝트에서 전역은 1곳뿐

전역은 프로젝트 1개당 하나만 있습니다. 즉, **스크립트 파일이 다르더라도 프로젝트가 같다면 같은 전역 범위 안에 있는 것입니다.**

예를 들어 '유효 범위 테스트'라는 프로젝트에 스크립트 파일(.gs)을 2개 만들고(**그림 4-19**) 각각의 스크립트 파일로 **예제 4-34, 예제 4-35**의 '코드1.gs', '코드2.gs'가 있다고 합시다.

그림 4-19 스크립트 파일 2개

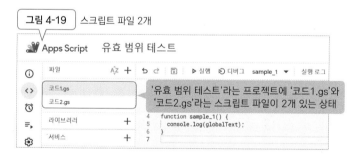

<blockquote>예제 4-34</blockquote>

```
// 코드1.gs
const globalText = "전역 변수";


function sample_1() {
  console.log(globalText);
}
```

```
// 코드2.gs
function sample_2() {
  console.log(globalText);
}
```

이 상태에서 '코드2.gs'의 **sample_2()** 함수를 실행하면 로그로 '전역 변수'를 출력합니다. 그러나 **globalText**는 '코드1.gs'에서 정의한 변수입니다. 왜냐하면 프로젝트 1개당 커다란 전역이 하나만 있기 때문입니다. 즉, 앞의 '코드1.gs'와 '코드2.gs'는 1개의 스크립트 파일에 작성한 것과 마찬가지라는 뜻입니다.

지금까지 작성한 코드를 예로 들면 '01장.gs', '02장.gs'처럼 스크립트 파일이 서로 다를 겁니다. 그러나 'GAS 입문'이라는 같은 프로젝트에 속한 파일이므로 실제로는 모두 'GAS 입문' 프로젝트의 전역에 작성한 내용입니다.

'처음부터 전부 스크립트 파일 1개에 작성하면 되지 않나요?'라고 생각할지도 모르겠습니다. 물론 이렇게 해도 상관없지만 파일이 너무 길어져 한눈에 보기가 어렵습니다. 앞날을 생각하여 파일 2개로 적절하게 나누는 편이 나중에 유지·관리하기 좋습니다.

다시 한번 주의할 점을 정리해 봅시다.

- 이름이 같은 변수와 상수는 전역에 2개 이상 만들지 않기(실행할 때 오류 발생)
- 단, 이름이 같은 함수는 여러 개 만들 수 있음

실행할 때 오류가 발생하지 않으면 알기 어려울 수도 있습니다. 함수를 같은 이름으로 만들면 의도하지 않는 움직임이 생길 수 있으므로 프로젝트 안에 있는 함수 이름은 반드시 중복해서 사용하지 않도록 합시다.

변수 유효 범위 정리하기

전역 변수는 프로그램 어디서든 읽을 수도, 접근할 수도 있으므로 쉽게 사용할 수 있습니다. 하지만 프로그램이 커질수록 어디서 접근하는지를 알기 어려우므로 주의해야 합니다. 정답은 없으나 프로그래밍할 때는 기본 규칙을 지키는 것이 좋습니다.

규칙

- 각각의 코드에서 볼 수 있는 범위(스코프)는 가능한 한 좁히기
- 단, 전역 변수로 하는 편이 알기 쉬울 때도 있으므로 적절히 구분하기

변수를 작성할 때 한 가지 요령이 있습니다. 전역 변수나 전역 상수 이름은 모두 대문자로 한다는 이름 짓기 규칙을 정해 두면 프로그래밍할 때 쉽게 알 수 있습니다.

그림 4-20으로 변수 유효 범위를 정리했습니다. 거듭 이야기하지만, 핵심은 안쪽에서 바깥쪽은 볼 수 있어도 바깥쪽에서 안쪽은 볼 수 없다는 점입니다.

그림 4-20 | 유효 범위 정리

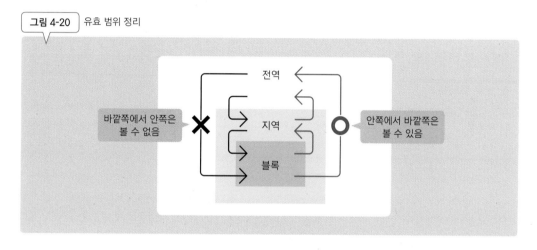

04-6 | 업무 관리 프로그램 만들기

> 처리가 점점 복잡해집니다!

지금까지 배운 내용을 활용하여 **04장**의 문제인 업무 관리 프로그램을 만들어 봅시다.

그림 4-21과 같은 시트로 업무를 관리할 때 기한이 3일 미만으로 다가온 업무를 이메일로 보내는 기능을 추가하는 것이 **04장**의 문제입니다. 데이터는 내려받은 예제의 [업무] 시트를 이용하세요.

그림 4-21 [업무] 시트

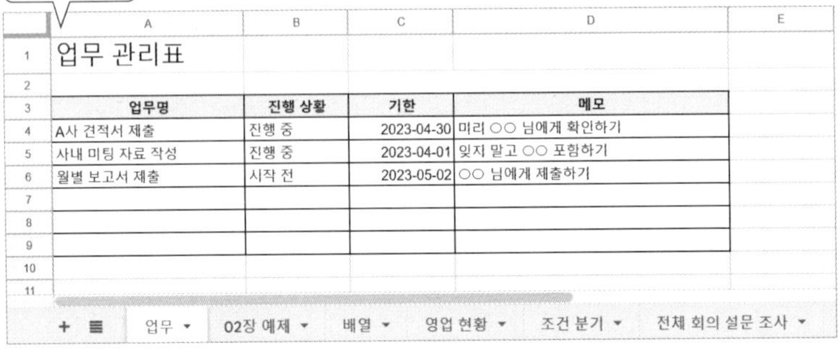

	A	B	C	D	E
1	업무 관리표				
2					
3	**업무명**	**진행 상황**	**기한**	**메모**	
4	A사 견적서 제출	진행 중	2023-04-30	미리 ○○ 님에게 확인하기	
5	사내 미팅 자료 작성	진행 중	2023-04-01	잊지 말고 ○○ 포함하기	
6	월별 보고서 제출	시작 전	2023-05-02	○○ 님에게 제출하기	
7					
8					
9					
10					
11					

+ ≡   업무 ▾   02장 예제 ▾   배열 ▾   영업 현황 ▾   조건 분기 ▾   전체 회의 설문 조사 ▾

요구 사항 정의하기

이번에도 먼저 요구 사항 정의, 즉 무엇을 어떻게 하면 완성인가를 정합니다.

---

❶ 실행 시점

- 1일 1번 매일 아침 8시에 앱스 스크립트를 실행하여 업무 목록 확인하기
- 조건에 맞는 내용이 있다면 이메일 보내기: 9시에 업무를 시작하므로 그 시점에 확인할 수 있으면 됨

❷ 프로그램에 사용할 업무 진행 상황

- '시작 전', '진행 중', '완료'로 나눔

❸ 이메일 알림 조건과 본문

- 기한이 오늘부터 3일 이상이고 진행 상황이 '완료'가 아니라면
  → '기한이 얼마 남지 않은 업무가 있습니다.'

- 기한이 오늘이고 진행 상황이 '완료'가 아니라면
  → '오늘이 기한인 업무가 있습니다.'

- 기한이 지났으나 '완료'가 아니라면
  → '기한이 지난 업무가 있습니다.'

- 위 내용에 해당하는 업무가 없다면
  → '기한이 다가온 업무가 없습니다.'

- '기한이 오늘부터 3일 미만'이라면
  → 오늘, 내일, 모레까지 끝내야 하는 업무를 뜻함

이번 문제에서는 '기한이 오늘부터 3일 미만'을 정확히 정의하는 것이 중요합니다. 일상 대화에서는 그리 중요하지 않을 수도 있지만 프로그램을 만들 때는 '언제부터 언제까지'라고 분명하게 정해야 합니다.

개념도와 순서도로 전체 흐름 확인하기

이번 문제를 개념도와 순서도로 나타내면 각각 **그림 4-22**, **그림 4-23**과 같은 모습일 겁니다. 여러 번 이야기하지만, 처음부터 완전한 순서도를 그리려고 애쓰지 않아도 됩니다. 이후 프로그래밍을 하면서 '이 순서도로는 안 되겠는데?'라는 생각이 들면 다시 작성하면 됩니다. 이 순서도 역시 몇 번씩 다시 수정해서 나온 결과물입니다.

그림 4-22 ┃ 업무 관리 프로그램 개념도

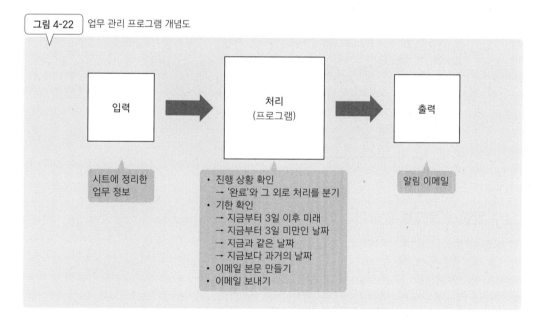

그림 4-23 업무 관리 프로그램 순서도

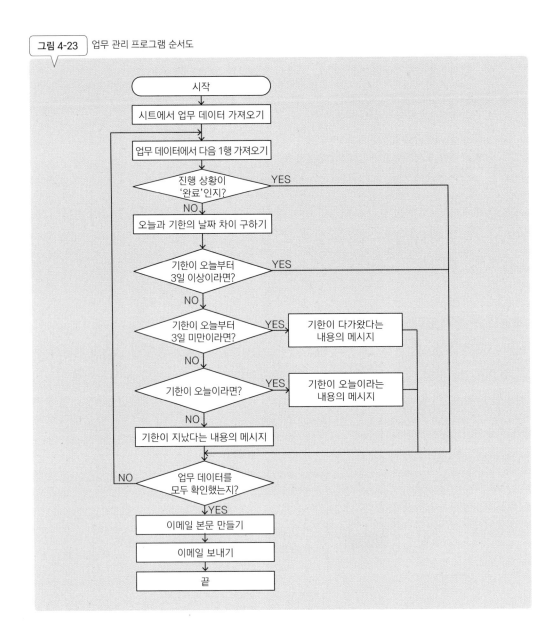

업무 알림 프로그램 만들기

준비할 내용을 정리해 봅시다.

- 예제 데이터의 [업무] 시트를 자신의 스프레드시트에 복사하기
- 모든 업무 진행 상황을 '완료' 이외, 즉 '시작 전', '진행 중'으로 변경하기
- **업무 기한 변경하기:** 오늘이 10일이라면 10일(오늘), 12일(모레), 13일(사흘 이후)로 입력하기
- **새로운 스크립트 파일을 만들고 '04장_업무관리.gs'로 이름 바꾸기:** 스크립트 기본 함수인 myFunction()은 삭제하기

준비가 끝났다면 코드를 입력해 봅시다.

함수 활용하기

02장에서 만든 '일일 보고서'와 03장에서 만든 설문 조사 집계 문제에서는 함수 하나로 모든 것을 구현했습니다. 그러나 이번 04장에서는 앞서 배운 함수를 이용하여 역할을 나누어 각각 작성합니다.

function에는 함수뿐 아니라 기능이라는 뜻도 있습니다. 프로그래밍에서 기능이란 **실현할 내용을 이루는 것**이라 할 수 있습니다. 예를 들어 밑변과 높이를 전달하면 삼각형의 넓이를 반환하거나 생년월일을 입력하면 별자리를 알려 주는 것도 기능입니다. 이를 확장하면 전 세계 사람들이 재잘거리는 것을 보는 트위터 역시 하나의 기능입니다.

이런 방식을 자신의 프로그램에 적용해 봅시다. 지금까지도 프로그래밍을 시작하기 전에 하고 싶은 내용을 글로 정리했습니다. 예를 들면 다음과 같습니다.

예제 4-36(일부)

```
function remindTasks() {
    // 1. 시트에서 업무 데이터 가져오기
    // 2. 업무 데이터에서 다음 1행 가져오기
    // 3. 오늘과 기한의 날짜 차이 구하기
    // 4. 날짜 차이에 따른 메시지 만들기
    // 5. 이메일 본문 만들기
    // 6. 이메일 보내기
}
```

이렇게 실현하고 싶은 내용을 주석으로 정리하면 주석 6개 각각을 함수(=기능)로 나누어 처리할 수 있는 덩어리라고 볼 수 있습니다. 이 가운데 **3. 오늘과 기한의 날짜 차이 구하기**만 빼고 나머지는 지금까지 배운 내용으로도 만들 수 있습니다.

여기서는 이번 04장에 처음 등장한 '오늘과 기한의 날짜 차이 구하기' 부분만 자세하게 살펴보겠습니다. 전체 실행 함수 remindTask()와 별도로 날짜 차이를 계산하는 함수 diffDays()를 만들고, remindTask() 함수에서 diffDays() 함수를 호출하여 사용하는 구조입니다(**그림 4-24**).

▶ diff는 difference를 줄인 말로, 프로그래밍에서 차이를 표현할 때 자주 사용합니다.

그림 4-24   remindTask() 함수와 diffDays() 함수의 관계

```
// 실행할 함수                           // 날짜 차이를 계산하는 함수
function remindTasks() {                function diffDays(deadLine) {
   // 시트에서 업무 데이터 가져오기             // 오늘과 deadLine의 날짜 차이 계산하기
   // 업무 데이터에서 다음 1행 가져오기          // 날짜 차이를 숫자로 return하기
                                        }
   // 오늘과 기한의 날짜 차이 구하기
     const diff = diffDays(기한);

   // 날짜 차이에 따른 메시지 만들기
   // 이메일 본문 만들기
   // 이메일 보내기
}
```

diffDays() 함수 만들기

diffDays() 함수가 해야 할 일은 **그림 4-23**의 전체 순서도에서 오늘과 기한의 날짜 차이를 구하는 부분입니다(**그림 4-25**).

그림 4-25   순서도(일부)

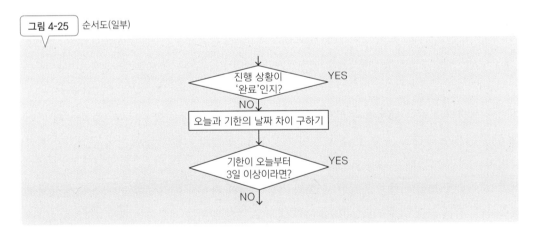

diffDays() 함수를 만들 때 다음 3가지를 고려해야 합니다.

- diffDays() 함수의 처리 결과는 무엇인가? (무엇을 반환할 것인가? → 출력)
- 원하는 결과를 얻는 데 필요한 재료는 무엇인가? (인수로 전달할 것은 있는가? → 입력)
- 함수 안에서는 어떤 처리를 수행하는가? (재료를 사용하여 어떻게 계산하는가?)

이번 문제에 적용해 보겠습니다.

- 반환(return)할 것 → 출력
  날짜의 차이를 나타내는 정수(같은 날짜라면 0)

- 재료(인수) → 입력
  기한을 저장한 Date 객체

- 처리 내용
  기한 - 오늘 날짜로 일수 계산하기

이 작업은 지금까지 해온 개념도를 이용한 사고방식을 `diffDays()` 함수라는 더 작은 단위에 적용한 것입니다.

그림 4-26 diffdays() 함수 개념도

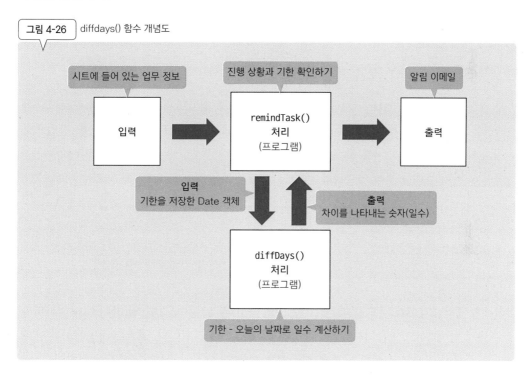

`diffDays()` 함수가 할 일을 주석으로 정리해 보았습니다.

```
/**
 * Date 객체를 가져와 deadLine과 오늘의 날짜 차이(오늘이라면 0) 반환하기
 */
function diffDays(deadLine) {
    // 기한의 Date 객체에 0시 0분 0초 설정하기


    // 오늘의 Date 객체에 0시 0분 0초 설정하기


    // getTime() 함수를 이용해 기한과 오늘의 날짜 차이를 밀리초 단위로 구하기


    // 밀리초를 날짜로 변환하기
    return xxx;
}
```

이 내용을 실현하는 코드를 만들어 봅시다.

먼저 기한을 나타내는 Date 객체를 인수 deadLine으로 전달합니다. 업무 알림 프로그램을 시작하는 해당 날짜를 new Date()로 가져오면 앞서 소개한 getTime()을 이용한 방법으로 두 날짜의 차이를 구하고 이를 일수로 변환합니다.

여기서 한 가지 주의할 점이 있습니다.

- A: 2023/10/10 20:00:00
- B: 2023/10/11 19:00:00

일상생활에서 A와 B를 비교할 때는 10월 10일과 10월 11일이므로 1일 차이로 해석하더라도 문제가 안 될 수도 있습니다. 그러나 실제 차이는 23시간입니다. 프로그래밍에서는 애매함을 허락하지 않으므로 이를 날짜로 환산하면 0.95833333⋯ ≒ 0.96이라 계산합니다. 코드로 살펴봅시다.

```
function getTimeTest() {
  const a = new Date("2023-10-10 20:00:00");
  const b = new Date("2023-10-11 19:00:00");
  const diff = b.getTime() - a.getTime();

  console.log(diff / (24 * 60 * 60 * 1000));
}
```

```
0.9583333333333334
```

이처럼 소수를 출력하는데, 날짜 차이는 정수로 표현해야 알아보기 쉽습니다. 그러므로 날짜를 비교할 때는 연월일은 그대로 하고 시분초에는 미리 0을 넣어 두면 순수한 날짜 차이를 비교할 수 있습니다.

```
function diffDays(deadLine) {
  // 기한의 Date 객체에 0시 0분 0초 설정하기
  deadLine.setHours(0);
  deadLine.setMinutes(0);
  deadLine.setSeconds(0);

  // 오늘의 Date 객체에 0시 0분 0초 설정하기
  const now = new Date();
  // 이렇게 하면 오늘 0시 0분 0초가 됨
  const today = new Date(now.getFullYear(), now.getMonth(), now.getDate());
}
```

먼저 인수로 전달받은 기한을 나타내는 Date 객체인 deadLine의 시분초를 0으로 설정합니다. 그리고 다음 행에서는 new를 이용하여 현재 일시를 확인하고 연, 월, 일만 가져옵니다. 생략한 값시, 분, 초, 밀리초는 0으로 설정한다는 것은 앞서 설명했습니다.

이렇게 하면 '기한 00:00:00'과 '오늘 00:00:00'을 비교하여 날짜 차이를 구할 수 있습니다.

```
// 계속

    // getTime() 함수를 이용해 기한과 오늘의 날짜 차이를 밀리초 단위로 구하기
    const difference = deadLine.getTime() - today.getTime();

    // 밀리초를 날짜로 변환하기
    const diffDays = difference / (24 * 60 * 60 * 1000);

    return diffDays;
}
```

getTime()은 결과를 밀리초로 반환하므로 이를 날짜로 변환하고 그 결과인 diffDays를
return 문으로 반환합니다.

이렇게 하여 Date 객체를 전달하면 오늘과의 날짜 차이를 반환하는 함수를 완성했습니다.

```
/**
 * Date 객체를 가져와 deadLine과 오늘의 날짜 차이(오늘이라면 0) 반환하기
 */
function diffDays(deadLine) {
    // 기한의 Date 객체에 0시 0분 0초 설정하기
    deadLine.setHours(0);
    deadLine.setMinutes(0);
    deadLine.setSeconds(0);

    // 오늘의 Date 객체에 0시 0분 0초 설정하기
    const now = new Date();
    // 이렇게 하면 오늘 0시 0분 0초가 됨
    const today = new Date(now.getFullYear(), now.getMonth(), now.getDate());
    // getTime() 함수를 이용해 기한과 오늘의 날짜 차이를 밀리초 단위로 구하기
    const difference = deadLine.getTime() - today.getTime();

    // 밀리초를 날짜로 변환하기
    const diffDays = difference / (24 * 60 * 60 * 1000);

    return diffDays;
}
```

diffDays() 함수는 '업무 기한 – 오늘'의 날짜 차이를 계산하여 업무 기한이 어제라면 –1, 오늘이라면 0, 내일이라면 1, 모레라면 2를 반환합니다.

함수 실행하여 확인하기

여기서 한 가지 문제가 있습니다. diffDays() 함수를 만들고 올바르게 작동하는지 확인하려고 직접 실행하면 오류가 발생합니다(**그림 4-27**).

| 그림 4-27 | Type 오류 |

실행 로그

| 오후 2:26:58 알림 | 실행이 시작됨 |
| 오후 2:26:59 오류 | TypeError: Cannot read properties of undefined (reading 'setHours')
diffDays @ 04장_업무관리.gs:55 |

이 오류 메시지는 어떤 정보가 들어 있는 setHours 속성을 읽으려고 했지만, 아직 정의되지 않았다(undefined)는 뜻입니다. 오류가 난 부분을 살펴봅시다.

예제

```
deadLine.setHours(0);
```

여기서 deadLine이 '어떤 정보'에 해당합니다. 즉, deadLine이 undefined되어 없다라는 것입니다. deadLine이란 diffDays() 함수가 인수로 전달받은 변수입니다. 그러나 실행할 때 인수를 전달하지 않았기 때문에 deadLine 자체가 아직 정의되지 않아 실행할 수 없다는 오류를 표시한 것입니다.

이번 예제처럼 인수를 전달받아야 하는 함수는 자체만으로는 동작을 확인할 수 없습니다. 그러면 어떻게 해야 할까요? 바로 deadLine을 diffDays() 함수로 전달하는 테스트 함수를 만드는 방법이 있습니다.

예제 4-36-2

```
function testDiffDays() {
  const deadLine = new Date("2023-03-20 00:00:00");
  const diff = diffDays(deadLine);
  console.log(diff);
}
```
---

testDiffDays() 함수 안에서 diffDays() 함수를 호출한 결과를 diff라는 변수에 넣습니다. 그리고 diff의 값을 확인하면 diffDays() 함수가 올바르게 작동한다는 것을 알 수 있습니다. 이렇게 인수가 필요한 함수를 테스트할 때는 그 함수의 동작을 확인하는 함수를 따로 만들면 됩니다.

실행 함수 remindTasks() 만들기

계속해서 실행 함수 remindTasks()를 만듭시다.

> **예제 4-36(일부)**

```
function remindTasks() {
    // 1. 시트에서 업무 데이터 가져오기
    // 2. 업무 데이터에서 다음 1행 가져오기
    // 3. 오늘과 기한의 날짜 차이 구하기
    // 4. 날짜 차이에 따른 메시지 만들기
    // 5. 이메일 본문 만들기
    // 6. 이메일 보내기
}
```

주석 1, 2는 지금까지 여러 번 살펴본 내용입니다. 이번에는 새롭게 위에서 순서대로 업무 목록을 확인하며 이메일로 알려야 할 내용이 있으면 remindTasks 배열 안에 넣겠습니다.

> **예제 4-36(일부)**

```
function remindTasks() {
    // 1. 시트에서 업무 데이터 가져오기
    const sheet = SpreadsheetApp.getActive().getSheetByName("업무");
    const values = sheet.getRange(4, 1, sheet.getLastRow() - 3, sheet.getLastColumn()).getValues();
}
```

getRange() 함수에는 인수 4개를 지정하는데, 02장에서 설명한 대로 다음과 같은 형태입니다.

> **규칙**

getRange(row, column, numRows, numColumns)

이번에 만든 코드에서는 '4행 1열부터 sheet.getLastRow() - 3행 sheet.getLastColumn() 열만큼의 범위'를 가져온다는 뜻입니다.

3번째 인수인 sheet.getLastRow() - 3이 포인트입니다. 시트에서 업무 정보가 들어 있는 곳은 4행째부터이므로 3행째까지는 필요 없는 데이터입니다. 따라서 lastRow에서 3을 뺀 만큼의 행 수를 지정 범위로 합니다(그림 4-28).

그림 4-28 시트에서 불필요한 부분

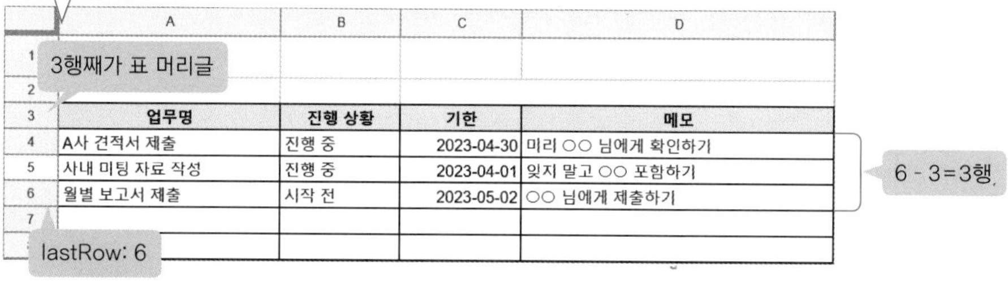

	A	B	C	D
1	3행째가 표 머리글			
2				
3	업무명	진행 상황	기한	메모
4	A사 건적서 제출	진행 중	2023-04-30	미리 ○○ 님에게 확인하기
5	사내 미팅 자료 작성	진행 중	2023-04-01	잊지 말고 ○○ 포함하기
6	월별 보고서 제출	시작 전	2023-05-02	○○ 님에게 제출하기
7				

6 - 3 = 3행

lastRow: 6

그럼 계속 작성해 봅시다. 다음과 같이 프로그래밍하면 for 문이 끝난 시점에 remindTasks 배열 안에 알림 이메일 내용이 들어갑니다.

예제 4-36(일부)

```
function remindTasks() {
  // 1. 시트에서 업무 데이터 가져오기
  const sheet = SpreadsheetApp.getActive().getSheetByName("업무");
  const values = sheet.getRange(4, 1, sheet.getLastRow() - 3, sheet.getLastColumn
()).getValues();

  // 알릴 내용을 임시로 저장할 곳
  const remindTasks = [];

  // 2. 업무 데이터에서 다음 1행 가져오기
  for (const rowData of values) {
    // 조건에 따라 알림 이메일 내용을 remindTasks에 push하기
  }
}
```

반복문으로 데이터를 1행씩 가져오기

앞의 코드 마지막에서 본 for 문을 만듭시다. 이 반복문에서 구현할 내용은 **그림 4-23**의 전체 순서도 가운데 다음 부분에 해당합니다(**그림 4-29**). 코드와 함께 살펴보면서 설명하겠습니다.

그림 4-29 순서도 일부

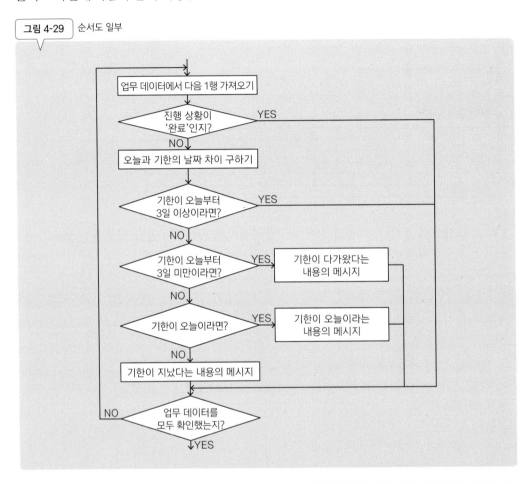

예제 4-36(일부)

```
// 알릴 내용을 임시로 저장할 곳
const remindTasks = [];

// 2. 업무 데이터에서 다음 1행 가져오기
for (const rowData of values) {

    // 진행 상황이 '완료'라면 아무것도 하지 않음
    const status = rowData[1];
    if (status === "완료") {
```

```
    continue;
  }


  // 3. 날짜 차이 확인하기(스프레드시트에서 날짜를 가져오면 Date 객체가 됨)
  const deadLine = rowData[2];
  const diff = diffDays(deadLine);

  if (3 <= diff) {
    continue;
  } else if (0 < diff) {
    remindTasks.push(`${rowData[0]} 기한이 다가왔습니다.`);
  } else if (diff === 0) {
    remindTasks.push(`${rowData[0]} 기한이 오늘입니다.`);
  } else {
    remindTasks.push(`${rowData[0]} 기한이 지났습니다.`);
  }
}
```

먼저 for ~ of 문의 1번째 행을 살펴봅시다. values에는 sheet.getRange().getValues()로 가져온 업무 정보가 2차원 배열 형태로 들어 있습니다. 이를 대상으로 for ~ of 문을 사용하여 요소 1개, 즉 시트 1행만큼의 정보가 들어 있는 1차원 배열을 가져와 새로 만든 rowData 배열에 넣습니다. 이렇게 하면 rowData[0]에는 업무명, rowData[1]에는 진행 상황이 들어 갑니다.

진행 상황이 '완료'라면 아무것도 하지 않는다

예제 4-36(일부)

```
// 진행 상황이 '완료'라면 아무것도 하지 않음
const status = rowData[1];
if (status === "완료") {
  continue;
}
```

for 문의 첫 부분입니다. 시트에서 진행 상황이 '완료'라면 끝난 업무이므로 알릴 필요가 없습니다. 그러므로 rowData[1]에 들어 있는 값을 확인하여 '완료'라면 아무것도 하지 않고, 다음으로 values 에 들어 있는 업무를 확인하고자 continue를 입력합니다.

시트에 있는 날짜를 getValue()로 가져오면 Date 객체가 된다

```
// 3. 날짜 차이 확인하기(스프레드시트에서 날짜를 가져오면 Date 객체가 됨)
const deadLine = rowData[2];
```

rowData[2]에는 날짜 정보가 들어 있습니다. 이때 주의할 점은, rowData[2]의 '기한'은 "2023/04/30"과 같은 문자열이 아니라 날짜 정보가 들어 있는 Date 객체라는 것입니다. 스프레드시트에서 날짜가 들어 있는 셀의 표시 형식은 날짜가 기본이기 때문입니다.

▶ 표시 형식을 서식 없는 텍스트로 변경했다면 "2023/04/30"이라는 문자열로 가져옵니다.

이 rowData[2]를 deadLine에 넣으므로 deadLine에는 기한을 나타내는 Date 객체가 들어갑니다. 이를 이용하여 오늘과 기한 사이의 날짜 차이를 구하려면 앞서 작성한 diffDays() 함수가 필요합니다.

날짜 차이에 따른 본문 만들기

diffDays() 함수는 인수로 Date 객체인 deadLine을 전달하면 오늘과 deadLine 날짜 사이의 차이를 정수로 반환합니다. diffDays() 함수를 이용하여 업무 알림 이메일 본문을 만듭니다.

```
// 3. 날짜 차이 확인하기(스프레드시트에서 날짜를 가져오면 Date 객체가 됨)
const deadLine = rowData[2];
const diff = diffDays(deadLine);

// 4. 날짜 차이에 따른 메시지 만들기
if (3 <= diff) {              // (1)
  continue;
} else if (0 < diff) {        // (2)
  remindTasks.push(`${rowData[0]} 기한이 다가왔습니다.`);
} else if (diff === 0) {      // (3)
  remindTasks.push(`${rowData[0]} 기한이 오늘입니다.`);
} else {                      // (4)
  remindTasks.push(`${rowData[0]} 기한이 지났습니다.`);
}
```

날짜 차이는 조금 복잡하므로 다시 설명합니다. '기한이 오늘부터 3일 미만'이란 오늘(날짜 차이 0), 내일(날짜 차이 1), 모레(날짜 차이 2)까지를 뜻합니다. 이를 이용하여 다음 2가지를 확인합니다. 주석 (1)은 기한과 날짜 차이가 3 이상일 때(3 <= diff)의 처리로, 알릴 필요가 없으므로 아무것도 하지 않습니다. continue로 다음 반복으로 넘어갑니다.

주석 (2)는 기한과 날짜 차이가 1이거나 2일 때(1 <= diff 또는 diff <= 2라는 조건)의 처리로, (1)에 3 <= diff 조건이 있으므로 (2)에서는 반드시 diff <= 2가 됩니다. 이때 ○○이라는 업무의 기한이 다가왔다고 알립니다.

▶ diff는 정수이므로 3 <= diff가 false라면 반드시 diff <= 2를 만족합니다.

예제

```
remindTasks.push(`${rowData[0]} 기한이 xxxx`);
```

이 처리 내용은 `${rowData[0]} 기한이 xxxx`라는 문자열을 remindTasks 배열 마지막에 추가한다는 뜻입니다.

주석 (3)은 업무 기한 당일(기한과 날짜 차이가 0)일 때, (4)는 기한이 지났을 때(기한과 날짜 차이가 음수)입니다. 추가할 문자열이 다를 뿐 처리는 같습니다.

예를 들어 for 문이 끝났을 때 remindTasks 배열의 내용을 살펴봅시다.

예제

```
[
  'A사 견적서 제출 기한이 지났습니다.',
  '사내 미팅 자료 작성 기한이 오늘입니다.',
  '월별 보고서 제출 기한이 다가왔습니다.'
]
```

이메일 본문 만들기

이메일로 알릴 업무가 있다면 remindTasks 배열에 들어 있는 메시지를 줄 바꿈 하여 본문으로 만듭니다.

예제 4-36(일부)

```
body = remindTasks.join("\n");
```

이렇게 하면 body 내용은 다음과 같이 됩니다.

A사 견적서 제출 기한이 지났습니다.
사내 미팅 자료 작성 기한이 오늘입니다.
월별 보고서 제출 기한이 다가왔습니다.

이메일로 알릴 업무가 없을 때, 즉 기한까지 3일 이상 남은 업무뿐이라면 remindTasks는 [] (빈 배열)입니다. 이때는 remindTasks에서 가져올 것이 없어 오류가 발생하므로 따로 처리해야 합니다.

그림 4-23 순서도에서 '이메일 본문 만들기'는 하나의 처리이지만, remindTasks의 내용이 있는지에 따라 처리할 내용이 다르다는 것을 알 수 있습니다. 즉, **그림 4-30**처럼 '이메일 본문 만들기' 안에서 한 번 더 처리를 분기합니다.

그림 4-30 | 본문 만들기에도 분기가 있음

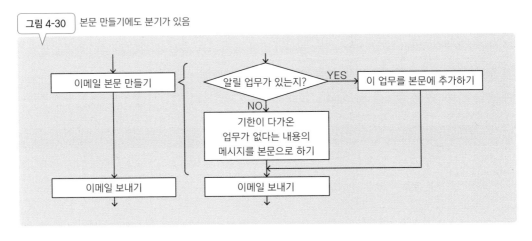

이처럼 프로그램을 작성하기 전 순서도 단계에서는 대략의 흐름(추상도가 높은 상태)만 알 수 있을 때가 흔합니다. 실제로는 코드를 만들면서 점점 구체화하므로(추상도는 낮아지고 해상도는 높아짐) 그때마다 순서도를 업데이트하며 진행합시다.

다음은 알릴 업무가 없을 때를 포함한 코드입니다.

```
// 5. 이메일 본문 만들기
let body = "";
if (remindTasks.length > 0) {
  body = remindTasks.join("\n");
```

```
  } else {
    body = "기한이 다가온 업무가 없습니다.";
  }
```

이메일 보내기

예제 4-36(일부)

```
// 6. 이메일 보내기
const to = "xxxxxx@example.com";
const subject = "업무 알림";
GmailApp.sendEmail(to, subject, body);
```

이메일 보내기는 이미 배운 내용입니다. 이메일을 보냈다면 remindTask() 함수를 끝냅니다. to에 알림을 보내야 할 이메일 주소를 설정합니다.

예제 코드 실행하기

지금까지 작성한 전체 코드를 봅시다.

예제 4-36(완성)

```
/**
 * 실행할 함수
 */
function remindTasks() {
  // 1. 시트에서 업무 데이터 가져오기
  const sheet = SpreadsheetApp.getActive().getSheetByName("업무");
  const values = sheet.getRange(4, 1, sheet.getLastRow() - 3, sheet.getLastColumn
()).getValues();

  // 알릴 내용을 임시로 저장할 곳
  const remindTasks = [];

  // 2. 업무 데이터에서 다음 1행 가져오기
  for (const rowData of values) {

    // 진행 상황이 '완료'라면 아무것도 하지 않음
```

```
    const status = rowData[1];
    if (status === "완료") {
      continue;
    }


    // 3. 날짜 차이 확인하기(스프레드시트에서 날짜를 가져오면 Date 객체가 됨)
    const deadLine = rowData[2];
    const diff = diffDays(deadLine);


    // 4. 날짜 차이에 따른 메시지 만들기
    if (3 <= diff) {
      continue;
    } else if (0 < diff) {
      remindTasks.push(`${rowData[0]} 기한이 다가왔습니다.`);
    } else if (diff === 0) {
      remindTasks.push(`${rowData[0]} 기한이 오늘입니다.`);
    } else {
      remindTasks.push(`${rowData[0]} 기한이 지났습니다.`);
    }
  }


  // 5. 이메일 본문 만들기
  let body = "";
  if (remindTasks.length > 0) {
    body = remindTasks.join("\n");
  } else {
    body = "기한이 다가온 업무가 없습니다.";
  }


  // 6. 이메일 보내기
  const to = "xxxxxx@example.com";
  const subject = "업무 알림";
  GmailApp.sendEmail(to, subject, body);
}


/**
 * Date 객체를 가져와 deadLine과 오늘의 날짜 차이(오늘이라면 0) 반환하기
 */
```

```
function diffDays(deadLine) {
    // 기한의 Date 객체에 0시 0분 0초 설정하기
    deadLine.setHours(0);
    deadLine.setMinutes(0);
    deadLine.setSeconds(0);

    // 오늘의 Date 객체에 0시 0분 0초 설정하기
    const now = new Date();
    // 이렇게 하면 오늘 0시 0분 0초가 됨
    const today = new Date(now.getFullYear(), now.getMonth(), now.getDate());
    // getTime() 함수를 이용해 기한과 오늘의 날짜 차이를 밀리초 단위로 구하기
    const difference = deadLine.getTime() - today.getTime();

    // 밀리초를 날짜로 변환하기
    const diffDays = difference / (24 * 60 * 60 * 1000);

    return diffDays;
}
```

코드 중 to에는 자신의 이메일 주소를 설정하세요. 그리고 스프레드시트의 [업무] 시트에 적절하게 기한을 설정한 업무를 몇 가지 입력하고 remindTasks() 함수를 실행해 보세요. 그러면 to에 지정한 주소로 이메일이 도착했을 겁니다. 이때 기한을 다양하게 설정하여 메시지가 어떻게 달라지는지도 확인하세요.

트리거 설정하기

아무런 문제 없이 잘 실행되었다면 정해진 시각에 자동으로 실행하도록 트리거를 설정해 봅시다.

이번에는 오전 8시에 실행하도록 설정합니다(**그림 4-31**, **그림 4-32**). [저장]을 누르면 **그림 4-33** 화면으로 이동하여 설정한 트리거를 확인할 수 있습니다.

이것으로 매일 아침 8시에 remindTasks() 함수를 실행하도록 설정했습니다.

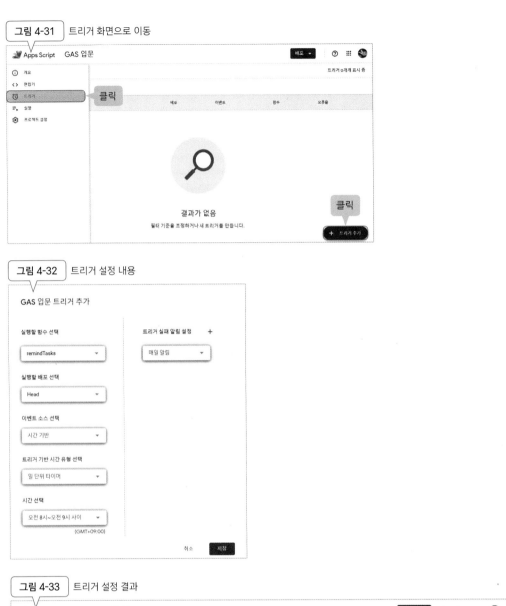

그림 4-31 트리거 화면으로 이동

그림 4-32 트리거 설정 내용

그림 4-33 트리거 설정 결과

소유자	최종 실행	배포	이벤트	함수	오류율
나	-	Head	시간 기반	remindTasks	-

04-7 │ 배운 내용 정리하기

04장의 포인트는 특정 처리를 함수로 만들어 다른 함수에서 호출하는 것입니다.

어떤 처리를 어떤 함수로 만들 것인가는 사용자가 직접 정해도 됩니다. 이때 하나의 함수로 하나의 처리를 수행한다는 원칙으로 하면 알아보기 쉽습니다.

예를 들어 04장의 예제에서는 `remindTasks()`와 `diffDays()` 함수 2개를 만들었는데, `remindTasks()` 함수가 맡은 처리는 이메일 보내기입니다.

이메일 보내기 처리를 따로 떼내서 body를 전달하면 이메일을 보내는 sendMail() 함수를 만들 수도 있습니다.

예제

```
function remindTasksSampleAfter() {
  (… 생략 …)

  // 본문 만들기
  const body = remindTasks.join("\n");

  // 이메일 보내기
  sendMail(body);
}

function sendMail(body) {
  const to = "xxxxxxx@example.com";
  const subject = "업무 알림";
  GmailApp.sendEmail(to, subject, body);
}
```

함수를 나누면 전체 코드 양은 늘어나지만, 함수는 각각 적은 양의 코드로 이루어집니다. 큰 함수 몇 개보다 작은 함수 여러 개로 만들면 어디선가 오류가 발생하더라도 문제를 발견하고 수정하기 쉽다는 장점이 있습니다. 앞으로 앱스 스크립트로 프로그래밍하면서 코드가 점점 늘어난다면 처리를 분리하여 여러 개의 함수로 나누는 편이 좋습니다.

04-8 | 자가 진단 테스트 ⑤
— 김초롱 학생의 성적을 함수로 계산하기

03-6절에서 다뤘던 **자가 진단 테스트 ② — 김초롱 학생의 성적 계산하기** 문제를 여기서는 함수로 풀어 봅니다.

문제

김초롱 학생은 국어, 산수, 영어 시험을 치렀습니다.

그 결과 국어는 80점, 산수는 100점, 영어는 60점이었습니다.

이 학교에서는 세 과목의 평균 점수로 성적을 매긴다고 합니다.

40점 미만	40점이상 60점 미만	60점 이상 80점 미만	80점 이상
노력 필요	보통	우수	매우 우수

이와 함께 평균 점수가 75점 이상 되면 용돈을 올리기로 부모님과 약속했습니다. 김초롱 학생의 세 과목 점수를 이용하여 다음 내용을 출력하는 프로그램을 만드세요.

- 성적
- 용돈 인상 여부

단, 출력은 다음과 같은 형식이어야 합니다.

로그 출력

이번 김초롱 학생의 평균 점수는 ∞점입니다.
그러므로 성적은 '∞(매우 우수, 우수, 보통, 노력 필요 중 한 가지)'입니다.
성적에 따라 ('용돈도 올랐습니다.' 또는 '용돈은 그대로입니다.')

이 문제를 다음 조건에 맞는 코드로 작성하세요.

김초롱 학생의 성적이 객체에 들어 있는 배열이라는 것을 전제로 해서 다음 3가지 조건을 만족하는 프로그램을 만들면 됩니다.

예제(김초롱 학생의 시험 점수)

```
const scores = [
  { subject: '국어', score: 80 },
  { subject: '산수', score: 100 },
  { subject: '영어', score: 60 }
];
```

- **조건 1**: scores를 인수로 전달받아 평균 점수를 반환하는 함수 getAverage() 만들기
- **조건 2**: 평균 점수를 인수로 전달받아 성적을 판단하여 '매우 우수', '우수', '보통', '노력 필요' 가운데 문자열 하나를 반환하는 함수 judgeGrade() 만들기
- **조건 3**: 평균 점수를 인수로 전달받아 용돈을 올릴 수 있는지를 반환하는 함수 canRaiseAllowance() 만들기

▶ allowance는 용돈을 뜻합니다.

그림 4-34처럼 역할에 따라 함수를 나누는 모습을 떠올리며 **예제 4-37**을 완성하여 문제를 해결해 봅시다.

그림 4-34 | 역할에 따라 함수 나누기

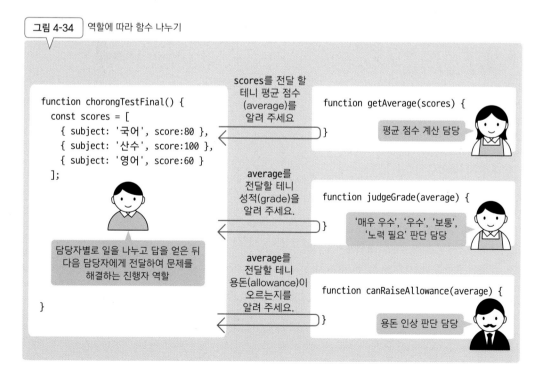

```javascript
// 실행할 함수
function chorongTestFinal() {
  const scores = [
    { subject: '국어', score:80 },
    { subject: '산수', score:100 },
    { subject: '영어', score:60 }
  ];

  // scores를 전달하면 평균 점수(average) 반환하기
  const average = getAverage(scores);

  // average를 전달하면 성적(grade) 반환하기
  const grade = judgeGrade(average);

  // average를 전달하면 용돈(allowance)이 오르는지 판단하기
  const canRaise = canRaiseAllowance(average);

  // 결과 출력하기

}

function getAverage(scores) {
  // scores 배열의 평균 계산하기
  // 평균 점수 return하기
}

function judgeGrade(average) {
  // 평균 점수에 따라 성적 정하기
  // 성적 return하기
}

function canRaiseAllowance(average) {
  // 평균 점수에 따라 용돈이 오르는지 판단하기
  // 판단 결과를 true / false로 return하기
}
```

 **꼭 알아 두기** | **문서 연결 스크립트와 독립 스크립트**

지금까지 앱스 스크립트에서는 스프레드시트를 만들고 [확장 프로그램 → Apps Script] 메뉴로 스크립트 편집기를 열었습니다. 이렇게 구글 스프레드시트나 구글 문서 등의 구글 서비스와 연결된 스크립트를 **문서 연결 스크립트**(container-bound script)라고 합니다.

이와 달리 스크립트 파일을 독립해서 만들 수도 있습니다. 이를 **독립 스크립트**(standalone script)라고 하는데, 이 파일은 구글 서비스와 연결되지 않으므로 특정 서비스 화면에서 실행할 수는 없습니다. 그러나 스크립트 파일은 구글 드라이브에 저장되므로 관리하기 쉽다는 장점이 있습니다. 다시 말해 스프레드시트를 열 필요가 없습니다.

앱스 스크립트가 구글 서비스를 이용한다면 문서 연결 스크립트를, 그렇지 않고 앱스 스크립트만으로 끝나는 처리라면 독립 스크립트를 구분하여 사용하는 것이 좋습니다.

독립 스크립트를 만들려면 구글 드라이브를 열고 [새로 만들기 → 더 보기 → Google Apps Script]를 선택합니다. 이때 열리는 화면은 기존 편집기와 마찬가지입니다(**그림 4-35**, **그림 4-36**).

그림 4-35 독립 스크립트 만들기

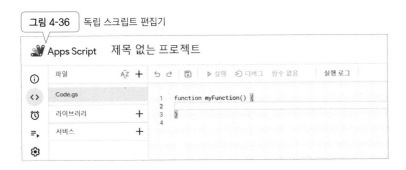

그림 4-36 | 독립 스크립트 편집기

독립 스크립트는 구글 스프레드시트 등의 구글 서비스와 연결되지 않으므로 onOpen()이나 onEdit() 등의 트리거와 함께 사용할 수 없다는 점도 주의하세요.

05

지메일의 첨부 파일을
구글 드라이브에
자동으로 저장하고
싶어요!

05-1 │ 이 장에서 배울 내용은?

04장까지 배운 내용만으로도 프로그래밍의 기본은 모두 익혔다고 할 수 있습니다. 이를 조합하여 처리를 수행하는 것이 프로그램의 기본이기 때문입니다.

- 상수와 변수
- 객체
- 배열
- 함수
- 조건문(if 문)
- 변수 범위
- 반복문(for 문)

지금까지는 앱스 스크립트 프로그램으로 구글 스프레드시트나 지메일을 조작하는 방법을 배웠습니다. 물론, 그 밖의 구글 서비스도 앱스 스크립트로 다룰 수 있습니다. 자동화의 힘을 느낄 수 있는 부분이 바로 여기입니다.

05장에서는 앱스 스크립트로 지메일과 구글 드라이브를 다루어 보겠습니다. 구체적으로는 자신의 지메일을 검색하여 이메일의 첨부 파일을 구글 드라이브에 저장하는 방법을 배웁니다.

문제: 이메일에 첨부된 PDF를 구글 드라이브에 저장하기

영업지원부에서 근무하는 이하늘 님은 매월 거래처에서 보내오는 청구서를 정리해야 합니다. 먼저 이메일에 첨부하여 보내온 청구서 PDF를 구글 드라이브에 저장하고 정해진 때에 한꺼번에 내용을 확인합니다. 첨부 파일을 구글 드라이브에 저장하는 데는 1회 작업당 몇 초밖에 걸리지 않지만, 건수가 많아지면 다른 작업은 잠시 멈추어야 하므로 조금 번거롭습니다. 해결책으로 이 작업을 자동화해 봅시다. 자동화로 해야 할 일은 다음과 같습니다.

- 받은 편지함에서 청구서가 첨부된 이메일 검색하기
- 해당하는 이메일이 있다면 청구서 가져오기
- 가져온 청구서를 구글 드라이브의 특정 폴더에 저장하기

05-2 | 앱스 스크립트로 지메일 다루기

지금까지는 앱스 스크립트로 지메일을 다루는 방법으로 다음 코드를 이용해서 이메일 보내기만 해보았습니다. GmailApp(지메일 애플리케이션)에 있는 sendEmail()이라는 함수를 실행한 것입니다.

예제

```
GmailApp.sendEmail(to, subject, body);
```

그러나 일반 업무에서 지메일을 사용하려면 이메일 보내기뿐 아니라 다음 작업도 필요합니다.

- 이메일 받기
- 과거에 받은 이메일 검색하기
- 라벨 붙여 정리하기
- 읽은 메일이나 읽지 않은 메일로 표시하기 등

그리고 이런 작업은 앱스 스크립트로도 처리할 수 있습니다. 그러려면 먼저 지메일 서비스의 구조를 알아야 합니다.

지메일 서비스의 구조

지메일 내부 시스템에서는 이메일을 메시지(message)라 하고, 주고받은 메시지, 즉 보낸 이메일과 받은 답장을 하나로 모아 스레드(thread)라고 합니다(**그림 5-1**).

그림 5-1 지메일의 구조

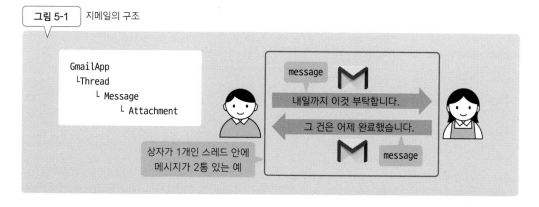

05 • 지메일의 첨부 파일을 구글 드라이브에 자동으로 저장하고 싶어요! 263

이메일 1통을 새로 보내거나 받았을 때 지메일 내부 시스템은 다음 상태가 됩니다.

- Thread
  → 주고받은 이메일(보낸 이메일과 받은 답장, 답장의 답장도 포함)을 하나로 모은 것. 메일이 0통인 Thread도 만들 수 있음
- Message
  → Thread 안에 있는 이메일을 메시지라고 함
- Attachment
  → Message에 첨부 파일이 있을 때 Attachment로 다룸

요컨대 지메일을 검색할 때는 **Thread**를 검색해서 그중에 해당하는 **Message**를 가져오는 순서로 처리합니다.

지메일 검색하기

지메일 화면에서 검색하기

먼저 평소처럼 지메일 화면에서 검색해 봅시다. 대부분 **그림 5-2**처럼 검색 창에 제목이나 본문에 포함된 문자열을 입력하여 검색할 겁니다.

그림 5-2 ｜ 지메일 검색

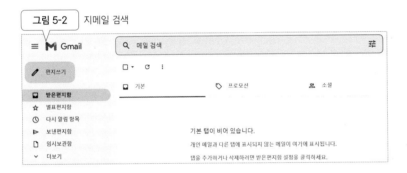

이때 검색 조건을 다양하게 지정할 수 있습니다. 예를 들어 제목에 '샘플'이라는 문자열을 포함하고 오늘부터 10일 이내에 도착한 이메일을 검색하고 싶다면 검색 창에 '`subject:`샘플 `newer_than:10d`'을 입력하고 [Enter]를 누릅니다.

여기서 사용한 subject:나 newer_than:을 **검색 연산자**라고 합니다. 이 밖에도 **표 5-1**처럼 검색할 수 있습니다.

표 5-1 지메일 검색 연산자(일부)

원하는 작업	검색 연산자	사용 예
보내는 사람을 지정하여 검색	from:	from:장우주
받는 사람을 지정하여 검색	to:	to:김바다
조건을 여러 개 지정하여 검색	OR 또는 { }	from:장우주 OR from: 김바다 {from:장우주 from: 김바다}
지정한 기간에 받은 이메일을 검색	after:	after:2004/04/16
	before:	before:04/16/2004
	older:	older:2004/04/18
	newer:	newer:04/18/2004
일(d), 월(m), 연(y)으로 기간을 지정하여 이보다 오래되거나 새로운 이메일을 검색	older_than:	older_than:2m
	newer_than:	newer_than:3d

▶ 그 밖에 사용할 수 있는 검색 연산자는 bit.ly/GAS_gmail1을 참고하세요. 지메일을 다양한 방법으로 검색할 수 있습니다.

앱스 스크립트로 지메일 검색하기

이번 실습은 **독립 스크립트**로 코드를 작성합니다. 독립 스크립트가 기억나지 않는다면 **04장** [꼭 알아 두기]를 참고하세요.

그림 4-35 독립 스크립트 만들기

새로운 스크립트 편집기를 열고 프로젝트 이름을 '지메일 검색'으로, 스크립트 파일 이름을
'searchMessage.gs'로 바꾸고 **예제 5-1**을 입력합니다. 10일 이내에 받은 이메일 가운데 '샘
플'이 포함된 제목을 검색하여 본문 내용을 확인하는 코드입니다.

예제 5-1

```javascript
function searchMessage() {
  const query = 'subject: 샘플 newer_than:10d';
  const threads = GmailApp.search(query);
  const messages = GmailApp.getMessagesForThreads(threads);

  for (let i = 0; i < messages.length; i++) {
    for (let j = 0; j < messages[i].length; j++) {
      console.log('----------');
      console.log(`제목: ${messages[i][j].getSubject()}`);
      console.log(`From: ${messages[i][j].getFrom()}`);
      console.log(`본문: ${messages[i][j].getPlainBody()}`);
    }
  }
}
```

이 함수를 실행하기 전에 **제목에 '샘플'을 포함한 이메일이 받은 편지함에 있어야 합니다.** 사용
자의 지메일 주소로 보내도 괜찮습니다.

샘플 메일을 2통 받은 상태라면 실행했을 때 다음처럼 로그를 출력합니다.

로그 출력

```
----------
제목: 샘플 관련 메일 2
From: xxxx <xxxx@example.com>
본문: 2통째 샘플 관련 메일입니다.
----------
제목: 샘플 관련 메일 1
From: xxxx <xxxx@example.com>
본문: 1통째 샘플 관련 메일입니다.
```

코드 살펴보기

먼저 **그림 5-3**처럼 이메일을 주고받았다고 가정합니다. 그림의 괄호 숫자 순서대로 이메일을 보냈다고 하겠습니다.

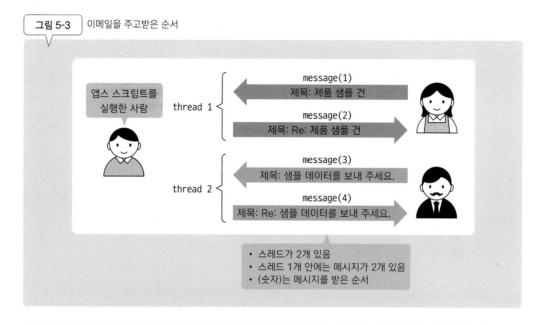

그림 5-3 | 이메일을 주고받은 순서

예제 5-1(일부)

```
const query = 'subject: 샘플 newer_than:10d';
```

먼저 함수 내용 가운데 1번째 행을 봅시다. 지메일을 검색할 때는 **query**에 검색 조건을 지정하는 문자열을 넣습니다. 이번에는 제목에 '샘플'을 포함하고 10일 이내에 받은 이메일이라는 조건을 넣었습니다.

예제 5-1(일부)

```
const threads = GmailApp.search(query);
```

다음 행인 `GmailApp.search()`는 앱스 스크립트가 제공하는 메서드(함수)로, 다음 2가지 기능을 합니다.

- 인수로 검색 조건(query)을 전달하면 자신이 받은 편지함에서 조건에 맞는 이메일을 검색함
- 검색 결과를 thread 배열로 반환함

이 예제에서는 검색 결과를 threads라는 변수에 넣었습니다. 이를 의사 코드로 표현하면 다음과 같습니다.

```
threads = [
  thread2,
  thread1
];
```

▶ 의사 코드란 알고리즘을 표현하는 방법을 말하며 슈도코드(pseudocode)라고 합니다. 특정 프로그래밍 언어가 아니라 자연어를 이용해 코드를 흉내 내어 프로그램의 진행 과정을 단계별로 기록합니다. pseudo는 '가짜'를 뜻합니다.

그러나 thread1, thread2 각각에 있는 message는 아직 볼 수 없습니다. 그러나 **그림 5-3**처럼 실제로는 thread 2개 안에 message가 각각 2개씩 들었습니다. 이번에는 이 message의 본문을 가져오고자 합니다.
조건별로 thread에서 message를 가져오는 방법은 2가지입니다.

thread 안의 모든 message를 가져오고 싶을 때
모든 message를 가져오고 싶을 때는 thread로 이루어진 배열을 전달받아 그 안에 들어 있는 모든 message를 2차원 배열로 반환하는 getMessagesForThreads()라는 메서드를 이용합니다(**그림 5-4**).

```
const messages = GmailApp.getMessagesForThreads(threads);
```

그림 5-4 │ messages가 2차원 배열이 됨

```
function searchMessage() {
  const query    = 'subject: 샘플 newer_than:10d';
  const threads  = GmailApp.search(query);
  const messages = GmailApp.getMessagesForThreads(threads);
}
```

thread로 이루어진 배열
(=threads)을 전달하면
안에 들어 있는 message를 꺼냄

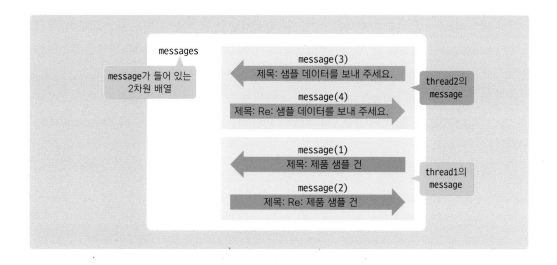

예제를 실행하면 배열 messages는 message가 들어 있는 2차원 배열이 됩니다.

```
// 잘못 이해한 배열
messages = [message4, message3, message2, message1]

// 올바르게 이해한 배열
messages = [
  [message3, message4],   // thread2에 들어 있는 message
  [message1, message2]    // thread1에 들어 있는 message
]
```

주의할 점은 다음 4가지입니다. 순서대로 살펴봅시다.

- messages는 message의 1차원 배열이 아님
- messages 배열 내용은 thread가 생긴 일시가 최근인 순으로 나열됨
- messages의 각 요소는 message 배열임. 이메일을 받은 일시가 오래된 순으로 나열됨
- message가 1통뿐이라도 messages는 2차원 배열이 됨

오해하기 쉬운 부분은, messages는 모든 message가 들어 있는 1차원 배열이 아니라 2차원 배열이라는 점입니다. 필자도 처음에는 자주 착각하곤 했습니다.

그리고 messages 배열 안은 thread가 생긴 일시가 최근인 순으로 나열됩니다. **그림 5-3**에서 보듯이 message1을 받았을 때 생성된 thread1보다 message3을 받았을 때 생성된 thread2 쪽이 새로운 thread이므로 thread2 → thread1 순서로 나열합니다.

이와 달리 thread2 안에는 [message3, message4]가 있는데, 여기서는 받은 일시가 오래된 순으로 나열됩니다. 예를 들어 **그림 5-4**의 message(1)을 가져오고 싶을 때는 messages[1][0]이라고 작성합니다.

또한 이메일을 1통 주고받을 때 답장이 아직 없더라도 messages 배열은 2차원 배열로 만들어집니다. 그리고 그 안에는 message가 1개만 있는 상태입니다.

```
예제
messages = [
  [message1]
]
```

이때 messages[0][0]이라 지정하면 message1을 가져옵니다.

thread 안의 1번째 message를 가져오고 싶을 때

이번 문제인 청구서 관련 이메일을 생각해 봅시다. 여기서는 조건을 간단하게 하고자 이메일 답장에는 청구서를 첨부하지 않는다는 것을 전제로 합니다. 이하늘 님이 볼 때 처음으로 받은 이메일인 스레드의 1번째 메시지에만 청구서가 첨부된다고 하겠습니다. 즉, thread 중 1번째를 원하는 message로 하고 받은 message에 자신이 보낸 답장은 여기서는 필요 없습니다.

이럴 때는 thread를 대상으로 getMessages() 메서드를 실행하면 그 thread에 있는 message 배열을 반환한다는 것을 이용하여 다음처럼 작성합니다.

```
예제 5-2
function searchMessage2() {
  const query = 'subject: 샘플 newer_than:10d';
  const threads = GmailApp.search(query);

  for (const thread of threads){
    const firstMessage = thread.getMessages()[0];
    console.log(`제목: ${firstMessage.getSubject()}`);
  }
}
```

GmailApp.search(query)로 받은 편지함을 검색하고 해당하는 thread를 가져와 threads
에 넣는 것은 앞서 본 내용과 마찬가지입니다. 이번에는 threads에 들어 있는 thread를 대상
으로 getMessages()를 실행하고자 for 문으로 각각의 thread를 가져옵니다.

예제 5-2(일부)

```
thread.getMessages()
```

이렇게 하면 thread에 들어 있는 message를 가져옵니다. 이 처리가 반환하는 내용은 message
가 들어 있는 배열입니다. 중요한 것은 다음 1행입니다.

예제 5-2(일부)

```
const firstMessage = thread.getMessages()[0];
```

반환한 내용이 message가 들어 있는 배열이므로, 배열에 [0]을 지정하면 해당 배열의 1번째
요소, 즉 1번째 message를 가져옵니다.
참고로 이 1행은 다음과 같이 2행으로 나누어 작성해도 됩니다.

예제 5-2(일부)

```
const messages = thread.getMessages();
const firstMessage = messages[0];
```

이것으로 지금 원하는 message를 얻을 수 있습니다. 여기서 '원하는 message'란 'subject:
샘플 newer_than:10d' 조건으로 검색한 thread 안에 있는 것 중 1번째 message입니다.
이 밖에도 thread에는 다음 메서드를 사용할 수 있습니다.

표 5-2 thread에 사용할 수 있는 메서드(일부)

메서드	설명
getLabels()	라벨 가져오기
getMessageCount()	해당 스레드에 포함된 message 개수 가져오기
markRead()	스레드를 읽은 상태로 표시하기
markUnread()	스레드를 읽지 않은 상태로 표시하기

▶ 전체 메서드는 bit.ly/GAS_gmail2를 참고하세요.

message 정보 가져오기

message에는 제목, 본문, To 주소, From 주소, 첨부 파일 등의 정보를 구별하여 저장합니다.
그리고 각각의 정보를 가져올 때 사용하는 메서드가 따로 있습니다.

| 표 5-3 | message에 사용할 수 있는 메서드(일부) |

메서드	설명
getSubject()	제목 가져오기
getTo()	보낸 곳 가져오기. 여러 곳이라면 쉼표로 구분하기
getFrom()	발신자(From) 주소 가져오기
getAttachments()	첨부 파일 가져오기
getBody()	본문을 HTML 형식으로 가져오기
getPlainBody()	본문을 서식 없는 텍스트 형식으로 가져오기

▶ message에 사용할 수 있는 전체 메서드 종류는 bit.ly/GAS_gmail3를 참고하세요.

getBody()와 getPlainBody()는 서로 다르므로 주의하세요. 이메일이 HTML 형식일 때
getBody()를 사용하면 HTML 문서의 코드를 가져옵니다. 그런데 이메일의 HTML을 직접
다루기보다 텍스트 정보만 가져올 때가 대부분이므로 보통 getPlainBody()를 사용합니다.
이번 문제에서는 이메일에 첨부한 청구서를 가져와야 하므로 첨부 파일을 다루는 방법을 알
아봅니다.

첨부 파일 가져오기

다시 **그림 5-1**의 지메일 구조를 보면 첨부 파일, 즉 GmailAttachment 객체는 message에 연결
됩니다.

| 그림 5-1 | 지메일의 구조(재사용) |

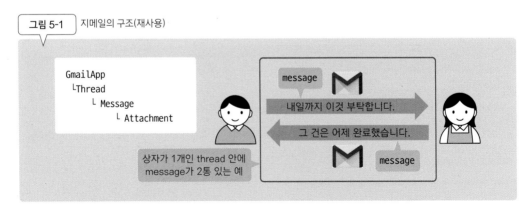

먼저 첨부 파일이 1개인 이메일과 2개인 이메일을 받은 상태로 만드세요. 이때 제목에는 '샘플'이라는 문자열을 포함해야 합니다. 그리고 다음 예제를 실행하세요.

예제 5-3

```
function searchMessage3() {
  const query = 'subject: 샘플 newer_than:10d';

  // 검색 조건에 맞는 thread 배열 가져오기
  const threads = GmailApp.search(query);

  // thread 배열에서 하나씩 꺼내기
  for (const thread of threads){

    // 1번째 message 가져오기
    const firstMessage = thread.getMessages()[0];
    console.log(`제목: ${firstMessage.getSubject()}`);

    // 첨부 파일을 배열로 가져오기
    const attachments = firstMessage.getAttachments();
    console.log(`첨부 파일 개수: ${attachments.length}`);

    // 첨부 파일 배열에서 하나씩 꺼내기
    for (const attachment of attachments) {
      console.log(`첨부 파일 이름: ${attachment.getName()}`);
    }
  }
}
```

로그 출력

```
제목: 샘플 검토 요청 메일 - 첨부 파일 2개
첨부 파일 개수: 2
첨부 파일 이름: 첨부 파일1.txt
첨부 파일 이름: 첨부 파일2.txt
제목: 샘플 검토 요청 메일 - 첨부 파일 1개
첨부 파일 개수: 1
첨부 파일 이름: 첨부 파일1.txt
```

이메일 제목, 첨부 파일 개수, 첨부 파일 이름을 로그로 출력합니다.

message를 대상으로 getAttachments()를 실행하면 그 message의 첨부 파일을 배열로 가져옵니다. 그리고 이 배열의 .length를 구하면 첨부 파일 개수를 알 수 있습니다.

첨부 파일 배열에는 다음 메서드를 사용할 수 있습니다.

표 5-4 GmailAttachment 객체에 사용할 수 있는 메서드(일부)

메서드	설명
getName()	이름 가져오기
getSize()	크기(byte) 가져오기
getDataAsString()	첨부 파일을 문자열로 가져오기(첨부 파일이 .txt나 .csv 등 텍스트 파일일 때 사용함). 문자 코드는 UTF-8로 처리
getDataAsString(charset)	문자 코드를 지정하여 첨부 파일을 문자열로 가져오기(예를 들어 EUC-KR이라면 getDataAsString("euckr")이라고 지정함)

▶ 이 밖의 첨부 파일(attachment) 관련 메서드는 bit.ly/GAS_gmail4를 참고하세요.

코드 기본 구조는 **예제 5-2**와 마찬가지입니다.

- 템플릿 리터럴로 문자열 조립하기
- 배열 요소 개수를 가져오는 .length
- 반복 처리에 사용할 for 문

console.log() 부분은 이미 앞에서 배웠습니다. 모르는 내용이 있으면 앞부분을 참고하세요. 지금까지 배운 내용으로 다음을 알 수 있습니다.

- 지메일의 thread 검색하기
- thread에 있는 1번째 message가 그 thread 안에 들어 있는 message 1통임
- message에서 제목, 본문, 첨부 파일(attachment)을 가져올 수 있음
- attachment에서 파일 이름 등을 가져올 수 있음

알기 쉬운 배열 이름 만드는 방법

```
const threads  = GmailApp.search(query);

const attachments = firstMessage.getAttachments();

const member  = "이하늘";
const members = ["이하늘", "박소라"];
```

지금까지 살펴본 예제에서는 threads, attachments처럼 복수형을 뜻하는 s를 붙였습니다. GmailApp.search(query)에서는 thread로 이루어진 배열을 가져오고, 마찬가지로 firstMessage.getAttachments()에서는 attachment로 이루어진 배열을 가져오기 때문입니다. 배열 안에는 요소 여러 개를 사용할 수 있으므로 s를 붙인 것입니다. 이는 알기 쉬운 배열 이름을 만드는 방법입니다.

필자는 배열뿐 아니라 값이 1개인 곳, 즉 상수나 변수에는 단수형으로, 배열과 같이 여러 개가 들어갈 수 있다면 복수형으로 표현합니다. 물론 요소가 없거나 1개만 들어 있는 배열도 가능하지만, 기본적으로 요소가 없거나 1개만 있는 것을 대상으로 배열을 만들지는 않기 때문입니다.

05-3 │ 앱스 스크립트로 구글 드라이브 다루기

여기서는
폴더와 파일을
다룹니다.

지메일에 이어서 이번에는 구글 드라이브를 다뤄 봅시다. 이미 구글 드라이브에 파일을 저장하는 독자도 많을 겁니다. 일반적으로 구글 드라이브에서 다루는 내용은 지메일과 마찬가지로 앱스 스크립트로도 구현할 수 있습니다.

구글 드라이브에는 **폴더**와 **파일**이 있고 폴더 안에는 폴더나 파일을 여러 개 넣을 수 있습니다. **그림 5-5**를 머릿속에 두고 앱스 스크립트로 폴더와 파일을 만들어 봅시다.

그림 5-5 │ 구글 드라이브의 구조

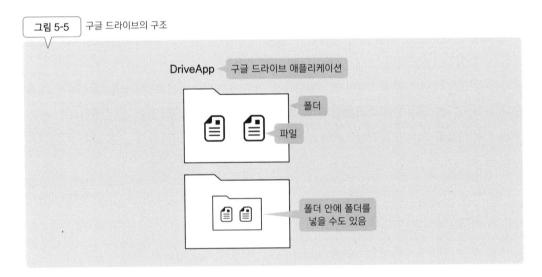

폴더와 파일 만들기

이번에도 새로운 독립 스크립트를 생성한 뒤 프로젝트 이름은 '구글 드라이브 다루기'로 입력하고 스크립트 파일 이름은 'GoogleDrive.gs'로 바꾸고 나서 다음 예제를 입력합니다.

예제 5-4

```
function createFolderAndFile() {
  DriveApp.createFolder("GAS로 만든 폴더");
  DriveApp.createFile("GAS로 만든 파일.txt", "가나다라마");
}
```

```
DriveApp.createFolder(폴더 이름)
DriveApp.createFile(파일 이름, 파일 내용)
```

이렇게 하면 내 드라이브에 지정한 이름으로 폴더와 텍스트 파일을 만듭니다. createFile() 에서는 2번째 인수가 텍스트 파일 안에 쓸 문자열입니다. 이 예제에서는 'GAS로 만든 파일.txt'이라는 텍스트 파일에 '가나다라마'를 입력했습니다. 이처럼 앱스 스크립트에서도 폴더와 파일을 간단하게 만들 수 있습니다.

이번에는 지정한 폴더 안에 있는 파일을 모두 가져오는 방법을 알아보겠습니다.

폴더와 파일 다루기

앞서 만든 [GAS로 만든 폴더]에 다음처럼 파일 3개가 들어 있다고 가정합시다(**그림 5-6**).

그림 5-6 | 폴더 ID 확인하기

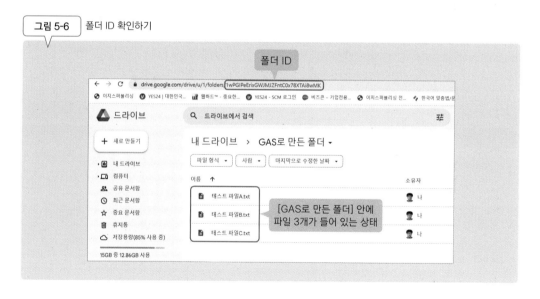

이때 URL https://drive.google.com/drive/folders/xxxxxxxx에서 **xxxxxxxx**은 구글이 할당한 **폴더 ID**로 이번 예제에서 사용합니다.

앞서 본 예제에서 createFolderAndFile() 함수 뒤에 다음 내용을 추가로 입력하고 실행합니다. 그러면 지정한 폴더 안의 파일 이름을 모두 출력합니다.

```
function getFileName() {
  // 지정한 폴더 안에 있는 파일 모두 가져오기
  const folder = DriveApp.getFolderById('xxxxxxxxxx');
  const files = folder.getFiles();        앞서 본 폴더 ID를 입력합니다.

  while (files.hasNext()) {
    const file = files.next();
    const filename = file.getName();
    console.log(filename);
  }
}
```

로그 출력

```
테스트 파일 C.txt
테스트 파일 B.txt
테스트 파일 A.txt
```

다음 코드는 폴더 ID(xxxxxxxxxx)에 지정한 폴더를 가져옵니다.

예제

```
const folder = DriveApp.getFolderById('xxxxxxxxxx');
```

그 밖에 폴더를 대상으로 사용할 수 있는 메서드는 **표 5-5**를 참고하세요.

표 5-5 폴더에 사용할 수 있는 메서드(일부)

메서드	설명
createFile(name, content)	폴더 안에 텍스트 파일 만들기
createFile(blob)	폴더 안에 바이너리 파일 만들기
createFolder(name)	폴더 안에 폴더 만들기
getFiles()	폴더 안에 있는 파일 반복자 가져오기
getFolders()	폴더 안에 있는 폴더 반복자 가져오기
getName()	폴더 이름 가져오기
getUrl()	폴더 URL 가져오기

setName(name)	폴더 이름 바꾸기

▶ 메서드 전체 목록은 bit.ly/GAS_drive1을 참고하세요. 바이너리 파일은 05-4절에서 설명합니다.

파일을 다룰 때 꼭 필요한 반복자

앱스 스크립트로 폴더를 다루려면 **반복자**, 곧 이터레이터(iterator)라는 개념을 이해해야 합니다. 필자의 경험으로는 앱스 스크립트에서 반복자가 등장하는 곳은 구글 드라이브에서 폴더와 파일을 다룰 때뿐입니다. 새로운 개념이므로 하나씩 알아봅시다.

예제

```
const files = DriveApp.getFolderById('xxxxxxxxxx').getFiles();
```

이 예제에서 폴더를 대상으로 `.getFiles()`을 실행하여 가져올 수 있는 것은 무엇일까요? 지금까지 배운 내용으로 추측하여 '폴더 안의 파일이 들어 있는 배열'이라고 생각할지도 모르겠습니다. 그러나 실제로 가져오는 것은 '폴더 안의 파일이 들어 있는 **FileIterator**(파일 반복자)라는 객체입니다.

▶ 객체는 04장에서 알아보았습니다.

반복자에는 다음 2가지 특징이 있습니다.

- 배열처럼 객체를 여러 개 가질 수 있음
- 반복 처리(순서대로 반복 등)에 필요한 메서드가 있음

반복자의 특징을 하나씩 알아봅시다.

1번째 처리 시작하기

파일 반복자를 쉽게 이해하려면 한 줄로 늘어선 파일 덩어리와 지금 어디를 보는지를 나타내는 화살표가 있는 모습을 떠올리면 됩니다(**그림 5-7**).

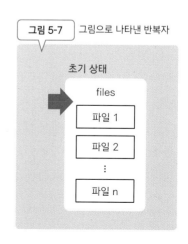

그림 5-7 그림으로 나타낸 반복자

초기 상태

files

파일 1

파일 2

⋮

파일 n

다음 2가지 메서드로 요소를 다룹니다.

- hasNext()
  → 화살표를 1개 아래로 이동했을 때 요소가 있는지를 판단함. 1개 아래에 요소가 있다면 true를, 없다면 false를 반환함
- next()
  → 1개 아래에 있는 요소를 가져오고 화살표를 다음으로 이동함

파일 반복자인 files에 파일이 3개 들어 있다면 초기 상태에서 화살표는 앞서 본 **그림 5-7**처럼 '1번째 파일 바로 앞'을 가리킵니다. 이 상태에서 다음 코드를 시작합니다.

예제 5-5(일부)

```
while (files.hasNext()) {
  const file = files.next();
  const filename = file.getName();
  console.log(filename);
}
```

while 문은 03장에서도 살펴보았지만, 여기서 좀 더 자세히 알아봅니다. 반복 처리, 즉 특정 조건을 만족하는 동안 반복을 계속하는 처리 가운데 while 문은 **몇 번 반복해야 할지 모를 때**, 즉 코드를 작성하는데 반복 종료 조건을 모를 때 사용합니다.

이번 **예제 5-5**에서는 폴더 안에 있는 파일이 몇 개인지 files만으로는 알 수 없습니다. 그러므로 if가 아닌 while을 사용해야 합니다.

while 문에는 다음 규칙이 있습니다.

규칙

while 뒤의 () 안에 조건식을 작성함. 조건식이 true인 동안은 계속 반복함

즉, 이번 예제에서는 files.hasNext()가 true라면 계속 반복하고 false가 되면 반복을 끝낸다는 뜻입니다. 이를 염두에 두고 처리 흐름을 살펴봅시다.

그림 5-7의 초기 상태에서 files.hasNext()를 실행하면 다음 파일(파일 1)이 있으므로 결과는 true입니다. 따라서 while 문 안의 files.next()를 실행하여 다음 파일(파일 1)을 가져옵니다. 이때 files.next()를 실행하면 **그림 5-8**과 같이 화살표를 아래로 한 번 이동합니다.

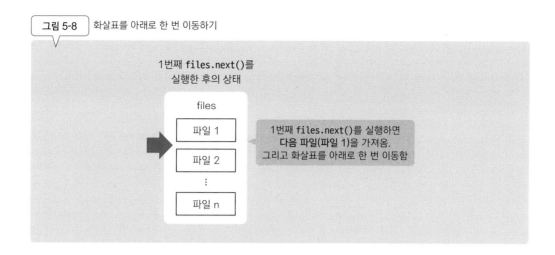

그림 5-8 | 화살표를 아래로 한 번 이동하기

1번째 files.next()를
실행한 후의 상태

files

파일 1

파일 2
⋮
파일 n

1번째 files.next()를 실행하면
다음 파일(파일 1)을 가져옴.
그리고 화살표를 아래로 한 번 이동함

파일 이름 가져오기

예제 5-5(일부)

```
const filename = file.getName();
console.log(filename);
```

이 코드는 파일 이름을 가져와 로그로 출력합니다. 파일을 대상으로 getName()을 수행하여
파일 이름을 가져옵니다.

파일을 다룰 때 사용하는 메서드는 표 5-6를 참고하세요.

표 5-6 | 파일에 사용할 수 있는 메서드(일부)

메서드	설명
getDownloadUrl()	파일을 내려받는 데 필요한 URL 가져오기
getId()	파일 ID 가져오기
getLastUpdated()	파일을 마지막으로 수정한 날짜 가져오기
getOwner()	파일 소유자 가져오기
makeCopy()	파일 복사하기
moveTo(destination)	파일 이동하기(destination에는 이동할 곳의 폴더를 지정함)
setName(name)	파일 이름 지정하기

▶ 그 밖의 파일 관련 메서드는 bit.ly/GAS_drive2를 참고하세요.

2번째, 3번째 처리 반복하기

1번째 while 문 처리가 끝나면 다시 조건식에 있는 `files.hasNext()`를 실행합니다. 다음 파일(파일 2)이 있으므로 true이며 이후 2번째, n번째를 반복합니다(그림 5-9, 그림 5-10).

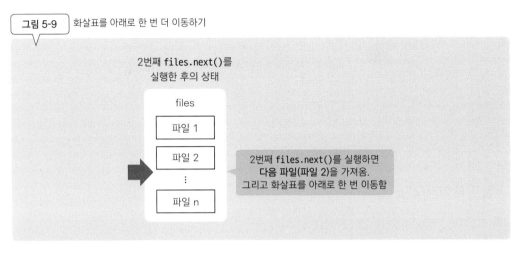

그림 5-9 | 화살표를 아래로 한 번 더 이동하기

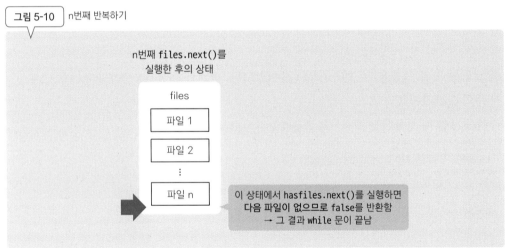

그림 5-10 | n번째 반복하기

files의 마지막 파일을 가져온 다음, 화살표는 파일 끝으로 이동합니다. 이 상태에서 hasNext()를 실행하면 다음 파일이 없으므로 false를 반환하고 그 결과 while 문을 끝냅니다.

이처럼 반복자는 폴더나 파일을 다룰 때 **처리를 반복**하고자 사용합니다. 어떤 모습인지 머릿속에 그려지나요?

그런데 지금까지 '파일'이라는 한마디로 모든 파일을 가리켰지만, 실제로는 텍스트 파일, 구글 문서 파일, 구글 스프레드시트 파일, PDF 파일 등 종류가 다양합니다. 다음은 프로그램에서 파일을 어떻게 다루는지 살펴봅니다.

05-4 | 프로그래밍에서 다루는 2가지 데이터 형식

> 차이를 정확히 이해합시다!

2가지 파일 형식

앱스 스크립트뿐만 아니라 프로그래밍에서 다루는 데이터는 크게 다음 2가지로 나눌 수 있습니다.

- **텍스트 파일**
  - → 문자 데이터를 말함. 나중에 설명할 문자 코드와 대응 관계를 이루며 윈도우 메모장과 같은 텍스트 편집기로 열 수 있음. 기본적으로 눈으로 보고 알 수 있는 문자 데이터로 이루어지며 확장자로는 txt, csv, html, js 등이 있음
- **바이너리 파일**
  - → 텍스트 파일 이외의 파일을 말함. 문자 코드와 대응 관계가 없으며 이미지, 음악, 동영상 파일이나 PDF, 엑셀 파일 등이 있음. 정해진 애플리케이션으로만 열고 다룰 수 있음

표 5-5에서 본 blob이란 binary large object의 줄임말로, 바이너리 파일 대부분을 가리킵니다. 이 2가지 파일 형식을 다루는 방법은 프로그래밍 언어마다 다릅니다. 예를 들어 자바스크립트에서는 텍스트 파일과 바이너리 파일을 서로 다른 것으로 봅니다. 그러므로 다루는 방법도 다릅니다.

이와 달리 앱스 스크립트에서는 같은 것으로 본다는 점에 주의하세요. 검색으로 찾은 자바스크립트 코드를 사용하려 해도 이처럼 파일을 다루는 방법이 다르므로 오류가 발생할 수도 있습니다. 그러면 앱스 스크립트에서 파일 다루는 방법을 알아봅시다.

바이너리 파일 다루기

이번 05장의 문제에서는 매월 거래처에서 보내오는 청구서 PDF 파일을 구글 드라이브 폴더에 저장하고자 합니다. 그러므로 여기서는 PDF 파일을 다룹니다. 자신의 컴퓨터에 저장된 적당한 PDF 파일을 구글 드라이브의 폴더 안에 넣어 주세요. 어떤 폴더든 상관없습니다. PDF 파일이 없다면 .mp3나 .jpeg 등도 괜찮습니다.

그러면 앞의 폴더와는 다른 폴더 X로 PDF 파일을 이동해 봅시다.

▶ 파일 복사가 아니라 파일 이동이라는 점에 주의하세요.

파일 ID 가져오기

폴더에서 확인한 폴더 ID와 마찬가지로 파일에도 각각 ID가 있습니다. 코드를 작성하려면 파일 ID가 필요하므로 확인하는 방법부터 알아봅시다. 구글 드라이브에서 마우스 오른쪽 버튼으로 파일을 클릭하고 [링크 생성] 메뉴를 눌러 파일 링크를 복사합니다. 그러면 다음 URL을 얻을 수 있습니다. 여기서 aaaa 부분이 해당 파일의 ID입니다.

```
                              파일 ID

https://drive.google.com/file/d/aaaa/view?usp=share_link
```

다음 **예제 5-6**에서는 파일 ID를 aaaa, 폴더 X의 ID를 xxxx라고 가정하여 코드를 작성합니다. 그러므로 PDF 파일이 있는 폴더 ID도 확인해 두기 바랍니다.

파일 이동하기

예제 5-6

```
function moveFile() {
  const file = DriveApp.getFileById("aaaa");
  const toFolder = DriveApp.getFolderById("xxxx");
  file.moveTo(toFolder);
}
```

이렇게 작성하면 지정한 파일을 원하는 폴더 X로 이동할 수 있습니다.

먼저 파일 ID를 지정하여 파일을 가져와 `file`에 넣습니다.

예제 5-6(일부)

```
  const file = DriveApp.getFileById("aaaa");
```

다음 행은 앞서 배운 폴더 ID를 지정하여 폴더를 가져오는 코드입니다. 그리고 마지막 행은 `file`을 대상으로 `moveTo()`를 실행하되 이때 파일을 이동할 폴더는 `toFolder`라는 뜻입니다.

▶ moveTo() 메서드는 **표 5-6절**을 참고하세요.

```
const toFolder = DriveApp.getFolderById("xxxx");
file.moveTo(toFolder);
```

여기서는 바이너리 파일을 대상으로 이 파일을 폴더로 이동했습니다. 앞서 살펴본 텍스트 파일도 마찬가지 방법으로 이동할 수 있습니다. 그러면 텍스트 파일과 바이너리 파일의 차이, 즉 텍스트 파일에서는 할 수 있으나 바이너리 파일에서는 할 수 없는 것은 무엇일까요? 이를 확인하고자 텍스트 파일을 다루어 봅니다.

텍스트 파일 다루기

sample.txt라는 텍스트 파일을 만들고 다음처럼 문자를 적당히 입력합니다. 문자 코드로는 기본값인 UTF-8을 지정하고 저장합니다.

예제

```
이  텍스트는
sample.txt에 입력한 내용입니다.
문자  코드는  UTF-8입니다.
```

문자 코드란 이름 그대로 문자를 코드로 나타내고자 만든 부호를 말합니다. 언어마다 다양한 문자 코드가 있으며 한글만 하더라도 여러 가지가 있습니다. 한글 문자 코드로 자주 사용하는 것이 EUC-KR 또는 UTF-8입니다. 문자 코드를 확인하고 변경하는 방법은 텍스트 편집기에 따라 다르지만, 윈도우 메모장은 **그림 5-11**에 표시한 부분에서 알 수 있습니다.

그림 5-11 | 메모장으로 문자 코드 확인

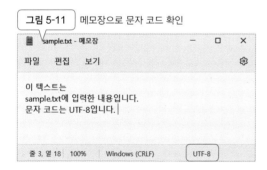

이 텍스트 파일을 구글 드라이브의 폴더에 저장합니다. 다음 **예제 5-7**을 실행해 봅시다. 파일 ID가 aaaa라고 가정했을 때의 코드입니다.

```
function readTextFile1() {
  const file = DriveApp.getFileById("aaaa");
  const blob = file.getBlob();
  const string = blob.getDataAsString("utf8");
  console.log(string);
}
```

```
이 텍스트는
sample.txt에 입력한 내용입니다.
문자 코드는 UTF-8입니다.
```

그럼 코드를 살펴봅시다.

File 객체 가져오기

```
const file = DriveApp.getFileById("aaaa");
```

DriveApp.getFileById(fileId)로 file을 가져오는 명령입니다. 이때 지정한 파일을 File 객체로 가져온다는 점이 중요합니다. file 객체인 file 안에는 파일 이름, 파일을 만든 날짜, ID, 마지막 수정 날짜 등 다양한 정보를 저장합니다.

File 객체를 Blob 객체로 바꾸기

```
const blob = file.getBlob();
```

이번에는 file 객체인 file을 대상으로 getBlob()을 실행하여 file 객체를 Blob 객체로 바꿉니다. 이렇게 하는 이유는 무엇일까요?

여기서는 sample.txt에 있는 문자열을 얻고자 하는데, **File** 객체에는 파일 내용을 문자열로 가져오는 메서드가 없습니다. 이와 달리 **Blob** 객체에는 내용을 문자열로 가져오는 getData AsString()이라는 메서드가 있습니다. 그러므로 file.getBlob()을 이용하여 **File** 객체를 Blob 객체로 바꾸고 이 Blob 객체를 대상으로 getDataAsString()을 실행하여 sample.txt 파일 내용을 문자열로 가져옵니다(**그림 5-12**).

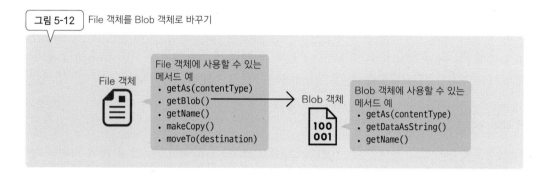

그림 5-12 │ File 객체를 Blob 객체로 바꾸기

문자 코드는 올바르게 지정하기

예제 5-7(일부)

```
const string = blob.getDataAsString("utf8");
```

UTF-8로 저장했으므로 blob.getDataAsString()을 사용할 때 문자 코드에는 **utf8**을 지정했습니다. **euckr**와 같이 문자 코드를 잘못 지정하면 알 수 없는 문자를 로그로 출력합니다(**그림 5-13**). 이런 현상이 일어나면 먼저 문자 코드 설정을 확인하세요.

그림 5-13 │ 알 수 없는 문자를 로그로 출력

또한 blob.getDataAsString()의 () 안에 아무것도 지정하지 않으면 기본값인 **utf8**로 처리합니다. 그러므로 UTF-8일 때는 지정하지 않아도 됩니다.

그리고 텍스트 파일 내용을 변수 string에 넣었습니다. 이렇게 하면 특정 문자열이 포함되었는지를 처리할 수 있습니다.

텍스트 파일과 바이너리 파일의 차이 정리

앱스 스크립트로 파일을 다룰 때 파일을 열고 내용을 확인할 것인가에 따라 텍스트 파일 또는 바이너리 파일로 구분해 다룹니다. 파일을 다룰 때 내용은 확인하지 않고 파일 이름을 바꾸거나 폴더 이동, 폴더 복사 등을 목적으로 한다면 File 객체의 메서드를 이용하여 다루면 됩니다. 이와 달리 텍스트 파일은 File 객체로 다루는 것과 함께 내용을 읽고 쓸 수도 있습니다. 이럴 때는 File 객체를 Blob 객체로 바꾸고 Blob 객체의 메서드를 이용하여 다룹니다.

그 밖의 Blob 객체 메서드

Blob 객체를 문자열로 가져올 때는 getDataAsString()을 사용했습니다. 문자열 이외의 형식으로 가져올 때는 getAs(contentType)을 사용하여 contentType에 그 형식을 지정합니다. 현재 지정할 수 있는 형식은 "application/pdf", "image/bmp", "image/gif", "image/jpeg", "image/png" 중 하나입니다.

▶ string은 문자열을 뜻합니다.

표 5-7은 Blob 객체에 사용할 수 있는 주요 메서드입니다.

| 표 5-7 | Blob 객체에 사용할 수 있는 메서드 |

메서드	설명
getAs(contentType)	contentType에 지정한 형식으로 데이터 가져오기
getContentType()	콘텐츠 형식 가져오기
getDataAsString()	데이터를 문자열로 가져오기(문자 코드는 UTF-8)
getDataAsString(charset)	문자 코드를 지정한 문자열로 가져오기
getName()	이름 가져오기
isGoogleType()	구글 서비스인지를 true, false로 판단
setName(name)	파일 이름 설정하기

▶ Blob 객체에 사용할 수 있는 메서드를 더 자세히 알고 싶다면 bit.ly/GAS_blob1을 참고하세요.

Blob 객체로 바꿀 수 있는 것은 BlobSource뿐

앞서 File 객체인 file을 대상으로 getBlob()을 실행하면 File 객체를 Blob 객체로 바꾼다고 했습니다. 즉, File 객체에는 getBlob()이라는 메서드가 있으므로 Blob으로 바꿀 수 있습니다. 이처럼 getBlob() 메서드를 사용할 수 있는 객체를 BlobSource라 합니다. 즉, getBlob() 메서드가 없는 객체는 Blob 객체로 바꿀 수 없습니다(표 5-8).

표 5-8	BlobSource
Document	구글 문서
File	파일
GmailAttachment	지메일 첨부 파일
Spreadsheet	구글 스프레드시트

▶ 그 밖의 BlobSource는 bit.ly/GAS_blob2를 참고하세요.

좀 더 전문적으로 말하면 BlobSource는 인터페이스라는 사양으로, 'File 클래스(객체)는 BlobSource 인터페이스를 구현한 것'이라고 표현하는데, 지금은 이해하기 힘들 테니 신경 쓰지 말고 넘어가세요. 여기서는 File 객체를 대상으로 getBlob() 메서드를 실행하면 Blob 객체로 바뀐다는 것만 알면 됩니다.

앞서 설명한 대로 Blob으로 바꿀 수 있는 객체는 다양하나 여기서는 이 책에서 자주 사용하는 File 객체와 GmailAttachment 객체를 알아보았습니다.

05-5 | 청구서 자동 저장 프로그램 만들기

이제 **05장**의 문제인 지메일에 첨부된 청구서 파일을 구글 드라이브에 저장하는 앱스 스크립트 프로그램의 요구 사항을 정의해 봅시다.

이번에는 다음 내용을 전제로 합니다.

> **전제**
> - 청구서를 첨부한 이메일은 반드시 제목에 '**청구서**'라는 문자열을 포함합니다.
> - 1번째 받은 이메일(스레드의 1번째 메시지)에 청구서가 첨부됩니다.
> - 이메일에 첨부한 파일은 1개뿐입니다.
> - 과거 30일 이내에 받은 이메일만 대상으로 합니다.
> - 청구서 PDF 파일을 저장할 폴더 이름은 '청구서 저장'입니다.

프로그램을 수정하면 다른 조건으로 바꿀 수도 있는데, 이렇게 조건을 한정하면 프로그램이 좀 더 간단해집니다. 이 전제 조건을 바탕으로 이번 프로그램의 요구 사항을 정의합니다.

> **요구 사항**
> - 실행하는 사람의 지메일을 검색하여 대상 이메일에 첨부된 파일을 구글 드라이브에 저장합니다.
> - 대상 이메일이란 다음 조건에 해당하는 것을 말합니다.
>   - 제목에 '청구서'라는 문자열을 포함
>   - 첨부 파일은 1개뿐
>   - 실행 시점에서 과거 30일 이내에 받은 이메일
> - 처리가 끝나면 '{저장한 곳 URL}에 파일을 저장했습니다.'라는 메시지를 표시합니다.

개념도와 순서도로 전체 흐름 확인하기

먼저 앞에서 했던 대로 필요한 처리를 글로 표현해 봅시다.

04장까지 자동화에서는 구글 스프레드시트에 있는 정보를 입력으로 사용했습니다. 그러나 이번에는 먼저 지메일 검색 처리를 수행하고 그 결과 얻은 출력, 곧 검색한 메시지를 입력으로 하여 필요한 첨부 파일을 저장하는 처리 흐름입니다. 크게 보면 입력 → 처리 → 출력이라는 흐름을 2번 반복하는 형태입니다(**그림 5-14**).

그림 5-14 | 대략의 개념도

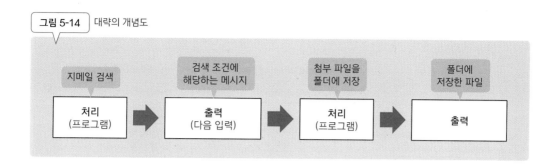

또한 무엇을 입력으로 볼 것인가는 상황에 따라 다르므로 정해진 답은 없습니다. 이대로라면 프로그래밍이 조금 까다로워지므로 '첨부 파일을 폴더에 저장' 처리를 다시 2가지로 나눕니다. 이렇게 하면 처리는 모두 3가지가 됩니다.

- 지메일 검색하기
- 첨부 파일 가져오기
- 첨부 파일을 폴더에 저장하기

이와 함께 이번에는 주가 되어 실행하는 함수와 처리를 담당하는 함수를 따로 만들어 주 함수에서 다른 함수를 순서대로 호출하는 형태로 만들고자 합니다. 이 설계 방식은 어디까지나 예로 든 것일 뿐 유일한 것은 아닙니다.

이 시점에 필자의 머릿속에 떠오른 실행 함수 모습을 소개하겠습니다.

예제 5-8(일부) main.gs

```
function main() {
    // 지메일 검색하기

    // 첨부 파일 가져오기

    // 첨부 파일을 폴더에 저장하기

    // 저장이 끝나면 완료했다는 메시지 표시하기
}
```

순서도에서는 각 함수를 하나의 덩어리로 표현합니다(**그림 5-15**).

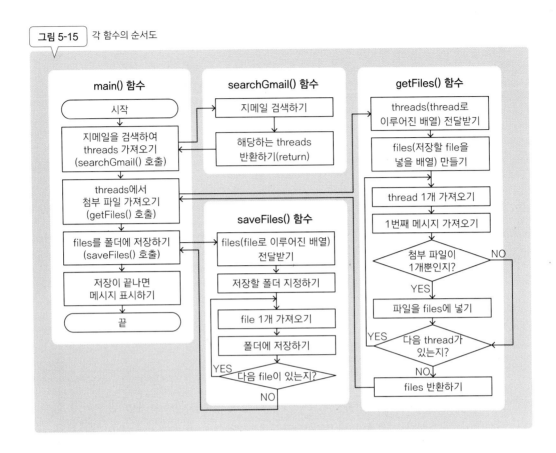

그림 5-15 각 함수의 순서도

실행할 함수는 main()입니다. main() 함수가 자신이라면 지메일 검색 처리, 첨부 파일 가져오기 처리, 파일 저장 처리는 담당자인 함수에 각각 맡깁니다. 그리고 main() 함수인 자신은 맡긴 처리의 결과를 받아오는 역할을 담당합니다.

사전 준비하기

이메일 준비하기

먼저 요구 사항대로 다음 조건에 해당하는 이메일이 받은 편지함에 있어야 합니다.

- 제목에 '청구서'라는 문자열 포함하기
- 첨부 파일은 1개뿐일 것
- 실행 시점에서 과거 30일 이내에 받은 이메일

해당 조건에 맞도록 이메일을 만들어 자신의 계정으로 보내면 됩니다.

폴더 준비하기

이제 청구서를 저장할 폴더가 있어야 합니다. 구글 드라이브 안에 '청구서 저장'이라는 이름으로 폴더를 만듭니다(**그림 5-16**).

그림 5-16 '청구서 저장' 폴더 만들기

폴더를 만들었다면 해당 폴더를 엽니다. 프로그램 안에 저장할 폴더의 ID를 지정해야 하므로 폴더 ID를 확인합니다. URL에서 folders/ 다음에 있는 문자열이 폴더 ID입니다(**그림 5-17**).

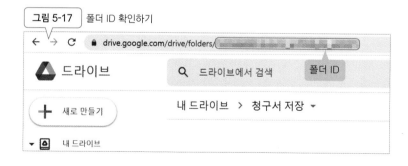

그림 5-17 폴더 ID 확인하기

구글 스프레드시트와 스크립트 파일 준비하기

계속해서 이 폴더 안에 새로운 스프레드시트를 만들고 이름은 '청구서 저장 GAS'로 입력합니다. 그리고 메뉴에서 [확장 프로그램 → Apps Script]를 클릭하여 스크립트 편집기를 엽니다. 프로젝트 이름에는 '청구서 저장 프로젝트'라고 입력합니다.

코드 작성하기

지금까지 다룬 문제에서는 스크립트 파일 하나에 함수를 여러 개 작성했습니다. 이번에는 프로그램 전체가 길므로 함수마다 파일을 나누겠습니다. 역할마다 함수를 나누고 함수마다 파일을 나누면 전체를 한눈에 보기가 쉽습니다. 또한 파일은 크기가 작아 수정하기도 쉽습니다.

순서도에 있는 함수 4개를 각각 스크립트 파일로 만들고 전역 상수와 전역 변수를 작성할 스크립트 파일도 'GLOBAL.gs'라는 이름으로 하나 더 만듭니다(**그림 5-18**).

그림 5-18 스크립트 파일 만들기

지금부터 파일을 각각 작성합니다. 코드를 조금씩 덧붙이는 방식으로 설명할 텐데, 단순히 예제를 보고 그대로 입력하기보다 스스로 생각하면서 직접 코드 작성에 도전해 보기 바랍니다.

GLOBAL.gs 만들기

예제 5-8   GLOBAL.gs

```
const FOLDER_ID = "xxxxxxxxxx";
```

이곳에는 전역 상수와 전역 변수를 정의합니다. 이 파일에는 함수 없이 이렇게 1행만 입력합니다.

변수 범위를 설명할 때도 배웠지만, 전역 상수는 해당 프로젝트 안 어디서든 참조할 수 있어야 합니다. 이번에 저장할 폴더 ID는 프로젝트 전체에서 1곳으로 고정했으므로 이를 전역 상수로 정의합니다. 필자는 전역 상수를 작성할 때 지역 상수와 구별하고자 모두 밑줄을 포함한 대문자로 작성한다는 규칙을 정했습니다. xxxxxxxxxx 부분에는 폴더 ID를 지정합니다.

main.gs 만들기

지금부터 main() 함수를 작성합니다. 이 함수는 순서도에서 보듯이 다른 함수를 호출하고 그 결과를 받아 다음 함수로 전달하는 사령탑 역할을 합니다.

```
예제 5-9(일부)                                                    main.gs
/**
 * 실행할 주 함수
 */
function main() {
  // 지메일 검색하기
  const threads = searchGmail();

  // 첨부 파일 가져오기

  // 첨부 파일을 폴더에 저장하기

  // 저장이 끝나면 완료했다는 메시지 표시하기
}
```

먼저 searchGmail() 함수를 호출하고 그 결과를 thread로 이루어진 배열로 반환받아 threads에 넣습니다. 그럼 지메일을 검색하는 searchGmail() 함수를 만듭니다.

searchGmail.gs 만들기

진행하기 전에 스스로 searchGmail() 함수를 만든다면 어떤 코드가 될지 생각하고, 가능하다면 직접 만들어 보세요. 이때 05-2절에서 다룬 지메일 사용 방법을 참고하세요. 검색 조건은 다음과 같습니다.

- 제목에 '청구서'라는 문자열을 포함할 것
- 실행 시점부터 과거 30일 이내에 받은 이메일일 것

searchGmail.gs 파일에 다음처럼 함수를 작성하세요.

예제 5-10   searchGmail.gs

```
/**
 * 지메일을 검색하여 threads 반환하기
 */
function searchGmail() {
  const query = 'subject: 청구서 newer_than:30d';
  const threads = GmailApp.search(query);
  return threads;
}
```

이 코드는 05-2절에서 설명한 내용을 구현한 것입니다. 먼저 query에 검색 내용을 문자열로 정의하고, 이 문자열로 지메일을 검색하고, 그 결과를 threads로 전달받아 그대로 반환 (return)합니다. 반환한 threads는 호출한 곳인 main() 함수의 threads 변수에 넣습니다.

동작을 확인하고자 제목에 '청구서'를 포함하고, 첨부 파일이 1개뿐인 이메일을 준비하고, mian() 함수를 디버그해 봅시다(그림 5-19). 이번에는 main() 함수 마지막 행에 디버그 중단점을 지정합니다. 올바르게 실행했다면 그림 5-19처럼 오른쪽 [Local] 항목 안에 threads: Array(n)과 같이 표시합니다. Array는 배열을 뜻하며 여기서는 n에 thread 개수가 들어가면 성공입니다.

바로 아래 [Script] 항목에는 전역 상수와 전역 변수를 표시합니다. [변수] 탭의 [Global] 항목에는 자신이 작성한 함수와 내장 함수가 있으나 이 부분은 신경 쓰지 않아도 됩니다.

그림 5-19   디버그 기능

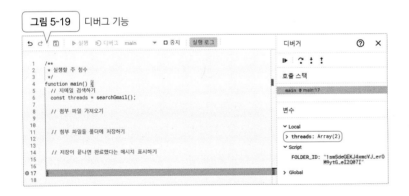

이것으로 지메일 검색 처리를 완성했습니다. 다음은 첨부 파일 가져오기 처리를 알아보겠습니다.

getFiles.gs 만들기

먼저 함수 getFiles()에 thread로 이루어진 배열 threads를 인수로 전달하고 반환한 값을 files에 넣는 처리를 main() 함수에 작성한 뒤 getFiles() 함수를 구현합니다. 이곳 역시 자신이라면 어떻게 작성할지 고민해 보세요.

예제 5-9(일부)   main.gs

```
/**
 * 실행할 주 함수
 */
function main() {
  // 지메일 검색하기
  const threads = searchGmail();

  // 첨부 파일 가져오기
  const files = getFiles(threads);

  // 첨부 파일을 폴더에 저장하기

  // 저장이 끝나면 완료했다는 메시지 표시하기

}
```

예제 5-11   getFiles.gs

```
/**
 * 지메일을 검색하고 해당하는 첨부 파일을 배열로 반환하기
 */
function getFiles(threads) {
  const files = [];
  for (const thread of threads) {
    const firstMessage = thread.getMessages()[0]
    const attachments = firstMessage.getAttachments();
    if (attachments.length !== 1) {
      continue;
    }
    files.push(attachments[0]);
  }
  return files;
}
```

05-2절에서 지메일을 설명하면서 다른 thread 안의 message를 1통씩 가져오고 싶을 때 사용하는 방법입니다. 먼저 for 문을 만들고 threads에서 thread를 각각 하나씩 가져와 그 thread의 1번째 message(=청구서가 첨부된 클라이언트 message)를 뽑습니다. 그러고 나서 다음 코드로 1번째 메시지의 첨부 파일을 얻습니다.

예제 5-11(일부)   getFiles.gs

```
const attachments = firstMessage.getAttachments();
```

이번 전제에서는 첨부 파일(청구서)이 1개만 있어야 합니다. 즉, 첨부 파일이 여러 개 있는 메시지는 대상이 아닙니다. 그러므로 if 문을 이용하여 첨부 파일이 1개가 아닌 메시지는 제외합니다.

예제 5-11(일부)   getFiles.gs

```
if (attachments.length !== 1) {
  continue;
}
```

첨부 파일 배열의 길이가 1이 아니라면, 즉 첨부 파일이 1개가 아니라면 다음 반복으로 계속 진행(continue)한다는 내용입니다. 참고로 이 구문은 다음처럼 간단히 써도 됩니다. if () 다음 구문이 하나뿐일 때는 중괄호 {}를 생략할 수 있다는 규칙 때문입니다.

예제 5-11(일부)   getFiles.gs

```
if (attachments.length !== 1) continue;
```

다음으로 if 문의 결과로 첨부 파일이 1개뿐일 때는 files 배열에 청구서 파일을 뜻하는 attachments[0]을 추가합니다.

예제 5-11(일부)   getFiles.gs

```
files.push(attachments[0]);
```
              청구서 파일

이를 threads 개수만큼 반복(for (const thread of threads))하면 30일 이내에 받은 모든 이메일 청구서를 files 안에 추가할 수 있습니다.

마지막 return files 구문으로 이 함수의 처리를 끝냅니다. 그러면 처리를 main() 함수로 되돌리고 반환한 값이 main() 함수에 있는 files로 들어갑니다.

saveFiles.gs 만들기
이번에는 첨부 파일을 폴더에 저장하는 처리를 생각해 봅시다.

예제 5-9(일부)   main.gs

```
/**
 * 실행할 주 함수
 */
function main() {
  // 지메일 검색하기
  const threads = searchGmail();

  // 첨부 파일 가져오기
  const files = getFiles(threads);

  // 첨부 파일을 폴더에 저장하기
  saveFiles(files);

  // 저장이 끝나면 완료했다는 메시지 표시하기

}
```

saveFiles()는 files(파일이 들어 있는 배열)를 인수로 전달받아 파일을 폴더에 저장하는 함수입니다. 여기서도 구글 드라이브를 설명할 때 배운 내용을 이용하여 직접 구현해 보기 바랍니다.

예제 5-12   saveFiles.gs

```
/**
 * 파일 배열을 전달받아 구글 드라이브에 저장하기
 */
function saveFiles(files) {
  const folder = DriveApp.getFolderById(FOLDER_ID);

  for (const file of files) {
    folder.createFile(file);
  }
}
```

함수 내용 1번째 행에서 폴더 ID를 지정하여 폴더를 가져옵니다. 다음으로 for 문으로 files 배열에서 청구서를 뜻하는 file을 뽑아 가져온 폴더 안에 넣습니다.

```
const folder = DriveApp.getFolderById(FOLDER_ID);

for (const file of files) {
folder.createFile(file);
}
```

내용을 설명하기 전에 다음과 같이 인수를 전달하여 folder 안에 텍스트 파일을 만드는 예를 봅시다.

```
folder.createFile('test.txt', '테스트 파일입니다.');
```

여기서는 폴더 안에 파일을 만들 때 다음과 같은 인수를 전달했습니다.

```
folder.createFile(file);
```

05-3절의 표 5-5에서 보듯이 createFile()에는 createFile(blob)처럼 Blob 객체를 전달하여 파일을 만드는 방법이 있습니다. 여기서 files 안의 file에는 getFiles.gs에서 가져온 attachment가 들어 있습니다. 그리고 지메일 첨부 파일인 attachment는 05-4절의 표 5-8에서 보듯이 Blob 객체입니다.

그러므로 예제처럼 작성하면 attachment를 folder 안에 만들 수 있습니다. 즉, folder 안에 파일을 저장합니다. files에 첨부 파일(Blob 객체)이 여러 개 들어 있다면 for 문으로 각각 폴더에 저장할 수도 있습니다.

saveFiles() 함수는 돌려줄 값이 없으므로 아무것도 반환(return)하지 않습니다. 처리가 끝나면 이 함수를 호출한 main.gs로 돌아갑니다.

예제 실행하기

마지막으로 main.gs에 몇 행을 추가하여 저장한 내용을 스프레드시트 화면에 메시지로 표시하겠습니다.

예제 5-9   main.gs

```
/**
 * 실행할 주 함수
 */
function main() {
  // 지메일 검색하기
  const threads = searchGmail();

  // 첨부 파일 가져오기
  const files = getFiles(threads);

  // 첨부 파일을 폴더에 저장하기
  saveFiles(files);

  // 저장이 끝나면 완료했다는 메시지 표시하기
  Browser.msgBox(`https://drive.google.com/drive/folders/${FOLDER_ID}에 저장했
습니다.`)
}
```

함수를 실행하면 스프레드시트 화면에 메시지를 출력합니다(**그림 5-20**).

그림 5-20   파일 저장 완료 메시지

URL로 이동하면 폴더 안에 청구서 파일이 저장된 것을 알 수 있습니다. 이것으로 바라던 대로 움직였다는 것을 확인했습니다(**그림 5-21**).

그림 5-21 저장된 청구서 파일

내 드라이브 > 청구서 저장 ▾

이름 ↑

PDF 청구서.pdf

03장 문제 해결 프로그램과 마찬가지로 스프레드시트의 메뉴에서 이 함수를 실행할 수도 있습니다. 03-16절 나만의 메뉴 만들기를 참고하세요.

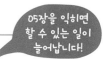

05-6 │ 배운 내용 정리하기

05장에서는 구글 서비스 가운데 지메일과 구글 드라이브를 앱스 스크립트로 다루는 방법을 배웠습니다.

그 밖에도 지메일에서 별을 표시하거나 라벨을 붙일 수도 있습니다. 구글 드라이브에서는 파일을 이동하거나 복사할 수도 있습니다. 또한 스프레드시트와 조합하여 다음 2가지 작업을 할 수도 있습니다.

- 검색 조건에 해당하는 이메일의 제목과 본문을 시트에 입력하기
- 특정 폴더에 있는 모든 파일 이름을 시트에 입력하기

꼭 도전해 보세요!

06

프로그램
유지·보수하기

06-1 | 이 장에서 배울 내용은?

01~05장까지 프로그래밍의 기초라 할 수 있는 2가지를 배웠습니다.

프로그래밍 기본

- 변수와 상수, 배열과 객체
- if 문과 for 문 등 구문
- 함수 등

구글 서비스를 이용한 프로그램

- 구글 스프레드시트
- 지메일
- 구글 드라이브
- 메뉴 만들기
- 트리거 설정하기

그동안 배운 지식과 예제를 활용하면 이제 '만들고 싶은 프로그램'을 혼자서도 완성할 수 있을 겁니다. 특히 '프로그래밍 기본' 부분은 앱스 스크립트뿐만 아니라 다른 프로그래밍 언어에도 응용할 수 있습니다.

지금까지 이 책으로 공부했다면 모르는 부분은 인터넷을 검색하여 찾은 코드를 참고해서 나름대로 프로그램을 만들 수 있으리라 생각합니다. 프로그래밍이 취미든 직업이든 **0부터 시작할 필요는 없다**는 것입니다.

먼저 걸어간 사람이 있으면 발자취가 남듯이, 책에서 다룬 예제 코드는 대부분 인터넷에서도 쉽게 찾을 수 있습니다. 그러므로 이 코드를 복사해서 붙여 넣기만 해도 움직이는 프로그램을 만들 수 있습니다. 프로그래밍을 전혀 할 줄 모르더라도 프로그램을 만들 수 있을 정도입니다.

단, 이러한 예제 코드는 어떻게 움직이는지를 이해하고 이용하는 것이 중요합니다. 이해하지 못한 채 코드를 이용하면 위험할 수도 있기 때문입니다. 예를 들어 구글 스프레드시트 정보를 보내는 프로그램을 실행했는데 모르는 사람의 이메일로 보냈다면 정보 유출로 이어질 수도 있으니까요.

이 책은 **무엇을 하는지 이해하는 데** 필요한 지식을 전하는 데 중점을 두었습니다.

인터넷에는 앱스 스크립트를 사용한 자동화 예가 수없이 많습니다. '앱스 스크립트 구글 스프레드시트 ○○' 또는 '앱스 스크립트 이메일 ○○'처럼 키워드로 검색하면 원하는 내용을 찾을 수 있습니다. 또한 프로그래밍 질문·답변 사이트도 이용하면 이해하는 데 도움이 됩니다.

프로그램을 하나둘 완성하다 보면 더 많은, 더 큰 프로그램을 만들고 싶을 겁니다. 늘 하던 작업을 자동화할 수 있다면 무척 즐거울 테니까요. 내 손으로 직접 만든 프로그램으로 주위 사람을 기쁘게 할 수 있다는 것도 역시 멋진 일입니다. 이것이야말로 프로그래밍의 즐거움입니다.

하지만 자동화를 목적으로 한 프로그램을 작성했다고 해서 끝난 게 아닙니다. 프로그램을 유지·보수할 수 있어야 합니다. 지금부터 프로그래밍 입문서에서는 잘 다루지 않는 **프로그램을 유지·보수**하는 방법을 알아봅니다.

물론 한 번 작성하고 움직이면 끝인 프로그램도 있으나 자동화를 목적으로 한 프로그램이라면 정기적으로 실행하고 오랫동안 사용할 수 있어야 그 효과가 빛납니다. 그러려면 유지와 보수, 즉 잘 관리해야 합니다. 프로그램의 유지·보수는 크게 2가지로 나눌 수 있습니다.

기능 추가하고 수정하기

직접 사용하고자 만든 프로그램이든 누군가를 위해 만든 프로그램이든 오랫동안 사용하다 보면 '이런 기능도 있었으면…', '이곳은 이렇게 바꿨으면…' 등의 요구가 생깁니다.

규모가 작은 프로그램이라면 수정하기도 쉽지만, 코드 양이 늘수록 '수정했을 때 다른 부분에 나쁜 영향을 미치지는 않을까?'를 생각해야 합니다.

작동하지 않을 때 대처하기

오래된 프로그램을 사용하다 보면 조금 전까지만 해도 아무 문제가 없었는데, 갑자기 작동하지 않을 때도 있습니다. 프로그램이 움직이지 않는 이유는 여러 가지겠지만, 문제의 원인을 찾아 해결할 줄 알아야 합니다. 이처럼 문제를 발견하고 원인을 파악하여 해결해서 같은 문제가 발생하지 않도록 하는 작업을 **트러블슈팅**(troubleshooting)이라고 합니다.

06장에서는 기능 추가·수정과 트러블슈팅 방법을 예제와 함께 살펴봅니다.

06-2 | 일일 보고서 보내기 프로그램에 조건 추가하기

02장에서는 영업 현황 관리 스프레드시트에서 특정 셀의 값을 가져와 이메일로 보내는 프로그램을 만들었습니다. 이 프로그램을 사용하면 수작업은 확실히 줄어들겠지만 얼마 지나지 않아 '이런 기능이 더 있으면 좋을 텐데…'와 같이 개선할 부분이 보일 겁니다. 이메일을 받은 어떤 사원이 다음 의견을 제시했다고 합시다.

휴일에는 이메일이 오지 않도록 할 수는 없나요?

그렇습니다. 이 프로그램은 트리거에 매일 1번 실행하도록 설정했으므로 휴일에도 실행됩니다. 여기서는 평일에만 이메일을 보내도록 기능을 추가해 봅시다. 이와 함께 02장에서 배우지 않은 함수를 이용하여 역할별로 처리를 나누어 기존 프로그램을 다시 작성해 보겠습니다.

그러면 기존의 처리 흐름을 어떻게 바꾸면 될지 알아봅시다. 이번에는 '오늘이 평일이라면 이메일 보내기'라는 처리를 추가하고 싶습니다. 바로 if 문이 떠오를 겁니다. 먼저 02장에서 본 **그림 2-22**의 순서도부터 수정해 봅시다(**그림 6-1**).

그림 6-1 | 순서도 수정하기

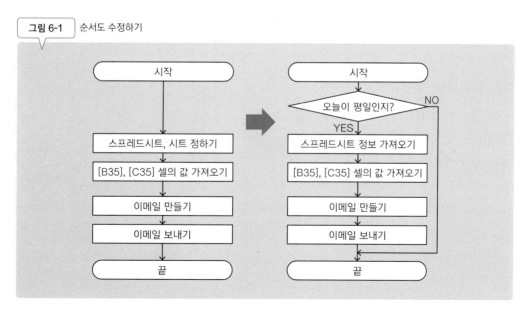

변경할 곳은 '오늘이 평일인지?'를 묻고자 if 문을 추가한 부분입니다. 즉, 휴일이라면 처리를 종료합니다. '휴일'은 정확히 정의해야 하므로 여기서는 토요일, 일요일, 공휴일을 휴일로 정합니다. 이렇게 하면 나머지는 모두 평일입니다. **그림 6-2**는 날짜 종류를 정리한 것입니다.

그림 6-2 날짜 종류

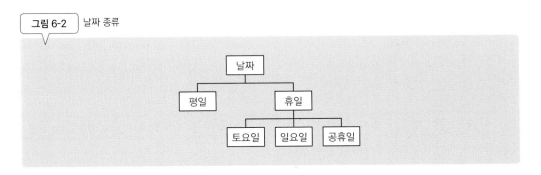

따라서 어떤 날짜가 토요일, 일요일, 공휴일인지를 확인할 수 있다면 평일과 휴일을 구분할 수 있습니다. 토요일, 일요일을 확인하는 내용은 **04-4절**에서 Date 객체를 배울 때 설명했습니다.

예제

```
Date 객체.getDay()
```

이렇게 하면 0~6 사이의 자연수를 반환하는데, 0이 일요일이고 6이 토요일입니다. 그러므로 토요일과 일요일을 확인할 때에는 **getDay()** 함수를 활용합니다. 그렇다면 매년 바뀌는 공휴일은 어떻게 확인할까요? 구글 캘린더 기능을 사용하면 간단하게 알 수 있습니다. 먼저 앱스 스크립트로 구글 캘린더를 다루는 방법을 배워 봅시다.

구글 캘린더의 구조

구글 캘린더는 **그림 6-3**처럼 [CalendarApp → Calendar → CalendarEvent] 순서로 계층 구조를 이룹니다.

그림 6-3 구글 캘린더의 구조

구글 스프레드시트가 [SpreadsheetApp → Spreadsheet → Sheet → Range] 순서로 계층 구조를 이루는 것과 비슷한 모습입니다.

Calendar를 가져오는 방법으로 여기에서는 캘린더 ID를 사용하겠습니다.

캘린더 ID 확인하기

1 캘린더 오른쪽 위에 있는 톱니바퀴처럼 생긴 아이콘을 클릭해 [설정] 메뉴를 선택합니다.

그림 6-4 [설정] 메뉴 선택하기

2 [설정] 화면이 열리면 왼쪽의 [내 캘린더의 설정]에서 ID를 알고 싶은 캘린더를 클릭하고 ID를 복사합니다. 오른쪽의 [캘린더 설정]에서 나중에 사용할 캘린더 이름과 설명을 입력합니다.

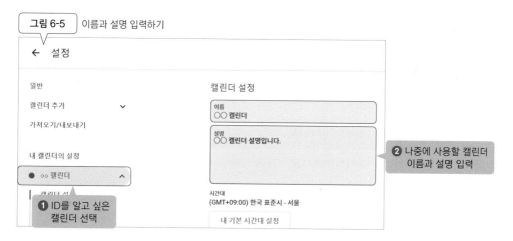

그림 6-5 이름과 설명 입력하기

3 [캘린더 통합]을 클릭하고 캘린더 ID를 확인합니다. 보통 자신의 이메일 주소입니다.

그림 6-6   캘린더 ID 확인하기

이 캘린더 ID를 이용하여 구글 캘린더를 가져옵시다. 새로운 독립 스크립트를 만들고 다음 함수를 작성합니다. **xxxx** 부분에는 자신의 캘린더 ID를 입력합니다.

예제 6-1

```
function calendar1() {
  // 캘린더 가져오기
  const calendar = CalendarApp.getCalendarById("xxxx");

  // 구글 캘린더에서 '이름'과 '설명' 가져오기
  console.log(calendar.getName());
  console.log(calendar.getDescription());
}
```

로그 출력

∞ 캘린더
∞ 캘린더 설명입니다.

앞서 캘린더 이름을 변경하지 않았으면
계정 메일 주소가 반환될 수도 있습니다.

예제 6-1에서 사용한 메서드의 뜻은 각각 다음 **표 6-1**, **표 6-2**와 같습니다. 관련 메서드도 함께 살펴봅시다.

표 6-1 CalendarApp의 메서드(일부)

메서드	설명
createCalendar(name)	캘린더 만들기
getAllCalendars()	추가한 캘린더 모두 가져오기
getCalendarById(id)	ID를 지정하여 캘린더 가져오기
getName()	이름 가져오기

표 6-2 Calendar의 메서드(일부)

메서드	설명
createAllDayEvent(title, date)	제목과 날짜를 지정하여 종일 이벤트 만들기
getDescription()	캘린더 설명 가져오기
getEvents(startTime, endTime)	시작, 종료 시각을 지정하여 이벤트 가져오기
getName()	이름 가져오기

기간을 지정하여 이벤트 가져오기

Calendar 안에는 CalendarEvent가 있습니다. CalendarEvent를 가져와 봅시다.

먼저 자신의 구글 캘린더에 지금부터 2시간 이내 범위에 예정, 곧 이벤트를 여러 개 추가합니다(**그림 6-7** 참고).

그림 6-7 캘린더에 이벤트 추가하기

이 상태에서 다음 함수를 실행해 봅시다.

```
function calendar2() {
  // 캘린더 가져오기
  const calendar = CalendarApp.getCalendarById("{자신의 캘린더 ID 입력}");
  const now = new Date();

  // now부터 2시간 후를 나타내는 Date 객체 만들기
  const twoHoursFromNow = new Date(now.getTime() + (2 * 60 * 60 * 1000));
  const events = calendar.getEvents(now, twoHoursFromNow);
  console.log(`이벤트 개수: ${events.length}`);

  for (event of events) {
    console.log(`제목: ${event.getTitle()}`);
  }
}
```

```
이벤트 개수: 2
제목: 예정 1
제목: 예정 2
```

다음은 코드에서 이벤트를 가져오는 부분입니다.

```
  const events = calendar.getEvents(now, twoHoursFromNow);
```

getEvents()는 1번째 인수로 시작 일시를, 2번째 인수로 종료 일시를 지정하고 해당 범위에 있는 이벤트를 가져옵니다. 이 메서드는 지정한 범위에서 시작하는 이벤트뿐만 아니라 A처럼 지정한 범위에서 끝나는 이벤트나 B처럼 범위에 포함된 이벤트도 반환한다는 점에 주의해야 합니다. 예를 들어 **그림 6-8**처럼 이벤트가 있다면 이벤트 A, B, C, D를 가져옵니다. 종료 일시에 지정한 시각까지이므로 그 이후인 이벤트 E는 가져오지 않습니다.

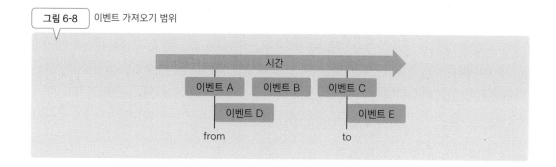

| 그림 6-8 | 이벤트 가져오기 범위 |

이때 시작과 종료 일시에는 Date 객체를 지정해야 하므로 인수 now와 twoHoursFromNow 모두 Date 객체로 만들어 두어야 합니다. 이렇게 하면 이벤트 배열인 events를 가져올 수 있습니다. 그 후 for ~ of를 사용하여 events 안에서 하나씩 꺼내 event.getTitle()로 이벤트 제목(일정 이름)을 출력합니다. 앞의 예제에서는 '시작 일시 = 현재 시각', '종료 일시 = 2시간 후'라는 범위를 지정했지만, 다음처럼 시각을 직접 지정해도 됩니다.

예제

```
const from = new Date("2023-10-01 00:00:00");  // 시작 일시
const to   = new Date("2023-10-11 00:00:00");  // 종료 일시
const events = calendar.getEvents(from, to);
```

▶ 04장에서 Date 객체를 배울 때 살펴본 시간대 설정도 꼭 확인하세요. 구글 캘린더 시간대와 스크립트 편집기 시간대가 일치하지 않으면 일정을 올바르게 가져올 수 없습니다.

날짜를 지정하여 이벤트 가져오기

기간이 아니라 날짜를 지정하여 그날의 일정을 가져오려면 getEventsForDay()를 사용합니다. getEventsForDay()에 Date 객체를 전달하면 해당 날짜의 이벤트를 가져옵니다.

예제 6-3

```
function calendar3() {
  // 캘린더 가져오기
  const calendar = CalendarApp.getCalendarById("{자신의 캘린더 ID 입력}");
  const targetDay = new Date("2023-12-22");
  const events = calendar.getEventsForDay(targetDay);

  for (event of events) {
    console.log(`제목: ${event.getTitle()}`);
  }
}
```

이때 인수로 전달하는 Date 객체는 날짜 부분까지만 유효하므로 시분초를 지정해도 무시합니다. 예를 들어 앞의 예제에서 const targetDay = new Date("2023-12-31 10:00:00")처럼 10:00:00으로 시분초를 지정해도 2023년 12월 31일 일정으로 지정했다고 간주합니다. 이렇게 하여 구글 캘린더에서 시각이나 날짜를 지정하여 이벤트(일정)를 가져왔습니다.

구글 캘린더에 공휴일 추가하기

공휴일을 확인할 때 구글 캘린더로 이벤트를 가져오는 이유는 무엇일까요? 바로 공휴일을 모은 구글 캘린더가 따로 있기 때문입니다.
먼저 자신의 구글 캘린더에 '대한민국의 휴일' 캘린더를 추가합니다.

공휴일 캘린더 추가하기

1 화면 오른쪽 위 톱니바퀴처럼 생긴 아이콘을 누르고 [설정]을 클릭합니다.

그림 6-4 [설정] 메뉴 선택하기(재사용)

2 화면 왼쪽의 [캘린더 추가] 메뉴를 클릭한 뒤 [관심 분야와 관련된 캘린더]를 선택합니다.

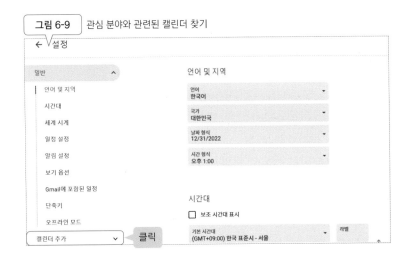

그림 6-9 관심 분야와 관련된 캘린더 찾기

3 [지역 공휴일] 중에서 [대한민국의 휴일]을 찾아 체크합니다.

그림 6-10 [대한민국의 휴일] 선택하기

4 캘린더 화면으로 돌아오면 우리나라의 공휴일이 표시되어 있습니다.

그림 6-11 구글 캘린더에 추가된 대한민국의 휴일

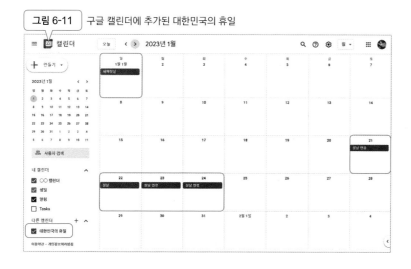

이제 이 캘린더를 사용하면 오늘이 공휴일인지를 알 수 있습니다. 구체적인 방법을 살펴봅시다.

앱스 스크립트에서 휴일 캘린더 다루기

구글 캘린더에 접근하려면 캘린더 ID가 필요합니다. '대한민국의 휴일' 캘린더 ID는 [설정 → 대한민국의 휴일 → 캘린더 통합]에서 알 수 있습니다. 다음 ID를 바로 사용해도 됩니다.

• ko.south_korea#holiday@group.v.calendar.google.com

그림 6-12 캘린더 ID 확인하기

이 구글 캘린더에는 우리나라 공휴일이 이벤트로 등록되었습니다. 따라서 calendar3() 함수를 조금만 수정하면 됩니다.

예제

```
const events = calendar.getEventsForDay(targetDay);
if (events.length > 0){
    // event가 있음 = 공휴일임
} else{
    // 휴일이 아님
}
}
```

이렇게 하면 events 요소가 있다면 공휴일, 없다면 공휴일이 아니라고 판단할 수 있습니다. if (events.length > 0) 구문을 사용하면 지금까지 배운 내용으로도 작성할 수 있습니다.

휴일인지 판단하는 함수 만들기

지금까지의 정보를 이용하면 특정 날짜(Date 객체)가 토요일 또는 일요일인지와 공휴일인지를 판단할 수 있습니다 그러면 이 2가지 처리를 조합하여 지정한 날이 휴일(토요일, 일요일, 공휴일)인지를 판단하는 isHoliday() 함수를 만듭시다.

예제 6-4

```
/**
 * 전달받은 day(Date 객체)가 휴일인지 판단하기
 * 휴일이라면 true, 그렇지 않다면 false 반환하기
 */
function isHoliday(day) {
  // 토요일, 일요일 판단하기
  if (day.getDay() === 0 || day.getDay() === 6) {
    return true;
  }

  // 대한민국의 공휴일 캘린더 ID로 캘린더 가져오기
  const calendarId = "ko.south_korea#holiday@group.v.calendar.google.com";
  const calendar = CalendarApp.getCalendarById(calendarId);

  // day 날짜에 등록된 이벤트 가져오기
  const events = calendar.getEventsForDay(day);

  // 대한민국의 공휴일인지 판단하기
  if (events.length > 0) {
    return true;
  } else {
    return false;
  }
}
```

프로그램 원리를 좀 더 설명하자면 이 함수에는 return이 세 곳 있습니다. 이처럼 return이 1개의 함수 안에 여러 개 있을 때 어느 것이든 return을 실행하면 함수를 호출한 곳으로 처리를 되돌립니다.

다음 코드에서 day.getDay()가 0이라면 그 아래에 있는 return true를 실행합니다.

```
function isHoliday(day){
  // 토요일, 일요일 판단하기
  if (day.getDay() === 0 || day.getDay() === 6) {
    return true;   // 이곳을 실행하면
  }
  // 여기는 처리하지 않음
```

그러면 isHoliday() 함수 처리를 끝내고 그 아래 코드는 실행하지 않습니다. return은 프로그램을 끝낼 때도 사용할 수 있습니다.

```
function testReturn(){
  return;
  console.log("출력하지 않음")
}
```

testReturn() 함수를 실행하면 함수 내용 1번째 행에서 return을 실행하므로 해당 함수를 끝냅니다. 따라서 console.log()는 실행하지 않습니다.

테스트하고자 isHoliday() 함수를 바로 실행하면 오류가 발생합니다. 왜냐하면 이 함수에는 Date 객체인 인수 day를 전달해야 하기 때문입니다. 04장 문제에서 diffDays() 함수의 동작을 확인할 때와 마찬가지입니다.

여기서도 이 함수가 올바르게 움직이는지를 확인하려면 isHoliday() 함수를 호출하는 testIsHoliday() 함수를 만듭니다. 그리고 testIsHoliday() 함수 안에서 isHoliday() 함수 결과를 console.log()로 출력합니다.

```
function testIsHoliday() {
  const weekday  = new Date("2023-10-06");   // 평일
  const holiday  = new Date("2023-10-09");   // 공휴일
  const saturday = new Date("2023-10-14");   // 토요일
  const sunday   = new Date("2023-10-15");   // 일요일
```

```
  // isHoliday() 함수 호출하기
  console.log(isHoliday(weekday));
  console.log(isHoliday(holiday));
  console.log(isHoliday(saturday));
  console.log(isHoliday(sunday));
}
```

로그 출력

```
false
true
true
true
```

testIsHoliday() 함수의 실행 결과를 보편 평일, 즉 휴일이 아니라면 false를 출력하고 공휴일, 토요일, 일요일, 즉 휴일이면 true를 출력합니다. 이로써 isHoliday() 함수가 올바르게 움직이는지를 확인했습니다.

일일 보고서 보내기 프로그램 수정하기

휴일을 확인하는 함수를 만들었으므로 06장의 주제인 일일 보고서 보내기 프로그램을 수정해 봅시다. 02-9절에서 만든 sendSalesDailyReport() 함수는 다음과 같습니다.

예제 2-14(재사용)

```
/**
 * 영업 진행 현황을 이메일로 보내기
 * 트리거: 매일 아침 8시에 실행
 */
function sendSalesDailyReport() {
  const ss = SpreadsheetApp.getActive();          // 스프레드시트 가져오기
  const sheet = ss.getSheetByName("영업 현황");    // 시트 가져오기

  // 셀을 지정하여 값 가져오기
  const count = sheet.getRange("B35").getValue();
  const sales = sheet.getRange("C35").getValue();
```

```
  const to = "xxxxxx@xxxx.xxx";              // 받는 사람의 이메일 주소
  const subject = "영업 진행 현황 보고";      // 이메일 제목
  const body = `영업부 모든 사원께           // 이메일 본문

수고하십니다. 영업지원부 이하늘입니다.
어제까지의 영업 진행 보고서를 보냅니다.


발주 건수: ${count}건
매출 금액: ${sales}원


이상입니다. 그럼 잘 부탁합니다.


이하늘 드림
`;

  GmailApp.sendEmail(to, subject, body);     // 이메일 보내기
}
```

sendSalesDailyReport()에서는 1개의 함수 안에서 다양한 처리를 수행했습니다.

- 시트에서 건수와 금액 가져오기
- 이메일 제목과 본문 작성하기
- 이메일 보내기

여기에 휴일이라면 이메일을 보내지 않는다는 조건을 추가하는 것이 이번 06장의 목표입니다.

- 휴일인지 판단하기(휴일이라면 처리 종료하기) ◀ 추가
- 시트에서 건수와 금액 가져오기
- 이메일 제목과 본문 작성하기
- 이메일 보내기

02장 이후에 함수를 배웠으므로 이번 수정 작업에서는 처리를 함수로 만들어 봅시다. 여기서는 '휴일인지를 확인하는 처리'와 '이메일을 보내는 처리'를 각각 함수로 만듭니다(**그림 6-13**).

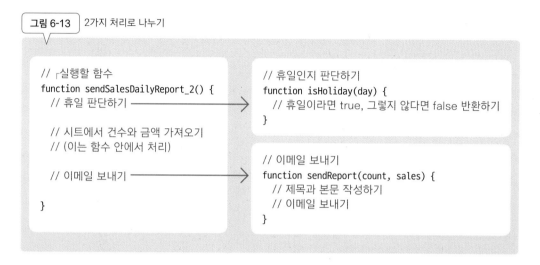

그림 6-13 │ 2가지 처리로 나누기

예제 실행하기

함수 3개를 완성했습니다. 실행할 함수는 sendSalesDailyReport_2()입니다.

예제 6-5

```
/**
 * 일일 보고서 보내기 프로그램, 실행할 함수
 */
function sendSalesDailyReport_2() {

  // 오늘이 휴일이라면 이후 처리는 수행하지 않음
  const today = new Date();
  if (isHoliday(today)) return;

  // 시트에서 건수와 금액 가져오기
  const ss = SpreadsheetApp.getActive();
  const sheet = ss.getSheetByName("영업 현황");
  const count = sheet.getRange("B35").getValue();
  const sales = sheet.getRange("C35").getValue();

  // 이메일 보내기
  sendReport(count, sales);
}
```

```
/**
 * 전달받은 day(Date 객체)가 휴일인지 판단하기
 * 휴일이라면 true, 그렇지 않다면 false 반환하기
 */
function isHoliday(day) {
  // 토요일, 일요일 판단하기
  if (day.getDay() === 0 || day.getDay() === 6) {
    return true;
  }

  // 대한민국의 휴일 캘린더 ID로 캘린더 가져오기
  const calendarId = "ko.south_korea#holiday@group.v.calendar.google.com";
  const calendar = CalendarApp.getCalendarById(calendarId);

  // day 날짜에 등록된 이벤트 가져오기
  const events = calendar.getEventsForDay(day);

  // 대한민국의 휴일인지 판단하기
  if (events.length > 0) {
    return true;
  } else {
    return false;
  }
}
```

```
/**
 * count(건수)와 sales(금액)를 전달받아 이메일 보내기
 */
function sendReport(count, sales) {
  const to = "xxxxxx@xxxx.xxx";
  const subject = "영업 진행 현황 보고";

  // 이메일 본문
  const body = `영업부 모든 사원께

수고하십니다. 영업지원부 이하늘입니다.
어제까지의 영업 진행 보고서를 보냅니다.
```

```
발주 건수: ${count}건
매출 금액: ${sales}원

이상입니다. 그럼 잘 부탁합니다.

이하늘 드림
`;


  // 이메일 보내기
  GmailApp.sendEmail(to, subject, body);
}
```

배운 내용을 복습하는 것처럼 지금까지 학습한 주제를 모두 조합하여 하나의 프로그램으로 완성했습니다.

과제 — 함수 하나 더 만들기

여기서 해결할 과제가 하나 더 있습니다. sendSalesDailyReport_2() 함수 안에 시트에서 건수와 금액을 가져오는 처리가 있는데, 이 역시도 함수로 만들 수 있습니다.

이렇게 하면 실행할 함수 내용은 다음과 같이 됩니다. 이 프로그램 전체가 무엇을 하는지 흐름을 쉽게 이해할 수 있습니다.

예제 6-6

```
/**
 * 일일 보고서 보내기 프로그램, 실행할 함수
 */
function sendSalesDailyReport_3() {

  // 오늘이 휴일이라면 이후 처리는 수행하지 않음
  const today = new Date();
  if (isHoliday(today)) return;

  // 시트에서 건수와 금액 가져오기
  const data = getReportData();   // ← 이 함수 만들기

  // 이메일 보내기
  sendReport(data.count, data.sales);
}
```

getReportData() 함수는 [영업 현황] 시트에서 발주 건수와 매출 금액을 가져와 { count:xx, slase:xx } 형태의 객체로 반환해야 합니다. 이 함수도 꼭 만들어 보세요.

이것으로 "휴일에는 이메일이 오지 않도록 할 수는 없나요?"라는 요청 사항을 처리했습니다. 이런 요청 사항은 이미 실행하던 프로그램에 새로운 기능을 추가해서 계속 사용할 때 자주 생깁니다. 이때 원래 기능에 영향을 주지 않도록 하는 것이 중요합니다.

예를 들어 휴일 확인 기능을 추가했더니 모든 날짜를 휴일로 판단해 이메일을 보내지 않는다면 큰일입니다. 그러므로 수정하기 전과 마찬가지로 잘 작동하는지 반드시 확인해야 합니다. 이처럼 수정한 후 아무런 영향이 없는지 확인하면서 진행하는 프로그래밍 개발 방법으로 TDD (test driven development)라는 테스트 주도 개발을 들 수 있습니다. TDD는 이 책에서 자세히 설명하지 않으나 지금도 예전처럼 제대로 잘 작동하는지를 테스트용 프로그램으로 확인하는 방법이라는 것만 알아 두세요. 즉, 좋은 코드를 작성하는 데 도움이 되는 지식이므로 이 책 내용을 모두 이해했다면 관련 자료를 찾아보기 바랍니다.

일일 보고서 보내기 프로그램의 기능 추가는 이쯤에서 끝내고 다음은 프로그램이 움직이지 않을 때, 오류가 발생했을 때 어떻게 대응할지 알아봅니다.

06-3 │ 업무 관리 알림이 도착하지 않았다면?

이번에는 04장에서 만든 업무 관리 알림 프로그램을 예로 들겠습니다.

04장에서 만든 업무 관리 알림 앱스 스크립트 프로그램을 이하늘 님이 사용하고 있습니다. 한동안 문제없이 잘 작동했으나, 어느 날 이 프로그램을 개발한 박소라 님은 이하늘 님으로부터 "업무 알림이 가지 않는데, 이유를 모르겠어요."라는 연락을 받았습니다. 무엇이 잘못된 걸까요?

연락받은 박소라 님은 무슨 일이 일어났는지 확인하기로 했습니다. 이하늘 님이 사용하던 스프레드시트를 열고 스크립트 편집기를 실행하여 remindTasks() 함수를 실행했습니다. 그러자 **그림 6-14**와 같은 오류가 발생했습니다.

| 그림 6-14 | TypeError: deadLine.setHours is not a function |

실행 로그		
오후 2:21:09 알림	실행이 시작됨	
오후 2:21:10 오류	TypeError: deadLine.setHours is not a function	
	diffDays @ 04장_업무관리.gs:56	
	remindTasks @ 04장_업무관리.gs:23	

오류 메시지를 보면 '04장_업무관리.gs:56'과 '04장_업무관리.gs:23'에 오류가 생겼습니다. 이 링크를 클릭하면 스크립트 편집기의 해당하는 곳으로 이동하므로 어디서 오류가 발생했는지를 바로 알 수 있습니다.

이 예에서는 프로그램의 56번째 행에 있는 deadLine.setHours(0);에서 [TypeError: deadLine.setHours is not a function]이라는 오류가 발생한 듯합니다. TypeError…란 무엇일까요? 인터넷에서 '자바스크립트 TypeError is not a function'으로 검색했더니 '함수가 아닌 것을 함수로 호출할 때 발생한 오류'인 듯합니다. deadLine.setHours는 함수가 아니라는 말입니다.

무슨 일이 일어났는지 자세하게 확인하고자 **그림 6-15**처럼 중단점을 표시하고 디버그를 실행해 봅시다.

- 오류가 발생한 행에 중단점 표시하기
- remindTasks() 함수 선택하기
- 디버그 실행하기
- 디버거에 표시된 디버그 정보 확인하기

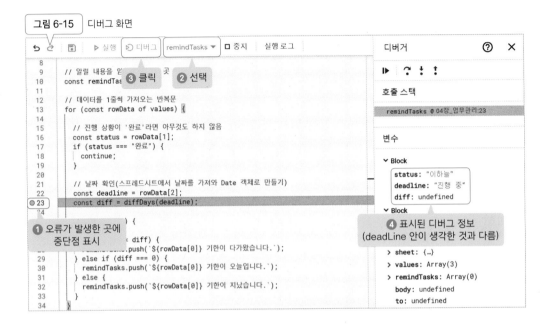

그림 6-15　디버그 화면

디버그 정보 중 이상한 부분은 없나요? 오른쪽 화면을 보면 지금 deadLine에 "진행 중"이라는 문자열이 들어 있습니다. 그러나 만들 당시 설계한 대로라면 deadLine에는 Date 객체가 들어가야 합니다. 뭔가 이상하네요.

여기만 봐서는 잘 모를 수 있으므로 스프레드시트를 한번 봅시다(그림 6-16).

그림 6-16　이하늘 님의 업무 관리표

업무 관리표				
업무명	**담당자**	**진행 상황**	**기한**	**메모**
X사 견적서 제출	이하늘	진행 중	2022-12-15	
X사 방문	이하늘	진행 중	2022-12-19	
Y사 견적서 다시 제출	이하늘	시작 전	2022-12-20	

04장에서는 그림 4-1처럼 만들었는데, 뭔가 달라진 듯합니다.

	A	B	C	D
1	업무 관리표			
2				
3	업무명	진행 상황	기한	메모
4	A사 견적서 제출	진행 중	2023-04-30	미리 ○○ 님에게 확인하기
5	사내 미팅 자료 작성	진행 중	2023-04-01	잊지 말고 ○○ 포함하기
6	월별 보고서 제출	시작 전	2023-05-02	○○ 님에게 제출하기
7				

그림 4-1 이하늘 님의 업무 관리표(재사용)

비교해 보면 알 수 있듯이 시트 구성이 달려졌네요. 원래 B 열은 [진행 상황] 열이었는데, [담당자] 열로 바뀌었습니다.

확인해 보니 이하늘 님의 상사가 이 업무 관리표를 팀 업무 관리에 사용하고자 B 열에 [담당자] 열을 추가했다고 합니다. 상사는 이하늘 님의 업무 관리표를 복사해 자신의 드라이브에 붙여 넣은 뒤 작업했어야 하는데 실수로 이하늘 님의 파일에서 직접 수정했다고 합니다. 물론 이 스프레드시트에 앱스 스크립트가 포함되었다는 것도 몰랐다고 합니다.

원래 C 열은 기한 정보인 Date 객체가 들어 있어야 하나 변경한 스프레드시트 C 열이 [진행 상황]이 되는 바람에 "진행 중"이라는 문자열이 deadLine에 들어갔던 것입니다. 바로 이것이 원인이었습니다.

이번처럼 앱스 스크립트로 만든 뒤에 스프레드시트 구성이 바뀌는 바람에 오류가 생기거나, 오류는 아니지만 의도하지 않은 결과가 나오지 않는 일은 실무에서 흔히 일어납니다. 열을 추가하더라도 사용할 수 있는 프로그램을 만들 수도 있습니다. 스프레드시트에 의도하지 않은 변경이 생기더라도 큰 문제가 되지 않도록 하는 대응 방법 2가지를 소개합니다.

대응 방법 ① — 구글 스프레드시트를 변경할 수 없도록 하기

프로그래밍을 이용한 대응 방법은 아니나 효과는 큽니다. 방법은 다양하지만 여기서는 다른 사람이 3번째 행인 표 머리글을 변경할 수 없도록 하는 **셀 보호**를 이용합니다.

1 ❶ 표 머리글인 [A3:D3] 셀 범위를 선택한 뒤 마우스 오른쪽 버튼을 클릭해 ❷ 나타난 메뉴에서 [셀 작업 더 보기 → 범위 보호]를 선택합니다.

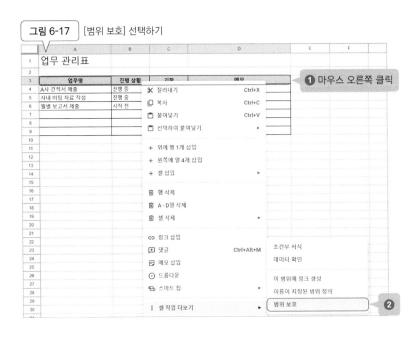

그림 6-17 [범위 보호] 선택하기

2 ❶ [보호된 시트 및 범위]에서 [권한 설정] 버튼을 클릭합니다. ❷ 범위 수정 권한을 설정하고 ❸ [완료] 버튼을 클릭합니다.

그림 6-18 [권한 설정] 버튼 클릭하기

그림 6-19 권한 설정 완료

이렇게 하면 [A3:D3] 범위를 편집할 사용자를 제한할 수 있습니다. 예를 들면 표 머리글의 이름을 바꾸거나 A 열과 B 열 사이에 새로운 열을 넣는 등 자신만 변경할 수 있습니다. 스프레드시트 화면에서 바로 설정할 수 있으므로 다른 사람이 프로그램을 사용하면서 변경할 수 없도록 할 때 매우 효과적인 대응 방법입니다.

대응 방법 ② — 시트 형식이 올바른지 프로그래밍으로 확인하기

또 다른 방법으로 시트 형식이 올바른지를 프로그램으로 확인하는 방법을 소개합니다. **그림 6-20**은 업무 관리 순서도의 일부입니다.

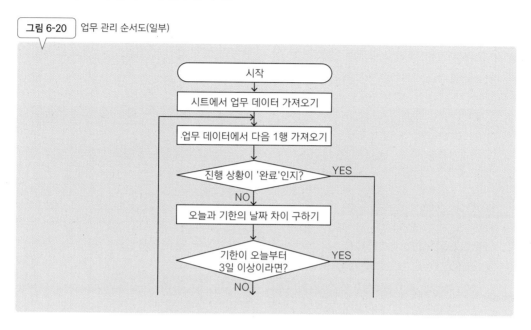

그림 6-20 업무 관리 순서도(일부)

이 순서도의 맨 처음에 시트 형식이 올바른지 확인하는 처리를 추가합니다. 올바르지 않다면 이 내용을 이메일로 알리고 프로그램을 끝내는 흐름입니다. **그림 6-21**에서 색깔 있는 사각형으로 표시한 처리를 추가하면 됩니다.

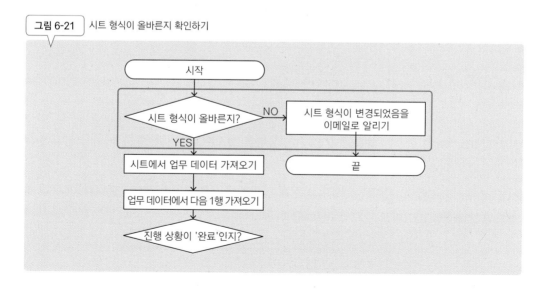

그림 6-21 시트 형식이 올바른지 확인하기

이렇게 처리하면 문제가 생겼을 때 이메일로 오류를 바로 알립니다. 형식을 확인하는 데 사용할 함수 이름은 isValidFormat()이라 하겠습니다.

▶ valid란 '유효한', '정당한'이라는 뜻입니다.

그러면 원래 remindTasks() 함수를 remindTasks2()로 바꿉니다. 가장 먼저 isValidFormat() 함수를 호출하여 형식이 올바르지 않다면 시트 형식이 달라졌다는 내용의 이메일을 보내고 처리를 끝냅니다.

예제 6-7

```
/**
 * 실행할 함수
 */
function remindTasks2() {

  if (!isValidFormat()) {
    const to = "xxxxx@example.com";
    const subject = "시트 형식이 달라졌습니다.";
    const body = "remindTasks2() 함수를 실행했더니 시트 형식이 올바르지 않습니다. 내용을 확인해 주세요.";
    GmailApp.sendEmail(to, subject, body);
    return;   // 여기서 처리 끝내기
  }

  // 데이터 부분 가져오기
  const sheet = SpreadsheetApp.getActive().getSheetByName("업무");

  (… 생략 …)
}
```

isValidFormat() 함수는 다음과 같습니다. 올바른 형식인지는 시트의 표 머리글 부분이 처음 만들었을 때와 같은지를 확인하면 됩니다. 그러므로 시트에서 업무 이름이나 진행 상황 행인 표 머리글을 배열로 가져와 순서대로 원래 입력했던 문자열인지를 확인합니다. 모두가 올바르면 true를, 1곳이라도 다르면 false를 반환합니다.

예제 6-8

```
/**
 * 시트 형식이 올바른지 확인하기
 * 올바르면 true, 그렇지 않다면 false 반환하기
 */
function isValidFormat() {
  const sheet = SpreadsheetApp.getActive().getSheetByName("업무");

  // getValues()로 얻은 2차원 배열의 첫 요소인 [0]을 header에 넣기
  const header = sheet.getRange("A3:D3").getValues()[0];

  if (header[0] === "업무명" && header[1] === "진행 상황" && header[2] === "기한"
&& header[3] === "메모") {
    return true;
  }
  return false;
}
```

다음 예제 6-8-2처럼 else를 이용해 if 문을 작성해도 됩니다.

예제 6-8-2

```
  if (header[0] === "업무명" && header[1] === "진행 상황" && header[2] === "기한"
&& header[3] === "메모") {
    return true;
  } else {
    return false;
  }
```

여기서는 업무명, 진행 상황, 기한, 메모라는 문자열이 표 머리글에 있는지를 확인했습니다. 여러분이 사용하는 스프레드시트에도 모르는 사이에 수정이 생길 수 있습니다. 그러므로 이번 예제는 특정 셀에 특정 문자열 또는 특정 시트 이름이 있는지를 확인하는 데도 활용할 수 있는 기술입니다.

대응 방법 ①이 더 근본 대책이므로 가능하다면 형식을 변경할 수 없도록 해야 나중에 오류가 줄어듭니다. 단, 이러한 대응 방법을 사용하기 어려운 때도 있으므로 차선책으로 변화를 가능한 한 빨리 알 수 있는 장치를 마련하는 방법도 함께 알아보았습니다.

06-4 | 배운 내용 정리하기

직접 만든 프로그램으로 업무를 자동화하면 무척 편하고 보람을 느낍니다. 그러나 이 장에서 살펴봤듯이 꾸준하게 사용하려면 프로그램에 기능도 추가해야 하고, 어제는 잘 움직였는데 오늘 갑자기 멈추는 등의 문제가 생겼을 때 해결해야 합니다.

같은 내용을 구현하는 프로그램이라도 **함수 1개로 모든 것을 처리하는 100줄 코드**보다 **기능과 역할에 따라 30줄 함수 5개를 만드는** 편이 좋습니다.

이렇게 하면 코드 양은 늘지만 어디서 오류가 발생했는지를 쉽게 알 수 있고, 또한 오류가 생긴 함수만 확인하면 되므로 상대적으로 쉽게 대처할 수 있습니다. 이 영역을 프로그래밍 중에서도 **설계**라고 하는데, 처리마다 함수를 나누어 작성할 때의 장점은 바로 여기에 있습니다.

이 책에서는 다루지 않으나 **객체 지향 프로그래밍**이라는 방법이 있습니다. 이 책으로 프로그래밍의 기본을 이해하고 나선 더 효율적인 프로그래밍 또는 프로그램 설계에 관심이 있다면 **객체 지향 프로그램**을 꼭 살펴보기 바랍니다.

앞에도 가끔 URL을 소개했지만, 이번에는 구글 앱스 스크립트 공식 문서(레퍼런스) URL을 살펴보겠습니다.

스크립트 편집기 오른쪽 위에 있는 물음표 아이콘을 클릭하고 [문서]를 선택합니다. 그러면 구글 앱스 스크립트 공식 문서 화면으로 이동합니다.

그림 6-22 [문서] 선택하기

그리고 왼쪽 위의 메뉴에서 [참조]를 클릭한 뒤 [Sheets → SpreadsheetApp]을 누르면 구글 스프레드시트를 다룰 때 참고할 수 있는 문서로 이동합니다. 문서를 보면 오른쪽에는 속성 (Properties)이 표시되고 아래로 스크롤하면 메서드(Methods) 표가 있습니다.

그림 6-23 구글 스프레드시트 참조 문서

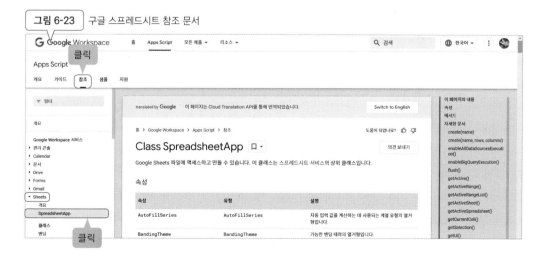

속성은 간단히 말하면 SpreadsheetApp에 있는 고유의 데이터입니다. 객체를 설명할 때 키 (이름)와 값으로 이루어진 쌍을 속성이라고 했는데, 이 페이지에서 속성은 **SpreadsheetApp** 객체가 가진 속성을 말합니다. 너무 깊이 들어가면 복잡하므로 이 정도로 넘어갑시다. 관심이 있다면 '객체 지향 속성 메서드'로 검색하세요.

메서드는 지금까지 배운 대로 SpreadsheetApp을 대상으로 할 수 있는 명령어입니다. 예를 들어 지금까지 다룬 다음 코드는 참조 문서의 **getActive()** 항목에 있습니다(**그림 6-24**).

예제

```
const ss = SpreadsheetApp.getActive();
```

그림 6-24 | 참조 문서의 getActive() 항목

메서드	반환 유형	간략한 설명
create(name)	Spreadsheet	지정된 이름으로 새 스프레드시트를 만듭니다.
create(name, rows, columns)	Spreadsheet	지정된 이름 및 지정된 수의 행과 열로 새 스프레드시트를 만듭니다.
enableAllDataSourcesExecution()	void	모든 유형의 데이터 소스에 대한 데이터 실행을 사용 설정합니다.
enableBigQueryExecution()	void	BigQuery 데이터 소스에 대한 데이터 실행을 사용 설정합니다.
flush()	void	대기 중인 모든 스프레드시트 변경사항을 적용합니다.
getActive()	Spreadsheet	현재 사용 중인 스프레드시트를 반환하거나 없는 경우 null를 반환합니다.
getActiveRange()	Range	활성 시트에서 선택한 범위를 반환하거나 활성 범위가 없는 경우 null을 반환합니다.

표의 반환 유형(Return type)은 Spreadsheet입니다. 반환 유형은 해당 함수(메서드)가 반환하는 값을 뜻합니다. 즉, **getActive()**를 실행하면 Spreadsheet를 돌려줍니다.
Sheet에 어떤 메서드가 있는지 알고 싶다면 왼쪽에서 [Sheets → 시트]를 선택하고 Sheet 참조 문서의 메서드 부분을 확인하면 됩니다(**그림 6-25**).

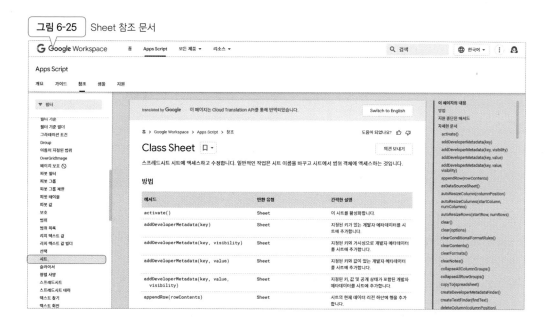

그림 6-25　Sheet 참조 문서

이처럼 무엇을 대상으로 어떤 처리를 할 수 있는지를 정리한 것이 앱스 스크립트 공식 문서입니다. 문서에서는 어떤 애플리케이션에 관한 속성이고 메서드인지, 어떤 메서드가 무엇을 반환하는지를 주의 깊게 살펴봐야 합니다.

검색으로 찾을 수 있는 자료도 다양하지만, 이 참조 문서가 공식 자료이므로 보는 방법을 꼭 알아 두세요.

트리거를
적극 활용합시다!

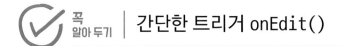
꼭
알아 두기 │ 간단한 트리거 onEdit()

구글 스프레드시트로 업무 효율을 높이고 싶을 때 스프레드시트가 변경되면 알리는 기능을
가장 많이 사용합니다. 예를 들어 업무 관리표의 [진행 상황] 열에서 이 열이 '완료'로 변경되
면 "업무를 완료했습니다!"라는 이메일을 보낼 수 있습니다. 이때 변경 여부를 확인하는 것이
onEdit() 트리거입니다.

현재 열린 스프레드시트나 새롭게 만든 스프레드시트에서 스크립트 편집기를 열고 다음 코
드를 작성하세요. 스크립트 파일 이름은 원하는 대로 바꾸세요.

예제 6-9

```
function onEdit(e) {
  // e.source로 Spreadsheet 객체를 가져올 수 있음
  const ss = e.source;
  const sheetName = ss.getActiveSheet().getSheetName();

  // e.range로 편집한 range를 가져올 수 있음
  const range = e.range;

  // range를 대상으로 getA1Notation()을 실행하면 편집한 곳을 A1 셀의 형식으로 얻을 수 있음
  const editedAddress = range.getA1Notation();

  // 변경 전, 변경 후의 값 가져오기
  const oldValue = e.oldValue;
  const newValue = e.value;

  const message = `
시트 이름: ${sheetName}\\n
편집 범위: ${editedAddress}\\n
편집 전의 값: ${oldValue}\\n
편집 후의 값: ${newValue}`;

  Browser.msgBox(message);
}
```

이 함수를 저장하고 실행해 보세요. 그러면 TypeError: Cannot read property 'source' of undefined 오류가 발생하는데, 이는 수정한 셀이 없기 때문입니다.

이후 스프레드시트에서 현재 활성화한 [시트1] 시트의 [A1] 셀에 '가가가'라고 입력하면 **그림 6-26**처럼 메시지를 자동으로 표시합니다.

빈 셀은 '정의되지 않았다.'를 뜻하는 undefined로 인식합니다. [A1] 셀의 '가가가'를 '나나나'로 수정하면 **그림 6-27**처럼 표시합니다.

그림 6-26   '가가가' 입력

시트 이름: 시트1
편집 범위: A1
편집 전의 값: undefined
편집 후의 값: 가가가

확인

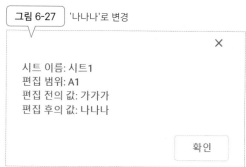

그림 6-27   '나나나'로 변경

시트 이름: 시트1
편집 범위: A1
편집 전의 값: 가가가
편집 후의 값: 나나나

확인

이처럼 onEdit()는 구글 스프레드시트가 변경되었을 때 자동으로 실행하는 함수입니다.

그리고 **예제 6-9**에서 onEdit(e)의 e에는 이벤트 정보인 Event 객체가 들어갑니다. 시트를 편집하는 트리거이기 때문에 e 객체에는 range, oldValue, value 등의 속성이 있습니다.

▶ Event 객체에 들어 있는 정보는 bit.ly/GAS_event1을 참고하세요.

이를 활용하면 다음 업무 자동화에 응용할 수 있습니다.

- 특정 열이 변경되면 이메일로 알림
- 누가 언제 얼마만큼 셀을 수정했는지 편집 이력을 만들 수 있음
- 편집한 내용에 따라 필요한 함수를 호출하여 처리 실행하기

07

필자가 전하는
4가지 조언

07-1 | 0부터 시작하지 않아도 됩니다!

프로그래밍은
조립입니다.

이 책은 프로그래머가 아닌 일반인을 위해 앱스 스크립트를 사용하여 업무를 자동화하는 프로그램을 예로 들어 설명한 '프로그래밍 입문서'입니다.

이 책의 내용만으로는 여러분이 실현하고 싶은 모든 것을 이루지 못할 수도 있습니다. 그러나 지금까지 살펴본 내용과 여러분이 직접 찾은 내용을 조합하면 하고 싶은 것을 어렵지 않게 만들 수 있을 겁니다. 특히 초보자는 프로그램을 작성하는 시간보다 찾아보고 생각하는 시간이 더 많이 필요합니다. 필자도 그랬습니다.

프로그래밍은 부품을 조합하여 완성하는 것이라고 할 수 있습니다. 마치 조립 완구처럼 팔, 다리, 몸체, 얼굴을 만들고 나서 마지막에 모두 합쳐 로봇을 만들 듯이 말이죠. 부품뿐 아니라 설명서도 있으므로 순서대로 조립하면 목표를 이룰 수 있습니다. 그러나 프로그래밍에서는 부품도, 조립 방법도 스스로 생각하고 만들어야 합니다. 프로그래밍이 재밌는 이유가 바로 여기에 있습니다.

예제 코드처럼 인터넷에는 이미 부품이 대부분 있지만, 그러려면 부품을 찾는 방법을 알아야 합니다. 자신이 원하는 것과 정확히 일치하는 것은 좀처럼 찾기 힘들 수도 있습니다. 좋은 부품을 찾을 수 없다면 처음부터 직접 만들거나 예제 코드를 수정하여 원하는 것으로 만들어야 합니다.

07-2 | 자동화할 수 있는 업무를 찾으려면?

앱스 스크립트를 사용하여 업무를 자동화한다고 하는데 도대체 무엇을 자동화해야 할지 이 책을 읽기 전엔 머릿속에 떠오르지 않았을 겁니다. 지금은 어떤가요? 스프레드시트와 같은 구글 서비스를 이용할 때 사람이 직접 하던 작업을 프로그램으로 바꿀 수 있다는 것을 알았을 겁니다. **규칙을 바탕으로 정해진 처리를 수행하는 것이라면 프로그램으로 바꿀 수 있다**는 뜻입니다.

여기서 규칙이 중요합니다. 스프레드시트를 예로 들면, 전에는 [A10] 셀의 값이었지만 이번에는 [B20] 셀의 값을 이용하는 등 필요한 내용이 규칙도 없이 때에 따라 바뀐다면 프로그램에는 어울리지 않습니다. 셀 위치가 달라지는 것은 프로그래밍하기 어렵다는 단순한 이야기가 아닙니다. 셀 위치는 바뀔 수 있으나 그 방식에는 규칙이 있어야 하기 때문입니다.

예를 들어 A 열의 가장 아래에 있는 값을 사용한다는 조건을 살펴봅시다. 프로그래밍할 때는 가장 아래가 [A10]이었지만 이후 데이터가 늘어 [A30]이 되었다고 합시다. 조건으로 A 열 가장 아래에 있는 값이라는 규칙을 바탕으로 프로그래밍했다면 문제 없이 작동합니다. 이처럼 반드시 지킬 수 있는 규칙이라면 프로그램으로 바꿀 수 있습니다.

프로그래밍으로 업무를 자동화할 때 바로 이 부분에서 발상의 전환이 필요합니다.

직접 하던 작업 내용과 순서를 바꾸지 않고 프로그램으로 자동화한다는 것이 일반적인 업무 자동화입니다. 이와 달리 자동화하기 쉽도록 업무 흐름을 설계하고 그에 맞게 규칙을 세우는 방식으로 바꾸어 업무 자동화를 바라봅시다. 예를 들어 함께 사용하는 스프레드시트를 바탕으로 프로그램을 만들 때 담당자 A와 B의 입력 형식이 서로 다르다면 자동화는 쉽지 않습니다. 이럴 때는 입력할 시트의 형식을 미리 정해서 규칙으로 하면 자동화하기 쉬워집니다.

프로그램 지식이 있는 사람과 없는 사람은 업무 설계 방식도 다릅니다. 이제는 시트가 어떤 상태일 때 자동화하기 쉬운지 알 수 있을 것입니다. 앞으로는 자동화를 염두에 두고 작업 흐름을 만들면 생산성을 크게 올릴 수 있을 겁니다.

07-3 | 초보자는 잘 모르는 2가지 대처법

자동화할 수 있는 업무를 발견하여 자동화하고 싶어도 처음에는 무엇을 해야 할지 모를 때가 흔합니다. 특히 프로그래밍을 처음 배울 때는 주로 2가지를 잘 모릅니다. 대처법을 간단하게 살펴봅니다.

순서를 모르겠다

직접 처리하던 업무를 자동화할 때는 바탕이 되는 업무 순서가 있을 겁니다. 사람이 하던 일을 프로그램에 맡길 것이므로 사람에게 전할 때와 마찬가지로 작업(처리)을 할 때는 어떤 순서로 무엇을 하는가를 생각해야 합니다. 앞서 살펴본 대로 순서도를 그리고 프로그램으로 옮기면 됩니다.

처음에는 처리를 가능한 한 작게, 단순하게 분해하면 좋습니다. 이때 '시트 정보 가져오기'가 아니라 '[○○] 시트의 [A12]와 [B12] 값 가져오기'처럼 구체적으로 지정해야 합니다.

프로그램으로 옮기는 방법을 모르겠다

순서를 이해했다면 프로그램으로 옮길 차례입니다. 옮기는 방법을 모를 때는 흔히 검색해서 해결합니다. 인터넷에는 언어 사양이나 함수 사용 방법 등 다양한 정보가 있으므로 검색에 익숙해지면 간단하게 해결할 수 있습니다. '자바스크립트 배열 정렬'이나 '앱스 스크립트 구글 드라이브 파일 이름 변경'처럼 언어 이름과 하고 싶은 내용을 합쳐서 검색하면 답을 찾을 수 있습니다.

07-4 | 이 책에서 설명하지 않은 심화 내용

앞에서도 이야기했지만, 이 책은 프로그래밍 초보자를 대상으로 하므로 앱스 스크립트로 할 수 있는 모든 것을 다루지는 않습니다. 그러므로 사용할 기회가 드물거나 초보자에게 어려운 부분은 설명하지 않았습니다. 이 책의 내용과 함께 앱스 스크립트의 고유 기능과 프로그래밍 관련 지식을 추가로 알아 두면 앞으로 도움이 될 것입니다. 다음 단계로 넘어갈 때 참고하세요.

앱스 스크립트의 고유 기능

UrlFetch로 다른 서비스 API를 이용하는 방법

다른 프로그램과 마찬가지로 앱스 스크립트의 진가는 다른 서비스와 연결할 수 있다는 점에 있습니다. 특히 자동화에서 힘을 발휘하는데 슬랙(Slack)이나 챗워크(ChatWork)와 같은 채팅 도구로 알림을 보내는 것입니다. 이 책에서는 어떤 결과를 지메일로 보내는 예를 살펴보았으나 아마 이메일이 아닌 채팅 도구로 알리기를 원하는 사람이 더 많을 겁니다. API(application programming interface)라는 용어를 들어 본 적이 있을 텐데, 이를 이용하면 자신의 프로그램과 다른 서비스를 연결할 수 있습니다. 슬랙뿐만 아니라 트위터나 페이스북도 API를 공개하므로 직접 만든 프로그램 안에서 트위터나 페이스북에 글을 올리거나 읽을 수 있습니다. 그밖에 카카오톡 채팅 봇을 만들 수도 있습니다. API 중에는 무료인 것도 있고 등록하거나 비용을 내야 하는 것도 있으므로 미리 확인하기 바랍니다.

앱스 스크립트에서 API를 사용하려면 UrlFetch 기능을 이용하여 다른 서비스에 요청을 보내고 응답을 받으면 됩니다. 이 기능을 사용하면 다양한 서비스와 연결할 수 있으므로 여러 가지로 활용할 수 있습니다.

라이브러리 사용 방법

라이브러리란 다른 사람이 만든 편리한 함수를 모은 것입니다. 공개된 것은 누구나 프로그램에서 사용할 수 있습니다. '구글 앱스 스크립트 라이브러리'로 검색하면 다양한 라이브러리와 사용 방법을 알 수 있습니다.

주의할 점은 구글에서 공식적으로 개발한 라이브러리 외에도 누군가가 필요에 따라 만든 것도 있다는 것입니다. 그러므로 라이브러리를 계속 이용할 수 있을지는 알 수 없습니다. 이후 개발이 중지되거나 공개를 중지할 수도 있기 때문입니다. 이용자가 많은지, 유지·보수 등이 잦은지 사용하기 전에 먼저 라이브러리의 신용도를 확인하면 좋습니다. 물론 자신이 직접 만든 프로그램을 라이브러리로 공개할 수도 있습니다.

앱스 스크립트를 웹 애플리케이션으로 만드는 방법

간단히 말하면 인터넷에 자신의 웹 서비스를 만드는 것입니다. 그러려면 인터넷에서 데이터를 주고받는 규약인 HTTP 지식이 있어야 하며 클라이언트와 서버 개념도 이해해야 합니다. 이전에는 웹 서버를 직접 준비해야 했으나 앱스 스크립트에서는 그럴 필요가 없습니다. 스크립트 편집기로 코드를 작성하기만 하면 됩니다.

업무 자동화 관점에서 보면 어떤 정보가 스프레드시트에 있을 때 그중에서 사원 번호와 같은 특정한 키로 앱스 스크립트로 만든 웹 애플리케이션에 요청하면 해당 사원의 정보를 응답으로 보내는 등의 사용 방법을 생각할 수 있습니다.

웹 애플리케이션을 만들 때는 알아야 할 지식이 많다는 점에 주의해야 합니다. 특히 보안은 더 그렇습니다. 예를 들어 누구나 사내 정보에 접근할 수 있다면 큰 문제가 되므로 조심해야 합니다.

프로그래밍에 관하여

프로그래밍 초보자를 위해 한마디 — 이해하기 쉬운 프로그램 만들기

프로그래밍 초보자가 꼭 읽었으면 하는 책을 소개합니다. 바로 《읽기 좋은 코드가 좋은 코드다(The Art of Readable Code)》(더스틴 보즈웰, 트레버 파우커 지음, 임백준 옮김, 2012)입니다. 이해하기 쉬운 코드를 작성하는 방법을 주제로 했습니다. 다른 사람 또는 이후 자신이 보더라도 이해하기 쉬운 코드는 프로그램을 계속 개발하고 이용할 때 매우 중요합니다.

프로그래머와 엔지니어를 위한 한마디 — 프로그램 설계 방법

앞으로 프로그래머나 엔지니어로 일하고 싶다면 프로그래밍 설계나 TDD(test driven development, 테스트 주도 개발) 등의 지식을 갖춰야 합니다. TDD는 초보자의 영역을 벗어나므로 이 책에서는 자세히 설명하지 않았으나 관심이 있다면 꼭 공부하세요.

정규 표현식

앱스 스크립트나 자바스크립트 같은 프로그래밍 언어에는 대부분 정규 표현식이라는 분야가 있습니다. **정규 표현식**이란 문자열에서 특정 패턴을 찾거나 바꾸는 기술을 말합니다. 예를 들어 이메일 본문에서 휴대전화 번호만 추출할 때 나타내는 패턴을 다음 2가지로 정의한다면 예제처럼 표현할 수 있습니다.

- 13자리 문자열
- 3자리 숫자 - 4자리 숫자 - 4자리 숫자

```
\d{3}-?\d{4}-?\d{4}
```

그리고 이 패턴과 일치하는 문자열이 있는지 확인하거나 추출할 수 있습니다. 설명하려면 길어지므로 관심이 있다면 검색해서 확인해 보세요. '자바스크립트 정규 표현식' 등으로 검색하면 초보자를 위해 설명한 자료를 찾을 수 있습니다.

배열을 다룰 때 편리한 함수

이 내용을 이해할 수 있다면 수준이 높아졌다고 생각해도 됩니다. 앱스 스크립트의 바탕인 자바스크립트에는 배열을 편리하게 다룰 수 있는 다양한 함수가 있습니다.

프로그래밍을 하다 보면 어떤 배열을 대상으로 특정 조건을 만족하는 것만 가져오고 싶을 때, 즉 필터링하고 싶을 때가 흔합니다. 예를 들어 이름과 점수를 저장한 객체가 들어 있는 **testScores** 배열이 있다고 합시다.

이 책에서 배운 내용을 이용하면 **예제 7-1**과 같이 작성하여 80점 이상인 요소만 가져올 수 있습니다.

예제 7-1

```
function testFilter_1() {
  // 이 배열에서 score가 80 이상인 요소만 가져오고 싶음
  const members = [
    { name: "설은별", score: 90 },
    { name: "조이슬", score: 60 },
    { name: "오한샘", score: 85 },
    { name: "강구름", score: 75 }
```

```
  ];

  // 가져온 요소를 넣을 배열
  const filtered = [];

  for (const member of members) {
    // 80점 이상인 요소만 filtered 배열에 넣기
    if (member.score >= 80) {
      filtered.push(member);
    }
  }
  console.log(filtered);
}
```

로그 출력

```
[ { name: '설은별', score: 90 }, { name: '오한샘', score: 85 } ]
```

바라던 대로 score가 80 이상인 요소만 가져왔습니다. 배열을 다루는 `filter()` 함수를 이용하여 **예제 7-2**와 같이 작성할 수도 있습니다.

예제 7-2

```
function testFilter_2() {
  const members = [
    { name: "설은별", score: 90 },
    { name: "조이슬", score: 60 },
    { name: "오한샘", score: 85 },
    { name: "강구름", score: 75 }
  ];

  // filter 함수를 사용해 작성하기
  const filtered = members.filter(function (member) {
    return member.score >= 80;
  });

  console.log(filtered);
}
```

```
[ { name: '설은별', score: 90 }, { name: '오한샘', score: 85 } ]
```

자세한 설명은 생략하고 다음 코드 세 줄의 뜻을 알아봅시다.

예제 7-2(일부)

```
const filtered = members.filter(function(member) {
  return member.score >= 80;
});
```

"members 배열에서 요소를 1개 가져와 member 변수에 넣고, member.score의 값이 80 이상인 member를 filtered 배열에 넣고, 이를 모든 members 배열 요소를 대상으로 반복한다."

배열을 편리하게 다룰 수 있는 함수에는 filter() 외에도 map(), sort(), reduce() 등이 있습니다. 한번 검색해 보세요.

V8 런타임 구문

앞에서 앱스 스크립트는 자바스크립트를 바탕으로 한 언어라고 했듯이 실제로도 자바스크립트를 실행하는 프로그램인 자바스크립트 엔진이 있습니다. 앱스 스크립트에서 자바스크립트를 사용할 때도 이 자바스크립트 엔진을 이용합니다. 이 엔진도 날로 발전하고 있으며 앱스 스크립트도 2020년 2월부터 V8 런타임 엔진을 지원합니다. 이에 따라 지금까지 이용할 수 없었던 구문도 사용할 수 있습니다.

이 책에서는 상수 선언에는 const, 변수 선언에는 let을 사용했으나 V8 런타임을 지원하기 전에는 상수이든 변수이든 모두 var로 선언했습니다. 문자열을 다룰 때 설명한 템플릿 리터럴도 V8 런타임부터 지원하는 작성 방식입니다.

V8 런타임을 지원하면서 새롭게 작성할 수 있게 된 방식은 '구글 앱스 스크립트 V8 런타임'으로 검색하세요. 프로그래밍 초보자에게도 어렵지 않은 내용은 이 책에서도 V8 런타임 방식으로 작성했으나 이해하는 데 어려운 내용은 소개하지 않았습니다.

그러므로 인터넷에서 앱스 스크립트 관련 자료를 검색할 때 한 번도 본 적이 없는 작성 방식을 만날지도 모릅니다. 그중에 화살표 함수, class 구문, 전개 구문 등은 실무에서도 자주 사용합니다. 특히 class는 객체 지향 프로그래밍에서 힘을 발휘합니다. 관심 있는 분은 꼭 찾아보세요.

스스로 성장하는 것을 느껴 보세요!

문과 학부를 졸업하고 사회생활을 시작한 후 프로그래머가 되어 프로그램 입문서를 쓸 줄은
생각지도 못했습니다. 앞날은 누구도 알 수 없는가 봅니다.

업무에서 사용하든 취미로 프로그래밍을 하든 '자신에게 입력하기 → 처리(자신 안에서 이해하
기) → 출력(코드 만들기)'는 과정을 반복하다 보면 스스로 성장하는 것을 느낄 수 있습니다. 한
달 전에 작성한 코드를 보고 '이건 뭐지? 지금이라면 좀 더 잘 만들었을 텐데.'라는 느낌이 들
기도 하고 '이 처리는 이전에도 만든 적이 있어. 그럼 매번 사용할 수 있도록 함수로 만들어 볼
까?'라며 자신의 코드 모음을 작성하고 싶을 겁니다.

도전! 인터넷에 정보를 공개해 보세요!

그렇다면 모은 정보를 인터넷에 공개하는 것에도 도전해 보세요. 공개할 바에는 제대로 만들
어야겠다는 기분이 들 것이고, 이를 위해 더 찾고 조사하고 공부하는 과정 속에서 프로그래밍
을 더 잘 이해할 수 있기 때문입니다.

"어떻게 해야 할지 몰라 고민했는데 이렇게 했더니 해결되었어."

실제로 인터넷에서는 이런 정보를 많이 볼 수 있습니다. 필자도 평소 이런 방식으로 정보를
찾으므로, '내가 고민했다면 남도 고민할 거야.', '누군가는 도움을 받겠지.'라는 생각에 프로
그래밍 정보 공유 사이트에 글을 올리곤 합니다.
이 책을 집필한 계기도 인터넷에 올린 글이 출판사 편집자의 눈에 띄어 "책으로 엮는 건 어떠
세요?"라는 제안을 받았기 때문입니다. 인터넷의 위력을 다시 한번 느끼는 순간이었습니다.
그 결과물로 탄생한 책을 보니 잘했다는 생각이 듭니다.

1초라도 단축할 수 있는 자동화 프로그램을 만들어 보세요!

여기서 여러분에게 숙제 하나를 내고자 합니다. 1초라도 좋으니 여러분의 업무를 단축할 수 있는 자동화 프로그램을 만들어 보세요. 프로그래밍할 때 중요한 한 가지는 완성하는 것입니다. '해보자.'라는 생각으로 시작했지만 도중에 벽에 부딪혀 포기할 때도 흔합니다. 간단한 것, 작은 것이라도 좋으니 일단 완성하고 프로그램을 움직여 결과를 낼 때까지 전체 흐름을 경험해 보기를 바랍니다. 별 볼 일 없는 것이라도 좋으니 실제로 사용할 수 있는 것을 선택하세요.

이 책을 쓰면서 무엇보다도 필자의 사내 강좌를 수강한 동료가 베타테스터가 되어 줘서 큰 도움이 되었습니다. 강좌 자료를 만들고 실제 강의를 진행하면서 받은 느낌과 동료의 반응을 참고해 자료를 업데이트하고 다음 강의를 진행하는 선순환을 통해 프로그래밍 초보자가 무엇을 원하는지 이해할 수 있었습니다. 그리고 동료들로부터 사내 강좌를 계기로 업무 자동화에 앱 스크립트를 활용하고 있다는 이야기를 들을 때마다 무척 기뻤습니다.

감사한 마음을 전합니다!

편집을 담당한 무라세(村瀬) 님은 필자의 원고를 보곤 "이렇게 표현하면 더 쉬울 것 같아요.", "이 부분은 보충했으면 합니다." 등 독자의 관점에서 적절하게 제안해 주셔서 많은 공부를 했습니다. 역시 알기 쉽게 글을 쓰는 작업은 어려운 일입니다.

그리고 독자 여러분에게도 고마움을 전합니다. 이 책을 계기로 여러분의 인생이 조금이라도 변할 수 있다면 기쁘겠습니다. 아들과 딸에게도 이 책을 읽히려고 합니다.

사카이노 타카요시

[한글]

ㄱ

가독성 89
값 69, 111
값 가져오기 66
개념도 18, 37, 78, 235, 290
개발 환경 준비 20
객체 201
객체 다루기 203
객체 지향 프로그래밍 332
거짓 100
결과 22
곱하기 59
공백 90
공휴일 추가 314
괄호 표기법 202
구글 드라이브 276
구글 스프레드시트 61
구글 앱스 스크립트 14, 17, 20
구글 워크스페이스 21
구글 캘린더 308
기능 추가 306

ㄴ

나누기 59
날짜 관련 메서드 210
내장 객체 206
논리 연산사 104

ㄷ

대괄호 124
대화상자 97
더하기 59
더하기 할당 연산자 139
데이터 구조 14
독립 스크립트 259
들여쓰기 90
디버거 120
디버그 326

ㄹ

라이브러리 342
래퍼런스 333
로그 49
루프 132

ㅁ

메서드 64, 65, 206
메시지 263
명령문 51
명령어 33, 62, 68, 127
무한 반복 151
문서 서식 90
문서 연결 스크립트 259
문자 코드 285, 287
문자열 54, 84, 111
문자열 결합 55
문자열 연결 55
문자열 합치기 171

ㅂ

바이너리 파일 283
반복 132
반복 멈추기 140
반복문 93
반복자 279
반환 유형 334
반환값 191, 192
반환값 만들기 193
배열 93, 122, 130, 206, 344
배열 요소 124, 130
배열 이름 275
백틱 54, 56
범위 64, 69
범위 가져오기 66
변수 45, 52
변수 범위 224
변수 유효 범위 232
보수 306
봇 프로그램 103
블록 230
블록 범위 225
비교 연산자 104

빼기 59

ㅅ

사용자 정의 메뉴 178
사칙연산 58
산술 연산자 58
상수 45
상자 50
설문 조사 93
세미콜론 45
셀 보호 327
셀값 가져오기 82
속성 333
수학 관련 메서드 208
순서도 22, 37, 78, 160, 235, 290
숫자형 111
스네이크 표기법 89
스레드 263
스크립트 43
스크립트 파일 46
스크립트 편집기 43
스프레드시트 21, 27, 41
스프레드시트 애플리케이션 64
스프레드시트의 범위 69
시각 정보 217
시트 가져오기 65, 82
시트 불러오기 41, 64
시트 형식 329

ㅇ

앱스 스크립트 61
앱스 스크립트 공식 문서 333
앱스 스크립트 메뉴 176
앱스 스크립트 실행 메뉴
   만들기 175
앱스 스크립트 프로그램 32
앱스 스크립트의 제한 사항 87
언어 문법 88
업무 관리 알림 325
업무 관리 프로그램 234
업무 관리표 186
에약어 46

오류	47, 88	집계	94	**ㅎ**	
오류 화면	53	집계하기	94	함수	33, 44
완성품	91	짝수	110	함수 호출	187
요구 사항 정의	76, 159, 234			함수 활용	237
요일 판별	216	**ㅊ**		형식어	23
웹 애플리케이션	343	참	100	홀수	110
유지	306	처리	22	활성 스프레드시트	81
유효 범위	224	처리 건너뛰기	142	활성 시트	64
이벤트	311	처리 반복하기	282	휴일 캘린더	316
이터레이터	279	첨부 파일 가져오기	272		
인공지능	13	청구서 자동 저장 프로그램	290		
인수	33, 70, 191, 192	출력	67, 120		
인수 만들기	192	출력하기	67	**[영어]**	
인수 이름 짓기	193				
일일 보고서	41	**ㅋ**		**a ~ c**	
입력	22	카멜 표기법	89	API	342
		캘린더 ID	309	appendRow()	180
ㅈ		코드의 흐름	86	argument	33, 192
자동화	42, 340	코딩 컨벤션	88, 89	blob	283
자동화 프로그램	76	큰따옴표	54	Blob 객체	286, 288
자료형	111	클래스	64	blob.getDataAsString()	287
자바스크립트	20	키	334	BlobSource	289
작업 환경 설정	80			block	230
작은따옴표	54	**ㅌ**		Boolean	114
전역	224	텍스트 파일	283	break	140
전역 범위	225	템플릿 리터럴	56	camel case	89
전역 변수	227	트러블 슈팅	306	class	64
전역 상수	227	트리거	73, 336	Code.gs	29
점 표기법	202	트리거 설정	253	comment	47
접근한다	202			console.log	51, 120
정규 표현식	344	**ㅍ**		const	50, 126
제한 사항	87	파일 ID	284	container-bound script	259
조건 추가	307	파일 반복자	279	continue	142
조건문	93, 96	파일 이동	284	createFile()	277
조건식	96	파일 이름 가져오기	281		
주석	44, 47	폴더 ID	277	**d ~ f**	
줄 바꿈	56	프로그래밍	13	Date	210
중괄호	45	프로그래밍 규칙	88	Date 객체	212
지메일	72, 263	프로그래밍 언어	17	event.getTitle()	313
지메일 검색	264	프로그램	13, 32	false	100, 115
지역 범위	225	프로그램 로그	49	File 객체	286
지역 변수	226	프로그램 수정	319	FileIterator	279
진릿값	100, 114			files.hasNext()	280

files.next()	280	iterator	279	String	111
filter()	345	javascript	20	SyntaxError	89
flowchart	22	join()	129	template literal	56
for ~ of	148. 169	length	128, 147	thread	263
for 문	132	let	52	total	120
function	33, 44	local area	225	trigger	73
		local variable	226	troubleshooting	306
g		log	49	true	100
getActive()	72, 334	Math	208		
getAttachments()	274	message	263	**u ~ z**	
getBlob()	286, 289	message 정보	272	underfined	115
getBody()	272	method	64, 206	UrlFetch	342
getData()	216	moveTo()	284	UTF-8	287
getDataAsString()	287			UtilitiesDate.formatDate()	221
getDataRange()	156	**n ~ r**		V8 런타임 구문	346
getDay()	308	NaN	114	value	69
getEvent()	312	new Date()	212	var	53
getLastColumn()	183	next()	280	while	150
getLastRow()	183	NOT	108	while 문	280
getMessages()	270	Number	111		
getMonth()	214	onEdit()	336		
getName()	82, 281	onOpen()	176		
getPlainBody()	272	parseInt()	113	**[특수 문자 및 숫자]**	
getRange()	66, 70, 182	person.greet()	206		
getSheetByName()	66	properties	333	-	59
getTime()	219	push()	128, 130	"	54
getValue()	67, 156, 248	range	64	%	59
global area	225	Return type	334	&&	107
global constant	227	return value	192	*	59
global variable	227	reverse()	130	.addToUi()	178
Gmail	72			.getFiles()	279
GmailApp	263	**s ~ t**		.getFullYear()	214
GmailApp.search()	267	scope	224	/	59
google apps script	20	sendEmail()	72, 263	;	45
		set	67	[]	124
h ~ m		setDate()	218	`	54, 56
hasNext()	280	setValue()	181	{ }	45
hello world	30	Sheet	64	||	107
if ~ else	101	shift()	170	₩n	55, 129
if ~ else if	102	snake case	89	+	55, 59
if 문	96, 99	SpreadsheetApp	64	+=	139
includes()	129	ss	65, 81	1차원 배열	180
InputBox	97	standalone script	259	2차원 배열	131, 154, 181

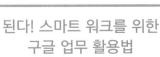